인문학으로 도덕교육하기

| 최신일 저 |

양 성 원

머리말

이 책은 도덕교육의 이론을 체계적으로 살펴볼 목적으로 집필되었다. 서양 철학을 전공한 필자는 초등교원 양성대학에서 예비 교사에게 철학과 도덕교육을 가르치면서 이 두 학문을 어떻게 연결할 수 있을지가 고민이었다. 도덕교육을 강의하고 연구하는 과정에서 철학적인 배경이 어떤 의미가 있는지가 늘 숙제였다. 도덕교육 역시 그 이론적 배경 학문으로 도덕 교과 교육학이 그 역할을 충실히 해왔음을 인정하면서도 철학적인 배경으로도 도덕교육을 풀어 볼 수 있다는 문제의식이 도덕교육 연구의 밑바탕에 자리 잡고 있었다. 그래서 그동안 도덕교육의 이론적 입장을 연구한 발표 논문을 중심으로 책을 집필하게 되었다.

도덕교육 이론으로 철학에서 해석학과 현상학, 교육학에서 구성주의에 관심을 가지게 되었다. 해석학과 구성주의는 인식론적 문제뿐 아니라 존재론적 관점에서도 매우 유용하게 도덕교육에 활용될 수 있으리라는 믿음을 바탕으로 이들 이론을 아우르는 인문학에 초점을 맞춰 도덕교육에 접근하고자 했다. 이미 2015 개정 도덕과 교육과정의 성격에서 도덕 교과를 인문학적 사유와 성찰을 바탕으로 삶의 의미를 탐색하는 교과라고 규정한 것과 같이 도덕교육은 인문학과 밀접한 관계가 있음을 알 수 있다. 해석학과 현상학 그리고 구성주의를 인문학의 영역으로 설정하여 도덕교육 문제를 탐구하였다. 물론 인문학의 외연

범위가 워낙 방대하기에 모든 영역의 인문학을 다루지 못하고 이론적인 부분에 치중해서 접근한 점 등이 이 책의 한계다. 그러나 인문학으로 도덕교육을 탐구하려는 또 하나의 시도라는 점에 의의를 두고자 한다. 그리고 이 책을 읽는 자들이, 사람이 그려가고 만들어가는 인문의 삶을 살아가기를 기대한다.

이 책이 나오기까지 많은 분의 도움이 있었다. 구성주의와 질적 연구, 그리고 교사 교육에 관한 연구에 직·간접으로 도움을 주시고 교육학에 관한 가장 빠른 흐름을 일구어 주신 대구교육대학교 교육이론 실천연구회 교수님들께 진심으로 감사드린다. 진지하게 학문적인 담론으로 서로의 학문 세계를 일깨워주신 대구교육대학교 윤리교육과 교수님들의 지원과 응원이 있었기에 이 책이 빛을 볼 수 있었다. 그리고 바쁜 시간 가운데 꼼꼼히 교정을 봐주신 대학원생 이선미 선생께도 진심으로 감사를 표한다. 학문의 길에 아낌없은 사랑과 기도로 후원해 준 아내와 아들, 딸, 사위에게도 감사드린다. 마지막으로 어려운 여건에도 기꺼이 출판을 허락해 주신 양성원 강철원 대표님과 관계자 여러분께도 감사드린다.

2024년 12월

대구교육대학교 상록 동산에서

최 신 일

차 례

■ 머리말 / 3

Chapter 01 도덕교육과 인문학 9

Ⅰ. 인문학과 철학 그리고 도덕교육 11
Ⅱ. 인문학의 방법으로서의 '이해' 13
Ⅲ. 도덕교육의 학문적 배경으로서 인문학 15
Ⅳ. 인문학과 도덕교육 18

Chapter 02 도덕교육 연구에 관한 이론적 토대 21

Ⅰ. 서론 23
Ⅱ. 설명 혹은 이해 25
Ⅲ. 해석학적 현상학 연구의 방법적 구조 29
Ⅳ. 연구자와 연구 대상, 대학과 학교 현장 35
Ⅴ. 결론: 도덕과 교사 교육에의 시사점 40

Chapter 03 도덕교육과 해석학 45

Ⅰ. 서론 47
Ⅱ. 해석학의 역사 49
Ⅲ. 가다머의 철학적 해석학 60
Ⅳ. 연구 방법으로서의 해석학 67
Ⅴ. 해석학과 도덕과 교육과정 70
Ⅵ. 결론 73

Chapter 04 탈 인식론적 철학으로서의 글쓰기 77

Ⅰ. 서론 79
Ⅱ. 인식론에서 해석학으로 83
Ⅲ. 해체와 글쓰기 92
Ⅳ. 결론 100

Chapter 05 인간, 인격 그리고 인격교육 103

Ⅰ. 서론 105
Ⅱ. 인간, 인격 그리고 인성 107
Ⅲ. 셸러의 인격 존재 109
Ⅳ. 하르트만의 인격과 인성 112
Ⅴ. 피터스의 인격 개념과 도덕교육 115
Ⅵ. 결론 119

Chapter
06 도덕교육 이론에 있어서 자율성 연구 123

Ⅰ. 서론 125
Ⅱ. 도덕과 교육과정과 자율성 126
Ⅲ. 칸트 윤리학과 자율성 133
Ⅳ. 자유주의적 도덕교육 이론과 자율성 139
Ⅴ. 결론: 자율성의 도덕 교육적 의미 144

Chapter
07 도덕과 교사 교육 개혁 147

Ⅰ. 서론 149
Ⅱ. 홈즈 보고서의 목표 151
Ⅲ. 교사 교육 개혁의 전제 조건과 그 방안 158
Ⅳ. 결론: 도덕과 교사 교육에의 시사점 174

Chapter
08 예비 교사를 위한 도덕적 인문 정신 함양 방안 181

Ⅰ. 서론 183
Ⅱ. 인문학의 위기와 기회 184
Ⅲ. 대학생의 인문 정신 189
Ⅳ. 인문학 그리고 교양교육 192
Ⅴ. 인문 정신 함양 방안 198
Ⅵ. 결론: 도덕적 인문 정신으로 살아가기 208

Chapter 09 도덕과 질적 연구의 철학적 배경 213

Ⅰ. 서론 215
Ⅱ. 질적 연구의 이론적 배경 218
Ⅲ. 질적 연구의 철학적 함의 229
Ⅳ. 결론: 질적 연구의 도덕 교육적 함의 232

Chapter 10 학생활동 중심의 도덕교육을 위한 구성주의적 접근 235

Ⅰ. 시대정신으로서 구성주의 237
Ⅱ. 앎과 삶 그리고 구성주의 238
Ⅲ. 급진적 구성주의와 사회적 구성주의 242
Ⅳ. 왜 학생활동 중심이어야 하는가? 249
Ⅴ. 학생활동 중심의 도덕 교육적 시사점 255

Chapter 01

도덕교육과 인문학

Ⅰ. 인문학과 철학 그리고 도덕교육

Ⅱ. 인문학의 방법으로서의 '이해'

Ⅲ. 도덕교육의 학문적 배경으로서의 인문학

Ⅳ. 인문학과 도덕교육

Chapter

01 도덕교육과 인문학

Ⅰ. 인문학과 철학 그리고 도덕교육

인문학이 인간과 인간 삶의 가치 및 의미와 직접적인 관계가 있다면, 도덕교육과 인문학은 어떤 연관성을 가지고 있는가? 인문학의 대표적 영역이라 할 수 있는 철학은 또한 도덕교육과 어떤 연관성을 가지고 있는가? 도덕교육과 인문학, 철학 모두 인간 문제를 다룬다. 인간의 인간 됨(Human-Being)이 탐구 주제이며 대상이다. 그리고 이 세 학문 영역은 인간 삶의 가치와 의미를 다룬다는 탐구 주제 및 대상이 동일한 것과 마찬가지로 그 탐구 방법 역시 인간적이고 인문학적인 방법을 사용한다는 점에서 또한 유사한 측면이 많다.

인문학이 인간 및 인간 삶의 가치와 밀접한 관계가 있기 때문에, 인간의 도덕 문제와도 연관이 있다. 또한 인문학의 한 영역인 철학 역시 도덕교육의 이론적 배경으로서 역할을 한다. 따라서 인간 삶의 가치와 의미를 찾아가는 것이 인문학과 철학의 과제이고 이러한 인문학과 철학의 과제에는 도덕의 문제가 밀접하게 연관되어 있음은 분명하다.

먼저, 철학과 도덕교육은 어떤 연관성을 가지고 있는가? 이 문제는 도덕교육의 배경 학문 관련된 논의를 중심으로 살펴보는 것이 연관성을 파악하는 데 도움이 될 수 있을 것이다. 철학과 철학의 한 분야라 할 수 있는 윤리학은 도덕교육의 배경 학문[1)]으로서 역할을 충실히 해왔다. 물론 도덕 교과를 주장하는 학자들에 의하면, 특정 교과는 어떤 고정된 실체가 그 이론적인 근거가 될 수 없다는 주장에 근거를 두기 때문에 도덕교육의 배경 학문은 철학이나 윤리학이 될 수 없다고 주장한다. 따라서 이들은 교과의 배경 학문은 각급 학교의 교육과정에서 수업과 학습을 위한 활동 영역의 단위를 가르치는 경험 중심 교육과정 혹은 생활 중심 교육과정으로 이해하기 때문에, 도덕 교과의 배경 학문은 철학이나 철학의 한 분야인 윤리학이 아니라, 윤리학과 도덕 심리학 그리고 관련 학문 영역 등이 학문적 배경이 될 수 있다고 주장한다.

다음으로, 인문학과 도덕교육은 학문 분류상 어떤 연관성을 가지고 있는가? 도덕교육과 관련된 분야를 학문의 분류에 따라 구분한다면, 인문학에 속한다. 인문학이라는 용어가 가지고 있는 애매성과 모호성 때문에 그 영역을 분류하고 규정하기가 쉽지 않다. 정신과학 혹은 인문과학 영역과 관계있는 교육 현상은, 인간에 관해서 침묵하고 있는 사실과 현상을 다루는 것이 아니라 연구의 대상을 내면화하여 인간을 목적 자체나 가치로 여기는 인간의 내면적 과정과의 관계에서만 의미를 가지기 때문에 인문학의 영역에 속한다. 그런데, 문제는 도덕교육의 학문적 배경에 관한 논쟁과 함께 인문학과 도덕교육의 현실적인 상황이 어떠한지 살펴보는 것 역시 인문학과 도덕교육의 위상을 살펴보는 데 실질적인 도움이 될 것이다.

인문학의 위기와 맞물려 도덕교육도 위기에 처해 있다. 주지 교과에 밀려 수업시수를 채우기에 급급하다. 인성 교육 강화라는 이름 아래 모든 교과에서 인

---

1) 이와 관련해서는 다음의 책을 참고할 것(최신일(2023), 『도덕교육의 이론과 실제』, 교육과학사, 제2장 도덕교육의 배경 학문으로서의 철학 및 윤리학)

성 교육을 할 수 있다는 논리 때문에, 오히려 인성 교육의 핵심 교과이면서 주관 교과인 도덕교육의 위상이 흔들리게 되었다. 인문학의 위기와 부흥이라는 역설이 도덕교육 혹은 인성교육의 위기와 부흥의 역설과 무관하지 않다. 어쨌든 인문학과 도덕교육 모두 위기이다. 이러한 위기의 배후에는 우리의 도덕적 삶을 이해의 방식이 아닌 설명의 방식에 따라 모든 것을 재단하는 의도가 깔려 있기에 도덕교육의 위상을 제대로 찾기에는 힘들다.

Ⅱ. 인문학의 방법으로서의 '이해'

그렇다면 도덕교육의 위기를 벗어날 수 있는 길은 어디에 있는가?. 이것은 바로 인문학적 사유와 성찰의 길이다. 도덕교육은 인간과 매우 밀접한 관계에 있다. 이것은 도덕교육 현장이 다름 아닌 인간이 살아가고 있는 삶이기 때문이다. 그런 인간에게 도덕적 삶을 살아가는 것은 인간이 갖추고 지켜야 할 도리이다. 인간의 도리로서의 삶을 살아가기 위해서는 인간이 살아가는 그 나름의 삶의 방식과 세계관이 필요하다. 도덕적 삶이 의미와 가치와 관련되기 때문이다. 이러한 의미 연관 혹은 가치 연관으로 짜진 세계를 바라보는 태도, 즉 세계를 어떻게 보는가 하는 세계관과도 밀접한 관계가 있다. 이러한 세계관을 인문학적 사유라 할 수 있다. 도덕교육에 있어서 도덕적인 삶을 바라보는 태도는 자연과학적 대상을 보는 것과는 다른 방식이 필요하다. 자연과학적 대상은 과학적으로 증명 가능한 형식의 눈으로 보고 그 대상의 의미와 가치에 관해서 생각하지 않고 그저 바라볼 뿐이다. 반면에 인간의 도덕적 삶의 문제를 보는 것은 인간 사유의 눈으로 보고 그 대상을 의미와 가치와 관련해서 바라본다. 따라서 자연과학적 세계관으로는 도덕적 삶의 모습들을 다 그려낼 수 없다. 이러한 도덕적 삶을 살아가기 위해서는 자연과학적 세계관이 아닌 또 다른 세계관이 필요하다. 이 세계관은 도덕교육을 통해서 얻을 수 있다. 이러한 인문학적 사유의 눈은 이미 딜타이(Dilthey)가 말한 바와 같이 자연과학적 '설명'의 방식이 아닌 인문학적 '이해'로 사물이나 현상을 바라보는 것이다. 그러나 우리의 교육 현장에 관한 연구는 어떠한가?[2] 인간의 삶을 이해의 방식으로 다루는 인문학의 영역인 교육 현장마저도 자연과학적으로 설명하고 있지 않은가? 인간의 삶을 계량화 혹은 수량화하여 대상화하고 있지 않은가? 이런 대상화의 방식으로는 교육 현장 그리고 수업 현장을 의미 있게 그려낼 수 없다는 것을 알고 있음에도 불구하고 설명의 방식이 이해 방식의 자리를 대체해 왔던 것 역시 사실이다. 따라서 인간의 체험, 즉 충실한 삶으로 돌아가는 것을 일차적 목적으로 하는 도덕교육의 경우 자연과학적 설명의 방식으로는 그 대상을 충분히 이해할 수 없기에 인간의 삶의 문제 다루는 정신과학 혹은 인문과학의 방법론인 이해의 해석학이 필요하다. 그래서 인간의 도덕적인 삶의 문제를 방법론적으로 다루는 것이 인간의 인식과 존재의 문제를 다루는 것만큼 중요하다. 따라서 인간의 도덕적 문제를 인문학적 '이해'의 방법으로 다루고자 하는 것이다.

실증주의자들은 자연과학과 정신과학은 본질적으로 차이가 없다고 주장하기 때문에, 정신과학의 대상 역시 자연과학의 방법론을 적용해야 한다고 주장한다. 그러나 정신과학의 주된 관심이 대상의 수량적 취급보다는 수량적 취급에 저항하는 기술(記述)에 있고, 그 대상 또한 사물이 아니라 사람이기 때문에, 인문학은 인간의 문화현상과 사회현상이며 무엇보다 양보다는 질이나 의미가 문제가 되며, 수량이라는 일원적인 조작으로는 환원될 수 없는 다원적이며 다의

2) 이와 관련해서는 제2장에서 구체적으로 다루고 있다.

적 공간을 그 대상으로 하고 있다. 그래서 인문학자들은 인문학이 자연과학과 질적으로 다르므로 다른 방법론이 필요하다고 주장한다.

Ⅲ. 도덕교육의 학문적 배경으로서 인문학

도덕 교과와 그 학문적 배경의 관계를 살펴보는 것은 도덕 교과를 이해하는 데 매우 중요하다. 도덕교육 혹은 도덕 교과의 학문적 배경의 문제는 다음 두 가지 접근과 관계있다. 대체로 교과는 그 배경을 이루고 있는 학문을 전제로 하여 성립한다는 학문론적 접근과 그 관련 학문과는 어느 정도의 거리감을 두면서 오히려 학습자들의 경험에 의존하는 경험론적 관점으로 나누어진다. 학문론적 관점은 교과의 배경 학문 자체를 중시하는 관점으로 그 배경 학문을 학습자의 수준에 맞게 재구성하는 것이 교과교육의 핵심 과제 중 하나이다. 이러한 관점이 지니는 장점은 학문을 통해 달성하고자 하는 목표에 교사와 학생이 동참하는 가능성이 열려 있다는 것이지만, 잘못하면 자칫 학자가 하는 것을 흉내내는 수준에 머물 수도 있다는 위험성을 가지고 있다.

한편 경험론적 관점은 학습자의 경험 세계를 바탕으로 해서 다양한 학문 배경을 활용하면서 교육과정 내용을 구성할 수 있다는 장점을 가지고 있다. 하지만 그 경험 세계에 집중하는 과정에서 다양한 내용들 사이의 융합 또는 통합이 제대로 이루어지지 않거나 학문적 경로로부터 이탈하여 학계와 교육계 사이의 간격을 넓힐 수 있다는 한계를 가질 수도 있다.

앞의 두 입장을 살펴보면 도덕교육 혹은 도덕 교과의 배경 학문을 묻는 것은 그 자체로 학문론적 관점을 전제로 하는 것이 정당화될 수 있다. 그런데 학문론적 관점은 그 교육적 이상을 현실에 구체적으로 제대로 활용할 수 있는가? 하는 문제와 현장 수업하는 교사가 과연 교과의 학문적 배경을 충분히 인지하고 제대로 소화하여 수업에 활용할 수 있는가 하는 문제점들이 항상 존재하게 된다. 그런데 앞의 입장에서 살펴보게 된다면, 교과가 학문에 종속되어 있다는 느낌이 든다. 그래서 교과와 그 학문적 배경이 상호 간에 독자성을 확보하고 그 관계를 수평적으로 설정하는 것이 교과와 학문 모두를 위해 바람직한 방향이 될 것이다. 따라서 교과의 출발점은 학생들이 현재 처해 있는 '상황 그 자체'에 대해서 주목해야 한다. 이것은 현대의 학문 분야가 분화되었고 학생들의 인지발달 단계를 생각한다면 학문의 분류체계가 별 의미가 없다는 것이다. 따라서 이런 점을 고려할 때, 도덕 교과의 배경 학문을 논의할 때는 어느 하나의 학문으로 제한하는 방법 보다 학생들의 생활세계를 전제로 해서 관련 학문 사이의 실천적 연계성에 초점을 맞추는 방법이 더 바람직하다. 다시 말해서 그 교과의 목적과 성격에 맞게 내용을 구성하는 과정에서 학생들의 생활세계를 준거점으로 삼아 관련 학문을 가능하면 폭넓게 동원함과 동시에 그 학문 사이의 연계성에도 동시에 주목하는 실천적 자세가 필요하다는 것이다. 이런 노력을 통해 교과와 배경 학문은 수평적 관계를 유지하면서도 실질적으로 학습의 공간 안에서 유기적인 관계를 맺게 되는 결과를 기대할 수 있다.

도덕 교과 혹은 도덕교육에 있어서 도덕성은, 인간과 관계있고, 좀 더 구체적으로는 인간의 마음과 밀접한 관계가 있다. 여기서 인간의 마음이란 심리학적 마음으로 해석할 수 있겠지만, 도덕 교과에서는 당위적 지향성을 가지고 있는 도덕성으로서의 마음이고, 도덕성으로서의 마음에 관한 연구는 윤리학의 몫이다. 물론 여기서의 윤리학이 어떤 학문인가 하는 논의도 중요하다. 윤리학을 철학의 하위 분류로 보느냐 아니면 인간의 마음에 관한 현상적 탐구까지 포함하면서 또한 사회 구조의 도덕성 문제까지 포함한다는 학제적 성격의 학문으로 보느냐에 따라 나눌 수 있다. 학제적 성격으로서 윤리학을 정의하면 결국 도덕 교과의 배경 학문은 윤리학이 된다. 결론적으로 말하면, 도덕 교과의 배경 학문은 윤리학이고 그 윤리학은 단위 학문의 단순한 집합이 아닌 어떤 공통분모- 도덕 혹은 도덕성-를 지향한다는 점에서는 학제적이라 할 수 있으며, 따라서 도덕교육의 배경 학문은 학제적 윤리학으로 규정하는 것은 무리가 없을 듯하다. 이러한 관점은 7차 도덕과 교육과정의 성격을 "규범 과학적 관점과 사회과학적 관점을 중심으로 학제적(interdisciplinary)인 접근을 시도한다"라고 명시하고, 2007 교육과정과 2009 교육과정, 그리고 2015 개정 도덕과 교육과정에서는 "자율적이고 통합적인 인격 형성을 위해 윤리학적 접근을 중심으로 하되, 다루는 주제의 성격에 따라 도덕 심리학, 정치 철학 등 연관된 여러 학문의 접근 방법을 학제적으로 활용한다"라고 표현한다. 이런 관점에서 도덕교육의 학문적 배경을 학제적 윤리학으로 본다면, 여기에서의 학제적 윤리학은 인문학이라 해도 크게 무리가 되지 않을 것이다. 이런 관점에서 본다면 앞서 언급된 도덕교육의 배경 학문에 관한 논쟁에 대한 해결점을 제시할 수 있을 것으로 본다.

도덕 교과 혹은 도덕교육의 배경 학문에 관한 논의를 바탕으로 해서 본다면, 도덕과는 도덕적인 문제에 직면해서 그 문제를 도덕적으로 탐구하기 위해서는 윤리학을 근거로 하되 관련된 학문의 도움, 즉 인문학의 도움을 받아 도덕적 문제를 해결할 수 있을 것이다. 앞에서 도덕교육의 방법적 원리로서의 해석학적 이해와 도덕교육의 배경 학문으로서의 인문학에 대한 정확한 사유와 성찰이 바탕을 이루고 있다면 도덕교육에서 탐구 문제 해결은 큰 어려움이 없을 것이다. 그리고 이러한 인문학적 사유와 성찰을 바탕으로 한 도덕적 탐구는 도덕과 교육의 정체성을 확립하는 데도 중요한 역할을 할 것이다. 교과로서의 도덕과 교육은 도덕원리에 대한 학습 능력(learning power, learning ability)을 기르는 것이 존재 목적이면서 존재 이유라는 관점에서 보더라도 그 타당성을 인정받을 수 있을 것이다.

따라서 교과교육으로서 도덕과 교육의 정체성이 확립되면 정규 수업 시간에 채택되어 운영되는 의도적이고 유 목적적 교과 활동으로서 명시적 교육과정(manifested curriculum)으로서 도덕교육을 일컫는 말이 될 것이고, 이것은 도덕교육의 학습 능력을 증진한다든지 도덕적 원리나 가치에 대한 탐구 능력을 신장시키는 일이 그 주된 교육 목표가 될 것이다. 그리고 잠재적 교육과정이라 할 수 있는 도덕교육은 가정과 학교, 그리고 사회의 일상적 생활 속에서 이루어지고 있는 다양한 규범교육의 모든 범위를 아우르면서 수업 시간에 논의의 대상이 될 만한 도덕교육의 경험 내용을 총칭하는 것이라 할 수 있다.

어쨌든 도덕교육의 본질적 성격은 우리의 일상적 삶 속에서 벌어지는 여러 가지 도덕적 삶과 현상을 단순히 현상이나 사실 자체로 다루지 않고 이를 넘어서 현상이나 사실이 그렇게 존재하는 이유나 근거를 묻고자 하는 데서 도덕원리를 탐구하는 메타적 성격을 가진다. 이 말은 교과로서의 도덕과 교육은 도덕교과를 존재하게 하는 도덕원리를 탐구하는 것이 핵심적인 성격이며 이런 관점에서 본다면 도덕 교과의 학문적 배경으로서의 인문학을 살펴보는 것은 상당한 설득력이 있어 보인다.

Ⅳ. 인문학과 도덕교육

인문학의 위기는 도덕교육의 위기와 무관하지 않다. 또한 인성 교육과 인문학의 부흥과 더불어 현재 도덕교육의 위상도 상승했다. 그러나 실상은 도덕교육 역시 그 위기에서 벗어나지 못하고 있다. 대중들에게 다가가 있는 인성 교육의 열기는 뜨겁다. 그러나 그 열기가 도덕교육 혹은 도덕과 교육에서는 거의 느껴지지 않는다. 대중적인 인성 교육의 상승기류가 반드시 도덕교육과 일치한다고 볼 수 없다. 인문학적 사유와 성찰을 통해서 인간 삶의 의미와 가치를 탐구하고자 하는 도덕교육의 성격을 재음미하고 도덕교육의 정체성을 찾아가야 할 필요가 제기된다.

그런데 문제는 과연 인문학적 사유와 성찰이 제대로 이루어질 수 있을까? 하는 우려다. 예를 들면, 교사가 도덕교육 교육과정의 성격에서 명시하고 있는 인문학적 사유와 성찰을 제대로 할 수 있을 것인지 그리고 이와 관련된 교과의 학문적 배경을 충분히 인지하고 제대로 소화하여 수업에 활용할 수 있는가? 하는 문제점들이 도덕교육 관계자에게 주어진 숙제다. 인문학에 대한 철저한 이론적 탐구가 무엇보다 요구된다. 이것이 전제되지 않는다면 또 다른 도덕교육 혹은 인성 교육은 풍요 속의 빈곤을 계속 겪게 될 것이다.

도덕교육이 우리의 현실적 삶의 맥락과 무관하지 않다면, 우리 삶의 다양한 측면의 문제를 다루되 보다 인문학적 관점에서 주도적으로 다룸으로써 도덕과의 정체성을 강화할 수 있을 것이다. 그리고 이렇게 함으로써 우리 학생들에게 도덕적 사고, 판단, 정서, 실천 능력을 체계적으로 길러주는 데 도움을 줄 수 있을 것이다. 인문학과 함께 하는 도덕교육은 학생들의 존재를 인정하는 태도에서부터 시작한다. 즉 학생들의 존재가 의미 있고 가치 있다는 것을 전제하는 학생들의 존재를 이해의 방식으로 받아질 때, 그들과의 진정한 대화를 통해서 교실이 학교가 도덕공동체의 본래 모습을 찾을 수 있을 것이다.

Chapter 02

도덕교육 연구에 관한 이론적 토대

Ⅰ. 서론
Ⅱ. 설명 혹은 이해
Ⅲ. 해석학적 현상학 연구의 방법적 구조
Ⅳ. 연구자와 연구 대상, 대학과 학교 현장
Ⅴ. 결론: 도덕과 교사 교육에의 시사점

Chapter 02

도덕교육 연구에 관한 이론적 토대*

I. 서론

교육은 인간을 위한 그리고 인간에 의한 것이다. 다시 말하면, 교육의 주체와 대상은 그것이 무엇이든지 인간과 연관있다. 이것은 교육 현장이 다름 아닌 인간이 살아가고 있는 삶이기 때문이다. 교육 현장으로서의 인간의 삶이란 고정된 것이 아니라 여러 상황에 따라 다양하고 복잡하게 그리고 섬세하게 움직이고 변한다. 만약 우리의 삶이 그리고 교육이 고정되어 있다면, 우리는 마치 현미경으로 대상을 보듯 그 상황을 있는 그대로 기술하고 설명할 수 있을 것이다. 우리는 우리의 교육 현장을 마치 현미경을 통해서 들여다보는 것과는 다른 방식으로 보아야 하는 것이 아닌가?

대학의 교수나 학교 현장의 교사가 학교를 보고, 교육 현장을 목격하고, 혹은 수업을 바라보고 나아가 연구할 때도 마찬가지이다. 학교, 교육 그리고 수업을 대상화하여 바라본다면, 겉으로 드러나 있는 것만을 볼 수밖에 없다. 다시 말하면 우리가 자연과학적인 눈을 가지고 대상을 본다면 그 대상의 의미와

---

* 이 글은 초등도덕교육 제27집(한국초등도덕교육학회, 2008)에 실린 논문을 수정 · 보완한 것임.

가치를 생각하지 않고 그저 바라볼 뿐이다. 그러나 사유의 눈으로 그 대상을 바라볼 때는 의미와 가치와 관련해서 바라본다.

오늘 우리의 교육을 논함에 있어 그 교육의 의미와 가치와 관련된 연구를 위해서는 이러한 사유의 눈이 필요하다. 이러한 사유의 눈은 이미 딜타이가 말한 바와 같이 자연과학적 '설명'의 방식이 아닌 정신 과학적 '이해'로 사물이나 현상을 바라보아야 한다. 그러나 우리의 교육 현장에 관한 연구는 어떠한가? 인간의 삶을 다루는 정신과학의 영역인 교육 현장마저도 자연과학적으로 설명하지 않는가? 인간의 삶을 계량화 혹은 수량화하여 대상화하고 있지 않는가? 이런 대상화의 방식으로는 교육 현장 그리고 수업 현장을 의미 있게 그려낼 수 없다는 것을 알고 있음에도 불구하고 설명의 방식이 이해의 방식 자리를 대체해 왔다.

최근에 교육 전반에서 그리고 도덕과 교육에서 현장을 연구하고 기술하려는 움직임이 활발하다. 질적 연구가 이것과 밀접한 연관이 있다. 그리고 연구자로서 교사의 자질에 관한 연구 역시 활발하다. 그렇다면 교육과 수업 현장을 어떻게 연구하고 기술하는 것이 의미 있고 가치 있는 작업인가? 교육 현장을 이해한다는 것이 무엇인가? 등의 물음이 교육 현장 연구의 논리와 방법에 관한 물음들이다. 그렇다면 교육 현장에 관한 연구 논리와 방법을 논의하는 것이 왜 중요한가? 그것은 현장을 어떻게 보는가에 따라서 인식의 문제와 존재의 문제가 달라지기 때문이다. 일찍이 "학문의 세계 혹은 대상을 어떻게 이해할 것인가?"하는 방법론의 문제와 관련된 방법론적 논쟁[1)]이 있었다. 그 논쟁의 배후에

1) 서양 사상사에서 방법론적 논쟁은 딜타이의 주장처럼 정신 과학적 방법론과 자연과학적 방법론과의 논쟁을 말한다. 즉 자연과학적 방법은 인과적 설명에 의존하고 정신과학의 방법은 이해에 의존하기 때문에, 인간의 삶의 문제조차도 자연과학적인 인과적 설명으로 탐구하려는 입장에 대해 딜타이는 정신과학의 방법론으로서 이해의 해석학을 내세우고 있다. 이것은 삶의 내용을 구성하는 개인의 주관적 체험과 그 체험을 객관화시켜서 삶의 연관성 내지는 공동성을 통해서 삶 그 자체를 객관화시키려는 표현과 이 표현의 객관성을 인간 정신의 공동성에서 받아들이는 이해의 상호작용 속에서 그 해석의 원리를 찾고 있다.(Dilthey, W(1973), Der Aufbau der Geschichtlichen Welt in Den Geisteswissenschften, In: Dilthey, W, *Gesammelte*

는 학문을 어떻게 분류할 것인가 하는 것에서부터 각각의 대상을 어떻게 인식할 것인가 하는 방법론적 문제와 관련된 인식론적 문제뿐만 아니라 그 현상 혹은 대상을 이해하는 방식을 통해 자신의 존재까지 연구하는 존재론적 문제까지 나아가게 된다.

다시 말하면, 우리의 교육 현장을 연구하는 방법론을 제대로 살펴본다면 우리는 현장 연구를 통해서 우리의 교육 현장이 어떤 문제점을 가지고 있고 그 가운데서 우리는 그 문제점을 해결하는 대안을 마련하는 방법론적 연구 과정, 즉 대상에 대한 정확한 이해를 위한 방법뿐 아니라 우리 자신, 즉 연구자 자신의 현존을 이해하는 존재론적 문제까지도 파악할 수 있다.

따라서 본 연구는 우선 우리의 교육 현장, 특히 도덕교육 현장을 제대로 이해하기 위한 연구 방법과 연구 방법의 이론적 근거를 찾는 작업에 초점을 맞춘다. 나아가 현장 연구가 방법론적인 문제뿐만 아니라 존재론적 문제와 관련이 있다는 점에 착안하여 현장 연구의 존재론적 문제까지 살펴보게 될 것이다. 이런 방법론과 이론을 바탕으로 도덕교육 현장으로 뛰어 들어가 도덕교육 현장을 연구하는 데 필요한 시사점을 얻을 수 있다.

Ⅱ. 설명 혹은 이해

교육과 관련된 분야는 학문의 분류에 따라 구분한다면, 정신과학에 속한다. 정신과학[2]이라는 용어의 애매성과 모호성이 있기도 하지만, 정신과학이든 인

Schriften, Band Ⅶ, Goetingen, Vandenhoeck & Ruprecht. s. 311)

문과학의 영역에 속하는 교육 현상은 인간에 관해서 침묵하고 있는 사실과 현상을 다루는 것이 아니라, 연구의 대상을 내면화하여 인간을 목적 자체나 가치로 여기는 인간의 내면적 과정에 관련될 때만 의미가 있다. 이처럼 교육이 인간과 연관있고 그에 따른 의미와 가치를 다루는 학문 영역이라면 그 학문과 그 교육 현장을 연구하는 데 있어 인과적 설명을 따르는 자연과학의 방법으로는 그 대상을 제대로 파악할 수 없다. 따라서 인간의 체험, 즉 충실한 삶으로 돌아가는 것을 일차적 목적으로 하는 교육 연구의 경우 자연과학적 설명의 방식으로는 그 대상을 충분히 이해할 수 없기에 인간의 삶의 문제를 다루는 정신과학의 방법론인 이해의 해석학[3]이 필요하다.

학문 연구 논리 및 방법에 대한 논의는 19세기 후반과 20세기 초에 독일의 경제학자, 역사가들, 그리고 사회학자들 사이에서 일어났던 일련의 논쟁, 즉 방법론적 논쟁(Methodenstreit)으로 거슬러 올라간다. 이 논쟁은 갈릴레오 이래 객관적인 관찰, 통제된 실험, 수학적 혹은 양적 측정 등으로 실험과 양적 분석의 절차를 따르고 있는 실증주의적 자연과학적 방법을 옹호하는 사람과 기술(記述)과 해석, 자기반성적 혹은 비판적 분석 등을 선호하는 정신과학에 대한 해석학적 주장을 하는 사람들 사이에서 일어났다.

실증주의자들은 자연과학과 정신과학은 본질적으로 차이가 없으므로 정신과학의 대상 역시 자연과학의 방법론을 적용해야 한다고 주장한다. 그러나 정신

---

2) 정신과학, 문화과학 혹은 사회과학에 대한 성격 규정은 학자와 시대 그리고 국가마다 각기 다른 입장을 가지므로 어려움이 있다. 특히 독일에서는 사회과학을 정신과학 형태로 생각하기 때문에 자연과학과 정신과학으로 나누지만, 영미 계통에서는 자연과학, 사회과학, 인문과학 등 삼분법으로 나눈다. 이상의 분류에서 보는 바와 같이 사회과학, 정신과학, 그리고 문화과학(이들 세 개념을 포괄해서 인문과학이라고도 한다) 등은 개념상 엄격하게 구분되지 않지만, 이들이 그들의 확고한 내용들만 고집하지 않는다면, 그 자체를 구별하기보다는 오히려 자연과학과는 구분되는 것으로 이해하는 것이 학문 분류에 대해서 보다 포괄적 이해라 할 수 있다. (최신일(2001) "학의 방법론으로서의 해석학적 이해", 『범한 철학』제23집. 95-98쪽 참조)

3) 정신과학의 방법론으로서의 해석학적 이해는 19세기 말에서 20세기 초에 걸쳐 독일어 사용권의 역사학자, 사회학자 그리고 철학자에 의해 행해진 방법론적 논쟁에서 사용된 가장 핵심적인 용어이다. 최신일(2001), 98쪽 참조.

과학의 주된 관심이 대상의 수량적 취급보다는 수량적 취급에 저항하는 기술(記述)에 있고, 그 대상 또한 사물이 아니라 사람이기 때문에, 정신과학은 인간의 문화현상과 사회현상이 그 대상이며 무엇보다 양보다는 질이나 의미가 문제가 되며, 수량이라는 일원적인 조작으로는 환원될 수 없는 다원적이며 다의적 공간을 그 대상으로 하고 있다. 그래서 정신 과학자들은 정신과학이 자연과학과 질적으로 다르므로 다른 방법론이 필요로 한다고 주장한다.

교육 현장을 연구하려는 연구 논리와 방법의 입장에서는, 그러한 연구는 자연과학보다 정신과학의 영역에 가깝고 그 연구 대상이 인간 현상의 의미를 해명하거나 그 의미의 생생한 구조를 이해하고자 한다면 정신 과학적 방법론에 따를 수밖에 없다. 나아가 존재론적으로 이해하는 논리를 따라야 할 것이다. 대체로 철학에서는 정신 과학적 방법론의 이론적 근거를 제시한 입장이 현상학과 해석학이라 할 수 있다. 현상학은 체험을 지향하는 법을 기술하고, 해석학은 삶의 텍스트를 해석하는 법을 기술한다고 할 수 있다. 따라서 우리는 정신 과학적 방법론을 근거 지우는 이론적 근거로서 해석학적 현상학[4]이라 한다. 그리고 이런 이론적 근거를 바탕으로 현장 연구의 글쓰기[5] 방법을 발전시키는 것이 교육 현장에 대한 질적 연구 접근과 연관있다. 따라서 교육 현장을 연구하는 데 있어, 이상의 현상학적 해석학을 바탕으로 교육 현장의 의미와 의

4) 우리는 여기서 현상학과 해석학의 엄밀한 구분은 하지 않는다. 다만 정신과학을 다루는 방법으로 현상학과 해석학이 발생 배경, 추구하는 방향 등 유사점이 많다는 점에서 해석학적 현상학이라는 용어를 사용하게 되었다. 따라서 해석학적 현상학은 그 방법론의 양항 모두에 주의를 기울이게 되는데, 이것은 사물들이 어떤 방식으로 나타나는가에 주의를 기울이고자 하고 사물들이 스스로 말하도록 하고자 하기 때문에 기술적(현상학적) 방법론이고 또 해석되지 않는 현상이란 없다고 주장하기 때문에 해석적(해석학적) 방법론이라 할 수 있다. 해석학적 현상학에 관해서는 다음의 책을 참고할 것(밴 매넌 지음. 신경림 · 안규남 옮김(1994), 『체험연구 해석학적 현상학의 인간 과학 연구 방법론』, 동녘) 그리고 해석학적 현상학을 교육학과 관련해서는 다음의 책들을 참고할 것(오인탁. 최종욱 외(1996). 『해석학과 정신 과학적 교육학』, 사회평론. 허숙. 유혜령 편(1997). 『교육 현상의 재개념화 -현상학, 해석학, 탈현대주의적 이해-』, 교육 과학사)

5) 이와 관련해서는 3장과 4장에서 구체적으로 다루고 있다.

의를 글로 쓰는 행위에 필요한 반성 형태가 교육학 연구에서는 밑바탕이 되어야 하는 것은 분명한 사실이 아닐 수 없다.

정신과학이나 사회과학의 방법론적 근거를 이루고 있는 해석학적 현상학은 현장을 이해하는 것이 살아있는 생생한 인간의 삶을 그 대상으로 하고 그에 따라 의미를 부여한다든지 가치를 제공하는 인간을 연구하는 인간을 위한 학문, 즉 인간 이해의 학문이라 할 수 있다. 그리고 이런 연구 논리나 방법이 현장에 대한 질적 접근에 방향을 맞추고 있다. 그러나 여기서 우리가 유의해 할 것은, 이상에서 논의된 방법 역시 하나의 방법에 불과하다는 것을 명심해야 할 것이다. 자연과학적 방법이든 질적 연구접근이든 이것들이 전통적 객관주의 인식론에 근거한 진리와 그것에 도달하기 위한 유일한 방법만을 주장했던 방법 지상주의와는 다른 대안적 형태로 생겨났기 때문에, 그 대안적 방법 역시 하나의 방법에 불과하다는 사실을 망각해서는 안 될 것이다. 다시 말하면, 우리는 여기의 방법이 교육 현장, 특히 도덕과 수업 현장을 연구하는 유일한 방법으로서가 아니라 그 현장과 그 현장의 문제점을 이해하는 하나의 방식이라는 것을 제대로 인식해야 한다.

그래서 우리는 현재 우리의 교육 현장이 어떠한가에 대한 정확한 인식이 우선 필요하고 그에 따른 가장 적합한 이론적 근거와 그에 따른 방법을 찾고자 하는 것이다. 생생한 현장 수업과 교육을 위한 연구 논리와 방법이 그 현장과 어울리지 않는다면 문제점을 제대로 파악할 수 없을 것이고 그에 따른 대안도 마련하기 힘들기 때문이다. 그래서 최근 교육은 특히 현장을 연구하는 논리와 방법에서 그 새로운 패러다임을 요구하고 있다. 학생들의 도덕성과 인간성 나아가 도덕공동체 건설을 주된 관심사로 다루고 있는 도덕과 수업에서도 새로운 형태의 연구 논리와 방법론의 필요성이 제기되는 것은 너무나 당연하다. 교실을 알지 못하고 수업에 참여하지 않고서, 교실과 수업에 관한 연구 논리와 방법을 제대로 알지 않고서는 어떻게 학생들의 도덕성과 인간성을 논의할 수 있는가?

우리의 연구 방향이 도덕교육 혹은 도덕과 교육의 생생한 현장에 대한 보다 바람직한 연구를 위한 이론적인 근거를 제시하고자 한다는 의미에서 본다면, 우리는 교육 현상을 '이해'한다는 측면에서 바라보아야 한다. 이해의 방식으로 우리는 연구 대상을 제대로 연구하고 이해하는 것뿐만 아니라 그 대상을 연구하는 자까지도 이해해야 할 것이다. 따라서 해석학적 현상학이 이해 연구의 이론적 근거가 된다. 그래서 우리는 여기서 해석학적 현상학의 연구는 어떤 방법적 구조를 가지는지 살펴볼 것이다.[6]

Ⅲ. 해석학적 현상학 연구의 방법적 구조

우리는 여기서 수업이나 교육 현장을 연구하는 데 있어 가장 적절한 연구 방법의 이론적 근거로서 해석학적 현상학을 소개함으로써 교육 현장 특히 도덕교육 현장에서 무엇을 어떻게 연구해야 하는가에 대한 이해의 지평을 넓히는 동시에 해석학과 현상학에서 중점적으로 관심을 두고 있는 개념들을 이해하고자 한다.

첫째, 해석학적 현상학은 체험의 본성으로 돌아간다. 이것은 우리가 연구할 때 본질적 관심사로 돌아가자는 의미로써, 거기에 우리는 우리의 몸을 던져야 한다는 것이다. 체험이란 인간의 삶이 살아 움직이는 가장 생생한 현장의 표현

6) 밴 매넌 지음. 신경림 · 안규남 옮김(1994), 『체험연구 해석학적 현상학의 인간 과학 연구 방법론』, 동녘, 50-55쪽 참조

이다. 해석학적 현상학이 연구하고자 하는 것의 출발점이자 종착점이 체험이고 이 연구의 목적이 체험의 본질을 포착해 텍스트로 표현하는 것이기 때문이다. 그래서 딜타이가 체험과 영혼의 관계를 마치 숨과 신체의 관계와 같다고 주장하는 것처럼 "신체가 숨을 쉬어야 하듯이, 영혼은 정서 생활의 반향들에서 자신의 존재를 충족시키고 확장해야 한다."[7]고 주장한다. 그리고 이것은 살과 피를 가진 인간이 삶의 체험을 통해서 의미를 호흡한다는 것이다. 그래서 이것이 현상학적 연구인 까닭은, 체험의 의미를 파헤침으로써 체험을 풍부하게 하고자 하는 기술(記述)적 연구(체험, 즉 현상에 관한)이기 때문이고, 나아가 우리는 이런 체험을 통해서 우리의 체험적 삶의 현상에 의미를 부여하는 해석 작업을 하게 된다. 그리고 그것이 해석학적 연구인 까닭은 체험을 표현한 것들과 체험을 객관화한 것(텍스트) 속에 구체화 된 의미를 결정하고자 하는 해석적 연구(체험을 표현한 것들과 객관화한 것, 즉 텍스트)이기 때문이다.

체험이란 연구자가 연구 대상자들의 모습을 가장 구체적으로 관찰하고 그것을 표현할 때 사용되는 용어이다. 연구자는 교육 현장을 관찰하고 연구할 때도 역시 그 속으로 뛰어 들어가 연구 대상자들의 가장 구체적이고 생생한 모습을 체험적으로 바라보아야 하고 그것을 체험적으로 글로써 나타내어야 한다. 한편 이러한 체험을 강조하고 있는 질적 연구에 대해 연구자 개개인의 경험에 지나치게 의존해 있기에 주관적이라는 지적이 있기도 하지만, 이러한 지적은 질적 연구의 특성이라 할 수 있는 창의성, 상대성, 개방성 등의 개념을 실증주의적인 양적 연구의 논리에 따라 파악한 결과라 할 수 있다. 질적 연구의 맥락에서 보면, 질적 연구 역시 '자료를 수집하여 분석한다'라는 용어를 사용하는 데, 여기의 분석이라는 용어는 '기술(description)', '분석(analysis)', '해석(interpretation)' 등의 개념[8]을 포함하고 있고, 이 개념들의 분석을 통해서 우리는 체험이 가지

7) Dilthey. W,(1985) *Poetry and experience*(밴 매넌(1994) 58쪽 재인용)

8) 자료수집 이후의 과정을 '분석'이라는 한 가지 표현보다는 '기술', '분석', '해석'로 구분하는 방

고 있는 주관성 혹은 객관성의 의미까지도 파악하고 있다.

둘째, 해석학적 현상학은 경험을 개념화하기보다는 경험을 겪는 대로 탐구한다. 이 말은 현상학자인 후설이 '사물 자체로 돌아가자(Zu den Sachen)'라고 말하는 것처럼 우리 인간들의 의식 속에 나타나는 그대로의 경험을 중시해야 한다는 것이다. 다시 말하면 연구자는 어떤 대상이나 현상을 바라볼 때 그 대상 그 자체가 가지고 있는 그대로 보지 못하고 그들의 축소된 그리고 미리 짜둔 구조 속에서 변형물을 연구할 가능성을 배제한 입장을 가져야 한다. 연구자는 자신 삶의 충만함과 생생함 뿐만 아니라 현장의 생생함 속에서 현장의 진정한 의미를 찾는 데 관심을 가져야 한다. 예를 들면, 우리 반 아이들의 글 읽기를 관찰할 때, 글 읽기와 관련된 점수 목록을 미리 짜두거나 다른 반 아이들과의 비교나 그것을 위한 실험이 필요하기보다는 글 읽기 그 자체가 우리 반 아이들의 삶의 맥락에서 어떤 것이며 그리고 글을 읽는다는 것이 아이들에게 어떤 의미를 줄 수 있는가에 관심을 가진다는 것이다.

연구자는 수집된 자료를 분석한 결과를 그 구체적인 상황은 배제한 채 재빨리 일반화하고 보편화시키려는 양적 연구자가 쉽게 빠지게 될 성급한 일반화의 오류를 막을 수 있다. 해석학적 현상학이 사물 자체의 본질과 우리의 생생한 일상적 삶을 강조하는 이유가 바로 여기에 있다. 따라서 질적 연구에 있어서는 현장의 구체적 맥락이 갖는 의미가 무엇인지에 관심을 두고 그 의미를 찾기 위해 연구자 자신을 개방하는 태도를 가지고 있다.

셋째, 해석학적 현상학에서는 현상을 바라보는 연구자는 언제나 반성적 태도

식으로 설명할 때, 이 세 개념을 구분하고 사용하는 데 어려움이 없지 않다. 월코트(Wolcot)가 이 세 개념을 보다 분명히 구분하고 있지만 그 역시 삼자 사이의 관계를 애매모호하게 규정했다는 문제점을 가지고 있기에 그 관계는 복합적, 순환적 그리고 상호보완적인 방식으로 이루어져야 한다고 조용환은 주장한다. 그는 질적 연구에서 해석이 주관적이라는 입장에 대해서 해석이라는 것은 가장 주관적인 영역인 동시에 가장 객관적인 영역이라고 강조하면서, 여기의 '객관성'이란 "누가 보아도 그렇게 볼 수밖에 없는 것"이 아니라, '내가 본 것'을 그들도 보고 공감할 수 있는 형태로 구성하여 표현한다는 것을 의미한다. (조용환(1999), 『질적 연구 방법과 사례』, 교육 과학사, 62-70 쪽 참조)

를 가진다. 연구자는 자신이 가지고 있는 사회적 배경이 자신의 신념에 어떤 영향을 미칠지에 대한 인식을 바탕으로 그것이 자신의 연구 세계를 관찰하고 의미를 부여하는 데 어떤 영향을 미치는지에 대한 의식적 반성의 기회를 가져야 한다. 질적 연구와 관계하는 연구자는 자신의 연구가 하나의 객관적 활동이라기보다는 연구자 자신의 문화적 사회적 맥락이 반영된 주관적 산물에 따른 연구를 한다. 따라서 연구자 자신의 맥락이 자신의 연구 관점과 연구 결과의 해석까지도 잠재적 영향을 미칠 수 있다. 그러나 연구자 자신 입장이 고착될 가능성도 배제될 수 없기 때문에, 자신 입장을 의식적으로 반성하는 작업을 병행해야 할 것이다. 그래서 현상학자들은 이러한 반성적 작업의 일환으로 연구자 자신의 기존 관점으로 판단하지 않는 것, 즉 판단중지(epoche)를 중요한 조건으로 포함하고 있다. 다시 말하면 연구자가 연구 대상을 이해하고자 할 때는 연구자 자신이 가지고 있는 어떤 선입견이나 편견의 고착화가 생산적 연구를 그르칠 수 있다는 생각으로 자신을 되돌아보고 재확인하는 과정이 우선되어야 한다.

넷째, 해석학적 현상학은 글쓰기와 고쳐 쓰기의 기술을 통해 현상을 기술한다. 여기서 글쓰기란 우리의 언어를 통해 우리의 사유를 표현하거나 전달하는 것에 머물지 않고 연구자와 연구 대상자 상호 간의 상호주관적 의미를 표현하고 합의하는 기능을 가지고 있다. 현상학이나 해석학에서 언어는 특히 언어의 대화적 측면을 강조하고 있다. 현상학과 해석학의 주된 방법으로서의 대화는 연구자 자신의 주관적 입장에서나 대상의 성격에 일방적으로 의존하기보다는 양자 간의 상호작용을 통해서 이루어진다. 다시 말하면 연구자는 자신 입장을 언어라는 수단으로 전달하기보다는 연구자와 대상자 간의 상호주관적인 경험에 바탕으로 둔 것을 있는 그대로의 모습을 언어로 묘사해 간다. 따라서 질적 연구에서의 글쓰기는 연구자와 연구 대상 사이의 부단한 대화의 과정에서 이루어지는 것이다.

한편 연구자가 연구 자료를 분석하고 기술하고 해석한 것에 관해 글을 쓴다는 것은 하나의 생산적 행위로써 텍스트를 만들어 내는 것 이상의 것, 즉 자신을 만들어 내는 행위라 할 수 있다. 다시 말하면, 대화하고 글을 쓴다는 것은 상호주관적 관계 속에서 사물이나 현상의 진정한 의미를 파악하는 것뿐만 아니라 나아가 자신의 깊이를 인식하는 것이다. 글을 쓴다는 것은 우리의 신체적 정신적 존재 전체와 관련을 맺고 있는 반성 활동으로써 전인적 의미로 나 자신을 쓰는 것이다. 그리고 고쳐 쓴다는 것 역시, 본질적인 어떤 것을 파헤치기 위해 다시 생각하고 고찰하고 인식하는 등의 복합적인 과정을 거치는 것이다. 결국 글을 쓴다는 것은 연구자와 연구 대상자 간의 상호주관적 관계를 바탕으로 상호 간을 의미 있게 만들어 가는 과정이며, 이 의미 있는 관계들의 패턴을 이른바 '이론'이라고 부르는 담론적 전체로 응집되어 진다. 글쓰기와 고쳐 쓰기를 통해 만들어진 것은 연구자와 연구 대상자 간의 의미 연관 속에서 구성된 의미 체이기 때문에 언어는 해석학적 현상학에서는 중심 관심사가 될 수밖에 없다.[9)]

다섯째, 해석학적 현상학을 바탕으로 한 연구이든지 글쓰기 행위를 통해 텍스트를 만들어가는 작업은 강력하고 풍부하며 그리고 깊이 있게 교육학적 목적의식과의 관계를 지향하며 유지해야 한다. 현상학자들은 의식을 언제나 무엇에 대한 의식, 즉 지향성(intentionality)의 개념으로 설명한다. 이것은 연구자들이 언제나 교육학적으로 세계를 지향하고자 하는 자세를 가지고서 현상에 대한 가장 강력한 교육학적 해석을 의식하면서 다양한 경험을 통해서 현상을 분석해야 한다는 것이다. 그리고 이런 지향 과정을 통한 교육학적 의식을 염두에

---

9) 여기서 우리는 반드시 '침묵'의 힘을 발견할 수 있다. 글을 쓰거나 말하는 것보다는 침묵을 지키는 편이 훨씬 효과적일 수 있다. 그리고 인식론적 침묵이 있는데, 이것은 우리가 말할 수 있는 것보다도 더 많은 것을 알았을 때 우리가 느끼게 되는 것으로 말없이 넌지시 나타나는 인식의 한 형태로서의 침묵을 의미한다. 마지막으로 존재론적 침묵이 있는데, 이것은 우리가 만족에 이르렀거나 그 경지에 도달하기를 희망할 때 가지는 느낌으로서의 침묵이다. (밴 매넌(1994), 149-177 쪽 참조)

두고서 볼 때, 우리의 의식 속에서 소외되고 배제된 채로 상실된 것을 현재 경험 속에서 회복시키고 그것에 의미를 부여하는 작업을 병행해야 한다. 질적 연구는 양적 연구에서 소홀하기 쉬운 부분에 관해서 관심을 기울이고 의미를 부여하고 있다. 교육 현장에서 일어나는 비본질적인 것들을 배제하고 교육을 진정한 교육이게끔 하는 교육의 본질을 해명하게 될 것이다.

여섯째, 해석학적 현상학은 부분과 전체를 고려함으로써 연구 상황의 균형을 잡는다. 이 말은 우리의 연구가 종종 현상의 본질에 얽매여 버린다면, 대상과의 대화나 논증적 구성을 통해 텍스트를 구성한다는 본래의 연구 목적을 간과하기 쉽기 때문에, 전체와 부분의 해석학적 순환을 통해 양자의 어느 한 부분에 치우치는 연구를 지양하자는 것이다.

우리는 이상에서 학교 현장을 연구하는 논리와 그에 따른 방법에 관해서 살펴보았다. 그렇다면 우리는 그 현장을 연구하는 자는 누구이며 무엇을 연구하는가? 연구자와 연구 대상은 어떤 관계이어야 하며 연구자와 연구 대상자가 함께하는 대학과 학교 현장은 어떠해야 하는지의 문제들을 함께 다루어야 할 것이다. 이상의 질문들에 대한 올바른 인식은 연구 논리나 방법에 못지않게 현장 연구와 관련된 연구자나 연구 대상자를 보는 관점을 정립하는 데에서는 중요한 요인으로 작용하고 있다.

Ⅳ. 연구자와 연구 대상, 대학과 학교 현장

1. 연구자와 연구 대상

첫째, 연구자와 연구 대상자는 무엇인가? 연구자와 연구 대상은 일차적으로 모두 사람이든지 사람과 관련이 있다. 연구자와 연구 대상자는 모두 단순히 자연물을 경험하는 것과는 다른 방식으로 존재한다. 사람은 항상 사물 혹은 사람과의 관계 속에 있다. 다시 말하면, 사람과 관계없는 사물은 의미가 없다는 것이다. 그렇다면 자연과학적 대상은 일차적으로 사람과 관련이 없기에 인간관계의 의미를 찾는 것에는 한 발 비켜나 있다. 우리가 학교와 교실 수업을 자연과학자들이 탐구의 대상으로 간주한다면 거기에서는 의미나 가치를 찾기 힘들다. 연구자가 연구 대상을 이해한다는 것은 사람과 사람과의 관계를 전제하고 있다. 그래서 현장 연구에 대한 질적 접근에서는 연구 대상이라는 표현보다는 '제보자(informant)', '참여자(participant)', '현지인(the native)', 또는 '그 사람들(the people)'이라는 표현[10)]을 사용하는 것도 이 때문이다. 연구 대상이 수동적인 연구의 객체라는 의미를 가질 경우, 연구자가 연구 대상자보다 우위에 군림한다는 인상을 주고 이 관계 속에서는 의미와 가치의 문제를 제대로 다룰 수 없기 때문이다.

둘째, 어떤 사람이 학교와 수업 현장을 연구하는 연구자가 될 수 있는가? 물론 교사가 혹은 교사를 연구하는 것이 최상의 연구가 될 것이다. 학교 현장의 연구는 연구자이면서 연구 대상자인 교사에 의해 그리고 교사를 위한 연구라고 할 수 있다. 이런 관점에서 현장 연구는 행위 당사자 연구일 때 최상의 효과를

10) 조용환(1999), 22쪽

가져올 수 있다. 행위 당사자 연구(action research or practitioner research)[11]는 교사에 의한 교사를 위한 교사의 연구이다. 이것은 교사들이 연구의 주체로서 교육 현장을 교사의 자기 목적에 따라 자신이 선택한 방법으로 교사들만이 할 수 있는 실천적 연구이다.[12] 그러나 행위 당사자 연구는 가장 바람직한 참여적인 연구이기는 하지만 문제를 문제로 보지 못하는 한계를 가지고 있으므로 전문연구자에 의한 참여 관찰연구가 덧붙여진다면 그 연구는 극대화된다. 다시 말하면, 연구의 주체이면서 대상이 되는 현장 교사에 의한 행위 당사자 연구뿐만 아니라 교육 현장을 객관적으로 볼 수 있는 전문가의 도움이 필요하다. 따라서 가장 완벽한 현장 질적 연구는 행위 당사자 연구와 참여관찰자에 의한 협동 연구라 할 수 있다.[13]

셋째, 연구자가 연구 대상자를 이해한다는 것은 대상을 단순히 안다는 차원을 넘어서고 있다. 객관주의 인식론자들이 주장하는 것처럼, 자연적 대상을 탐구하는 방식으로 본다면 주체가 대상을 인식의 대상으로 보는 이분법적 태도에서 벗어날 수 없다. 그러나 연구 대상자 역시 인간과 관련되기 때문에, 단순한 대상적 인식을 뛰어넘는 또 다른 인식론이 요구된다. 그래서 일찍이 딜타이는 체험과 표현에 연관해서 이루어지는 이해라는 방식을 주장하고 있다. 그에 있어서 이해의 방식은 하나의 인격적 정신이 다른 인격의 정신을 파악하는 작용으로써, 인간은 이 세계 속에서 살아가면서 그가 살고 있는 이 세계를 어떤 방식으로든지 세계를 이해할 수 있고, 이 이해를 통해서 삶 자체에 접근할 수 있으며 이를 통해 개별적인 인격체의 내면적 세계가 드러나며 나아가 인간의

11) 행위 당사자 연구는 다음의 글을 참고 바람. 이명숙, 「행위 당사자 연구」(『교육 연구의 질적 접근』, 교육 과학사, 2001) 137-158쪽. 길병휘, 「행위 당사자 연구와 교사의 전문성 신장」(길병휘 외(2001), 『교육 연구의 질적 접근』, 교육 과학사) 387-412 쪽

12) 길병휘(2001), 387쪽

13) 행위 당사자 연구의 경우, 교사뿐만 아니라 대학의 교수들 역시 연구의 주체가 될 수 있다. 조용기, 「질적 연구의 성격」(『교육 연구의 질적 접근』, 교육 과학사, 2001).(길병휘 외, 앞의 책, 13쪽)

본성을 해명할 수 있다는 것이다.[14] 자연과학적 진술은 연구 대상자들이 경험적으로 겪고 있는 경험들이 무엇인지를 시각적으로 드러내고자 하는 데 일차적 관심이 있다. 그러나 질적 접근을 하는 연구자는 연구 대상자들이 경험하고 있는 '그 무엇'이 곧 사회적 실재, 즉 현실이라고 가정하는 데 그치지 않고, '그 무엇'을 보다 심층적으로 그렇지만 기술적으로 밝혀내기 위해 "왜 그럴까?"하는 가치의 문제까지 가지고 대상의 시각이나 경험까지 접근한다.

마지막으로 연구자와 연구 대상자는 이해라는 관계 속에서 서로의 지평을 확장한다. 이런 이해는 언어와 대화라는 기초위에서 가능하다고 주장함으로써, 언어를 통하여 세계 경험의 통로가 열리며 이해가 성취된다고 주장한다. 연구자와 연구 대상자가 대화하려고 하고 대화를 통해서 서로 합의하려고 애쓴다면 어떤 편견이나 선입견도 극복할 수 있으며 참된 진리의 길을 얻을 수 있다. 대화 속에서 만나는 양자는 자신의 유한성을 드러내기 때문에, 결국 자신을 뛰어넘는 것이며 타자와 함께 생각한다는 것을 의미하기 때문에, 서로 다른 지평이 융합하는 새로운 세계로의 길을 모색하게 된다.[15]

결국, 연구자가 현장 교사이든 대학의 교수이든 관계는 없겠지만, 그리고 연구 대상자가 현장 교사이든 현장의 학생이든 그리고 실습 학생이든지 간에 대학의 교수가 이론을 정립하고 현장 교사는 그 연구 이론을 현장에 단순히 적용한 입장을 지양한다면, 그 연구자와 연구 대상자가 누구이든지 실천적 활동과 연구를 결합한 의미의 행위 당사자 연구가 질적 연구에 있어서는 가장 적합한 연구 활동이라 할 수 있다. 그리고 이런 행위 당사자 연구를 통해서 행위 당사자 자신이 수업을 위한 이론을 정립하고 수업 개선을 목적으로 그 이론을 수업에 적용하는 반성적, 지속적 그리고 순환적 활동을 할 때 현장 연구는 극대화될 수 있다.

---

14) Dilthey, W(1973), 145, 215-216쪽 참조

15) 최신일(2001), "질적 연구의 철학적 배경", 『교육의 질적 접근』, 교육 과학사, 31쪽 참조.

2. 학교와 대학의 협력

행위 당사자에 의한 현장 혹은 수업 연구가 이루어지더라도 대학과 학교 현장의 협력체계가 제대로 구축되어 있지 않다면 교육과 수업 현장의 연구를 제대로 수행할 수 없을 것이다. 미국의 홈즈 그룹이 연구한 보고서에 의해 제안된 학교가 협력 학교(Professional Development School).[16]에서 대학과 학교의 진정한 협력 체제를 볼 수 있다. 이 보고서는 교사 교육 개혁과 대학과 학교 현장과의 협력체계에 대한 연구 보고서를 바탕으로 한 협력 학교를 소개하고 있다.[17]

협력 학교는 대학과 학교 현장이 공동의 목표를 설정하여 함께 협력하여 프로그램을 실행하고 평가하는 데 각 구성원이 공동의 의사결정에 자율적으로 참여하는 것이라 할 수 있다. '협력'과 '참여'를 가장 핵심적인 개념으로 하는 협력 학교는 구체적으로 어떤 모습인지 이 두 개념을 통해서 살펴보면 다음과 같다.

먼저, 협력이란 무엇인가, 특히 대학과 학교 현장과의 협력이란 무엇을 말하는가? 협력(collaboration)은 종종 협조(cooperation)와 혼동되어 사용되기도 하지만, 굳이 구분하여 협력의 특징을 살펴보자면 다음과 같다.[18] 첫째, 협력은 대학과 학교 현장이 성취해야 할 목표를 정하고, 협력의 결과로부터 얻어진 이익을 공유하는 것을 의미한다. 둘째, 협력은 협력 프로젝트 전 과정을 통해 상

16) 대학과 학교 현장의 협력체계를 구축한다는 것은 교사 교육을 개혁하는 입장에서 보면, 우선적으로 갖추어야 할 조건이다. 교사 교육 개혁 차원에서도 대학과 현장과의 협력체계는 중요한 요인으로 작용하고 있다. 이들 양자에 목표를 두고 있는 것이 홈즈 그룹(Holmes Group)에 의한 보고서이다. 따라서 협력 학교(PDS)는 교사 교육 개혁을 성취할 수 있는 학교와 대학 간의 협력의 가장 좋은 형태라 할 수 있다. 교사 교육 개혁과 PDS에 관해서는 다음의 책을 참고할 것. 길병휘 외, 『교사 교육: 반성과 실제』(서울: 교육 과학사, 2004)

17) 이와 관련된 구체적 내용은 9장 참고 바람.

18) 김현숙, 「PDS와 교사 교육」(길병휘 외(2004), 앞의 책, 203쪽.

호주의와 공평성을 수반하는 한편, 협조는 서로 다른 역할과 책임을 더 많이 허용한다. 마지막으로 협조는 프로젝트를 주도하는 측에서 필요한 도움을 요청한다면 다른 한편에서는 이를 제공하는 관계인 데 반해, 협력은 공동의 의사결정체를 요구한다.

이상과 같이 학교 현장과 대학이 협력체계를 구축되었다면, 양쪽 구성원들은 공동의 목표를 달성하기 위해 프로젝트에 참여하게 된다. 협력체계의 구축을 위해 연구자는 연구 대상 집단에 참여해야 한다. 참여란 관찰을 위해 현장에 가는 것 자체를 가리키는 협의의 의미를 가지기도 하고, 더 나아가 연구 대상 집단에 완전히 들어가 그 일원이 되어 체험 관찰하는 것을 가리키는 광의의 의미도 가지고 있지만, 여기서는 질적 연구와 관련을 시킨다면, 관찰자가 가급적 대상 집단의 내부적 관점에서 그 집단의 의식 세계의 역학을 자세하게 관찰하고 기록하는 경우를 가리킨다.[19)]

우리나라 교육 혹은 수업 연구의 경우, 홈즈 그룹이 제시하고 있는 학교 현장과 대학과의 협력체계를 바탕으로 하는 협력 학교에서 행위 당사자 연구가 수행되어야 가장 바람직한 연구가 수행될 것으로 보인다.

19) 조용기(2001) 12쪽. 행위 당사자 연구는 대체로 다음의 과정으로 순환적으로 시행된다. '문제 파악-개선 계획-자료수집-반성적 분석'의 구조로 문제 해결 때까지 연속적으로 시행된다.(송언근(2001), "지리교육의 구성주의적 실천을 위한 행위 당사자 연구" 길병휘 외(2004), 앞의 책, 227-234 쪽 참조)

V. 결론: 도덕과 교사 교육에의 시사점

도덕교육은 도덕교육 현장과 그 현장을 연구하는 자를 연구하는 데 필요한 방법 및 그에 따른 이론적 접근을 제시한다는 것은 다른 교과에 비해 쉽지 않은 작업이다. 그러나 교육 현장에 대한 질적 접근의 이론적 근거인 해석학적 현상학을 바탕으로 도덕교육 현장 연구에 대한 시사점을 찾아보자.

첫째, 도덕교육 현장을 연구하는 연구자의 경우, 우선은 행위 당사자 연구가 되어야 한다. 행위 당사자 연구는 반성적 실천가로서의 연구자가 수업을 효과적으로 자기화하기 위해 자신의 수업에 대한 끊임없는 관찰과 반성을 바탕으로 자신에게 가장 적합한 학습의 모형을 만들어가는 과정을 밟아야 한다. 따라서 도덕과 수업을 하는 교사는 실제 수업 중 단순한 경험으로부터 얻어지는 무의도적인 앎에 그치기보다는 자신의 수업을 개선하려는 의도를 가지고 자신의 수업을 의식적으로 반성해야 한다. 나아가 도덕과 교사는 자신의 수업에 대한 이론을 개발하는 데까지 나아가는 반성적 실천가의 자질을 갖춘 교사가 되기 위해서는 '행위 당사자 연구' 방법에 대한 정확한 인식이 우선되어야 한다.[20] 행위 당사자 연구를 바탕으로 도덕과 수업에 적용한다면, 연구자는 평소 도덕과 수업에서 느꼈던 문제점을 파악하여 개선 계획을 수립한다. 이를 토대로 수업을 실행하고 개선 계획의 적합성과 수업의 또 다른 문제점을 추출하고 분석하여 문제점을 개선한다. 그리고 재개선 된 계획을 토대로 다시 수업을 실행하고 전(前) 분석 과정을 순환적으로 연구하는 것을 지속으로 추진한다.[21]

둘째, 도덕과 수업을 연구했다고 혹은 그 수업을 이해했다고 했을 경우, 중

20) 이종일 "반성적 실천을 통한 전문가 교육" 길병휘 외(2004), 앞의 책, 118-125 쪽 참조.
21) 송언근, "이론과 실제, 그 접목을 위한 교육실습의 재구성" 길병휘 외(2004) 앞의 책, 23 쪽.

요한 것은 연구자는 수업을 바라보는 기존의 관점을 유보하고 수업 현상의 필연성을 제대로 알아야 한다. 연구자 자신의 기존 관점으로 수업을 바라본다면 수업 행위자의 눈으로 수업을 볼 수 없게 되고 수업을 제대로 이해했다고 할 수 없다. 따라서 연구자가 수업을 제대로 이해하기 위해서는 연구자의 관점이 전환되어야 한다. 즉 연구자는 자신의 기존 관점을 유보하고 수업 행위자의 관점에서 수업을 보아야 하는데 이것은 먼저 수업 행위자가 수업을 그렇게 할 수밖에 없는 필연성을 깨닫는 것이며, 나아가 수업 행위자 입장에서 수업을 바라보는 것까지 포함한다. 우리가 연구자와 연구 대상자, 교수와 현장 교사, 그리고 대학과 학교 등의 관계를 이분법적 관점에서 한쪽이 다른 한쪽을 일방적으로 연구한다는 것은 진정한 의미에서 수업이나 현상을 이해했다고 할 수 없다. 도덕과 수업을 연구하는 경우, 특히 교수의 현장 교사와의 협동 연구에서조차도, 교수의 이론을 현장 교사는 수업에 일방적으로 적용하는 것으로 오해하기 쉽다. 이것은 수업 행위자를 외부의 자극에 대하여 수동적으로 반응하는 인과적 관계 속에서 수업을 보기 때문이다.

셋째, 반성적 실천가로서의 행위 당사자 연구자인 교사에게는 그 이론뿐만 아니라 그 실천적인 부분 역시 중요하다. 해석학이나 현상학 그리고 이것들을 바탕에 두는 해석학적 현상학의 경우에서도 사물을 혹은 현장을 이해했다고 했을 경우, 그것은 단순히 이론적 이해만을 의미하는 것이 아니라 그 실천 영역까지를 포함하는 것이다. 도덕과 교육의 경우에서도 교사가 갖추어야 할 지식은, 슐만(Schulman)이 교과 지식이나 교육학적 지식뿐만 아니라 교과 교육학적 지식을 강조하는 것과 숀(Shon)이 반성적 실천을 강조하는 것[22] 그리고 협

22) 슐만(Schulman)은 CBTE(Competence-Based Teacher Education)에 의한 교사 자질 연구를 통해 현장 수업에 필요한 '교과 교육학적 지식(Petagogical Content Knowledge)'을 강조하고 있다. 그리고 숀(Schon)은 '반성적 실천가(Reflective Practitioner)'로서의 교사 자질을 강조하고 있다. 이들의 입장에 대해서는 다음의 글을 참고하길 바람. (이종일(2004a) "교사 교육이론의 변천". 이종일(2004b), "교사 자질에 대한 CBTE적 접근", 길병휘 외(2004) 『교사 교육: 반성과 설계』, 교육 과학사)

력 학교(PDS)[23]에서 보는 바와 같이 교사는 이론뿐만 아니라 그 실천적 경향을 가지고 있어야 한다. 따라서 도덕과 교육과정에서도 목적에 따르는 강좌뿐 아니라 그 실천을 강조하는 교과 지도론을 보다 심도 있게 다루어야 할 것이다.

넷째, 도덕과 교육에 있어서 행위 당사자 연구자로서의 교사는 연구의 중요성을 인식하고 보다 나은 실천을 위해서 끊임없이 궁구하는 사람이다. 이 말은 교사는 수업에서 만족하기보다는 이러한 연구를 통해서 자신을 제대로 이해하는 계기를 제공해 주어야 한다. 교사는 행위 당사자 연구를 통해서 일차적으로는 수업의 질을 향상할 수 있고 나아가 자신을 발견하고 자신의 연구에 대한 즐거움을 가질 수 있다. 교사가 현장 수업을 연구할 경우, 수업 개선을 위한 필요성에 의한 자발적 연구가 수행되고 그에 따른 실천을 병행한다면, 이 연구는 단순히 자신의 연구에 대한 만족으로 끝나기보다는 더 나아가 수업 현장의 아이들을 배려하는 마음을 가지고 되고 따라서 아이들도 수업에 적극적으로 참여하게 되며 결국은 바람직한 연구가 수행될 것이다. 교사는 수업 개선을 위한 연구가 외부적인 동기에 의해서라기보다는 내재적 동기에 의해 수행된다면 자신의 연구를 조건 없이 수행할 수 있고 이상적으로 거기에 가장 잘 몰입할 수 있다. 이와 같은 내재적 동기를 바탕으로 할 때만 교사는 연구에 있어서 전문가가 될 수 있다.

도덕과의 경우에도, 도덕교육에 관한 식견이나 응용 능력이 탁월한 경우에는 전문가로서의 연구자인 동시에 실천가인 도덕 교사의 능력을 최대한 발휘할 수 있을 것이다. 그러나 우리나라 현 교육 체제 가운데서 특히 교원 양성 대학

23) 협력 학교에서는 대학교수, 현장 실습 지도교사 그리고 실습생 간의 긴밀한 유대관계를 통한 실습제도 개혁을 소개하고 있다. 협력 학교를 통한 교생실습의 강조 및 그에 따른 실제 모습에 대해서는 다음의 글을 참고하길 바람. 김현숙(2004a), 『 PDS와 교사 교육 』. 김현숙(2004b), 『 교육실습 협력 교사의 자질 』. 송언근(2004), " 이론과 실제, 그 접목을 위한 교육실습의 재구성 ". 『교사 교육: 반성과 설계』, 교육 과학사)

에서 이 부분에 대한 인식이 부족한 것이 현실이고 이에 대한 적절한 대안으로 대학원 과정과 현장 교사들의 교사 연수 형태인 직중 연수 교육(直中 練修 敎育) 통해서 연구 전문성을 가진 교사 교육할 수 있을 것이다.

마지막으로, 모든 교육의 형태에서와 같이 도덕과 에서도 교수와 현장 교사와의 협력체계가 제대로 갖추어져야 한다. 교수와 교사가 쌍방이 의미 있는 존재 관계로 상대방을 인정할 경우, 상호작용을 통한 이해의 지평이 확장될 것이다. 특히 도덕과의 경우 행위 당사자 연구를 통한 현장 연구의 장점을 최대한 살릴 수 있을 것으로 보인다. 도덕과 교육의 현장 연구에 있어 행위 당사자 연구의 장점을 최대한 살펴 나간다면 연구자와 연구 대상자 간의 상호작용은 필수적으로 요구될 것이다. 물론 여기서는 쌍방이 가지고 있는 선입견을 배제하기보다는 선입견을 바탕으로 한 해석학적 순환 과정을 통해 양자의 지평을 확대하며 나아가 도덕적 합의를 이끌어 가는 도덕교육의 목적을 달성할 수 있고 연구자로서의 자신을 이해하는 존재론적 이해까지 나아갈 수 있다. 따라서 연구자와 연구 대상자는 상호 간의 맥락과 차이를 인정하는 가운데 대화를 통해 도덕공동체를 만들려는 도덕교육의 궁극적 목적을 의식하면서 그 목적을 달성할 수 있는 가장 적절한 연구 논리와 연구 방법이 될 것이다.

참 고 문 헌

길병휘 외(2001). 『교육의 질적 접근』, 교육과학사.

길병휘 외(2004). 『교사 교육: 반성과 설계』, 교육과학사.

오인탁. 최종욱 외(1996). 『해석학과 정신과학적 교육학』. (주)사회평론.

허숙. 유혜령 편(1997). 『교육현상의 재개념화 -현상학, 해석학, 탈현대주의적 이해-』, 교육과학사.

이규호(1999). 『대화의 철학』, 시공사.

조용환(1999). 『질적 연구의 방법과 사례』. 교육과학사.

최신일(2001). "학의 방법론으로서의 해석학적 이해". 『범한철학』 23집. 범한철학회.

최신일(1995). 『이해의 학으로서의 해석학』. 박사학위논문. 부산대학교.

허숙. 유혜령 편(1997). 『교육 현상의 재개념화 -현상학, 해석학, 탈현대주의적 이해-』, 교육과학사.

Gadamer. Hans-Georg(이길우 외 옮김)(2000). 『진리와 방법 I』, 문학동네.

Manen. Max van(신경림. 안규남 옮김)(1994). 『체험연구 해석학적 현상학의 인간과학 연구 방법론』, 동녘.

Dilthey, W(1973), *Der Aufbau der Geschichtlichen Welt in Den Geisteswissenschften,* In: Dilthey, W, Gesammelte Schriften, Band Ⅶ, Goetingen, Vandenhoeck & Ruprecht.

Chapter 03

도덕교육과 해석학

Ⅰ. 서론
Ⅱ. 해석학의 역사
Ⅲ. 가다머의 철학적 해석학
Ⅳ. 연구 방법으로서의 해석학
Ⅴ. 해석학과 도덕과 교육과정
Ⅵ. 결론

Chapter

03 도덕교육과 해석학*

I. 서론

도덕교육에 관한 해석학적 논의는 도덕교육의 새로운 지평을 여는 데 상당한 기여가 된다. 교육학뿐만 아니라 도덕교육에 있어 해석학은 어떤 역할을 하고 있는가? 해석학은 도덕교육과 어떤 관계에 있는가? 이론적으로 혹은 철학적으로 어떤 근거를 제시해 주고 있는가? 도덕과 수업에 있어서 해석학은 어떤 역할을 하는가? 어떤 교과이든 그 역사적인 배경이 있을 것이고 그 역사적 배경은 또한 그 철학적 근거를 가질 것이다. 다시 말하면 교육과정과 그에 따른 교과 교육에는 그 시대적 흐름을 주도하고 있는 시대정신을 반영하지 않을 수 없다. 21세기의 시대정신을 이끌어 간다고 할 수 있는 포스트 모던 철학의 한 분야인 해석학에 관한 연구는 도덕교육뿐 아니라 모든 교육 영역에서도 중요한 역할을 한다고 할 수 있다. 따라서 도덕교육에 있어 해석학이 어떤 이론적 근거를 제시하고 있으며, 수업에 있어서는 어떤 실제적 영향을 미치는지 그리

* 이 글은 초등도덕교육 제30집(한국초등도덕교육학회, 2009)에 실린 논문, '도덕교육의 해석학적 이해'를 수정 · 보완 한 것임.

고 더 나아가 도덕적인 삶을 살아가는 도덕공동체에 어떤 기여가 되었는지에 대한 연구는 흥미 있는 주제일 것이다. 이와 같은 연관성은 '이해', '대화', '삶' 그리고 '실천', '인간 존재' 등이 해석학의 핵심 개념들이라는 것에서도 알 수 있다.

해석학은 '이해의 학'이다. '이해'라는 개념을 철학적으로 다룬 학문이다. 이해의 문제는 인식의 문제와 연관이 있다. 해석학에서 이해의 문제는 인식주체가 대상을 어떻게 인식하는가? 하는 인식의 문제를 다루기도 하지만 인식론의 차원에 머물러 있는 것이 아니라 존재론적인 관점에서 파악하고 있다는 점에서 전통적 인식론과는 차별성을 가진다. 인식의 문제를 존재론적 관점에서 파악하다 보니 '인간 존재'에 대한 관심이 증폭될 것이고 인간 존재의 '삶'이 어떠해야 하는지의 문제까지도 다루게 된다. 인간의 삶에서는 또 다른 인간 존재 혹은 텍스트, 역사 등과의 관계 속에서 살아갈 수밖에 없는데, 이들과 살아간다는 것은 대화적 존재로 살아가야 한다는 것에 관련 있다. 그렇다면 인간 존재와 그들의 삶, 삶과 앎의 연관성, 특히 도덕적 삶의 실천을 강조하고 있는 도덕교육에 있어서 해석학을 연구하는 것은 도덕교육을 새로운 경지로 높일 수 있는 중요한 역할을 한다고 할 수 있다.

따라서 본 연구는 해석학이 도덕교육에 있어서 어떤 이론적 근거를 제시하는지의 논의에 초점을 맞추어 진행될 것이고, 나아가 도덕교육에의 시사점에 대해 살펴보게 될 것이다.

Ⅱ. 해석학의 역사

도덕교육과 해석학의 연관성에 관한 본격적인 논의에 앞서 해석학의 역사를 살펴보는 것은 해석학이 역사적 혹은 철학사적으로 어떤 위치에 있는지 그리고 해석학의 핵심적인 개념들을 파악하는데 도움이 된다. 나아가 해석학의 도덕교육에의 함의에 대한 다양한 시사점을 제공받을 수 있을 것이다. 그래서 해석학의 역사 속에 등장한 대표적인 해석학자를 소개하고자 한다. 이들이 주장하는 해석학에 관한 서로 다른 논의 역시 시대적인 상황을 고려하기 때문에 해석학에 대한 이들의 해석은 해석학을 체계화하는 데 상당한 기여가 된다.

그러나 본 연구는 해석학자 간의 해석학적 관점의 유사성과 차이점을 소개함으로써 해석학의 흐름을 파악하고 해석학의 주요 기본 개념을 이해하고자 하는 것이지, 특정 해석학적 관점을 바탕으로 다른 해석학적 관점을 비판하고자 하는데 초점이 있는 것은 아니다. 따라서 해석학의 역사에서 나타난 해석학적 관점과 개념은 도덕교육과 연관성을 연구하고 도덕교육에의 시사점을 제공하는 데 도움이 될 것이다.

1. 고대 그리스의 해석학

해석학(Hermeneutics)은 그 어원적 의미[1]를 살펴보면, 그리스 신화에 나오는 신의 전언자(傳言者)이고 언어의 창조자로 불리는 헤르메스(Hermes) 신과 관계

---

1) 해석학의 어원적 의미에 대해서는 다음의 논문을 참고 하기 바람. 최신일, "도덕교육의 해석학적 이해", 『초등도덕교육』(한국초등도덕교육학회, 제30집, 2009), 114-117 쪽 참조.

있다. 그는 인간의 이해를 초월해 있는 그 무엇을 인간 지성이 포착할 수 있는 형태로 변환시키는 역할을 하는 존재로 알려져 있다. 신들의 말을 해석하여 전하는 매개자 헤르메스 신의 이름에서 따온 hermeneutike는 본래 hermeneutike teche, 즉 해석의 기법을 의미하는 단어에서 유래되었다. 따라서 해석학의 개념을 넓게 본다면, 해석의 구체적 기법에 대한 특수한 논의나 그 구체적인 수행까지도 포함하기 때문에 해석학의 기원은 고대 그리스까지 소급된다.

호머 서사시를 둘러싼 해석에 대한 플라톤과 아리스토텔레스의 언급을 해석학의 시원으로 보고 있는데 특히 호머 서사시의 난해한 어휘나 어구에 대한 시인들의 해석이 텍스트 해석에 대한 새로운 기법을 발전시켰다. 그 대표적인 해석 기법이 문법적 해석방법과 알레고리 해석방법이다. 전자는 아리스토텔레스의 알렉산드리아 문헌 학파에서 사용한 방법이다. 이 방법은 문자나 단어가 가지고 있는 일차적인 의미를 파악하는 방법으로서 과거의 텍스트 언어를 동시대의 언어를 통해서 전달해 준다. 이에 반해 후자는 스토아 학자들과 페르가메니아 학파에 의해 형성된 방법이다. 이 방법은 문자의 배후에 숨겨진 제2의 의미를 파악하는 방법으로서, 난해한 텍스트 구성의 이해에 있어서 어려움을 제거해 준다. 이후의 해석학과 관련된 논의는 문법적 해석학과 알레고리 해석학의 양대 축을 중심으로 전개되었다.[2)]

그리스 시대 서사시를 해석하는 방법에서 시작한 해석학이 방법론으로서의 해석학으로서 명확한 의식을 가지고 뚜렷한 주제 의식 아래 구체적으로 논의하기 시작한 것은 근세 이후이다.[3)] 그 대표적 철학자가 쉴라이에르마허(Schleiermacher)이다.

2) 목영해,『현대 상대주의 철학과 교육』, 교육과학사, 1998, 44쪽 참조,

3) 특히 19시기에 들어와서는 다양한 해석방법이 활용되는 데, 어스트(Ast), 볼프(Wolf), 뵈케(Boeckh), 슈타인탈(Steinthal) 등의 해석학적 방법에 관심을 가진 학자들이 활동하였다. (목영해, 앞의 책, 45쪽)

2. 쉴라이에르마허의 이해의 기술로서의 보편적 해석학

쉴라이에르마허는 그 이전의 초기 해석학이 다양한 방법을 중심으로 산발적으로 논의되는 것이 적절하지 못하다고 생각하여 특정한 방식으로 전문화된 여러 해석학 방법을 아우를 수 있는 보편적인 이론을 확립하고자 하였다. 예를 들면, 성서를 해석하는 성서 해석학, 일반적인 법률을 구체적인 사례에 적용하는 법률해석학, 그리고 시의 해석과 비평에 관련된 비평해석학 등이다. 이런 해석의 실천적인 적용의 차원을 넘어서 해석의 문제를 학문적으로 체계화하고자 하였다. 즉 그는 텍스트의 종류는 다양할지라도 이들을 해석하는 원리는 동일하다고 주장하면서, 이 원리가 모든 개별적 해석을 가능하게 하는 근거가 된다고 주장한다. 그는 해석학을 주제에 대한 보다 나은 이해를 위한 '대화를 이끄는 기술'이라고 하여 이것을 변증법이라고 표현하기도 한다.[4] 또한 그에 있어서 해석학은 이해의 보편이론[5]을 의미하는데, 이것은 이해와 해석이 요구되는 모든 경우에 적용될 수 있는 실제적인 이론이기 때문에 단순히 신학, 법학, 문학의 보조학문에 머무는 것이 아니라 모든 종류의 문서적 혹은 구술적 표현을 이해하고 분석하는 기초적 방법, 즉 이해의 기술(방법)로서 역할을 하게 된다. 그에 있어서 해석학의 범위는 이전 해석학의 실천적 적용의 범위를 뛰어넘어 사상표현의 모든 영역까지 확대됨으로써 해석학은 인간의 삶 일반에 있어서 보편적인 역할을 하게 되었다. 따라서 그는 해석학을 인간이 이해하고 해석하고자 하는 곳이라면 이해의 기초가 되어야 한다는 학문적 요청을 충족시키는 보편적 행위로서의 이해와 해석의 방법으로 체계화하여 문헌 연구와 번역에 실제 적용을 하였다.[6]

---

4) Schleiermacher(1942), *Dialetik*, Leipzig, 강돈구(1990), 『해석학과 사회철학의 제문제』(서울: 일월서각) 16쪽(재인용))

5) 강돈구, 앞의 책, 14-17쪽 참조

6) 그는 독일 교육 현실을 이해하기 위해 해석학을 도입하여 독일 교육학의 주류가 된 '해석학적

그렇다면 쉴라이에르마허는 사상 혹은 텍스트를 구체적으로 어떻게 이해하고 해석하는가? 이러한 해석 행위는 개체와 전체, 특수와 보편의 상호의존적 순환 관계에서 이루어지는 것이다. 그리고 해석 활동은 이것의 직접적이고 구체적인 대상인 언어에 있어서 낱말은 하나의 보편적 의미영역을 가지고 있으며 이 의미영역은 낱말의 개별적 사용에 따라 드러난다. 또한 쉴라이에르마허는 언어와 마찬가지로 개인의 사상 혹은 개별적 작가의 작품은 개인적이고 자유롭게 수행되는 것이 아니라 그들이 그 안에서 사유하면서 살고 만들어 내는 일정한 공동체의 언어 정신에 의해 이미 형성되어 있는 것에 의해 표현된다고 주장한다. 다시 말하면 그는 인간 개개인의 언어체계가 그 민족의 일정한 세계관 혹은 역사관과 이미 내적으로 연관되어 있다고 생각한다. 결국 쉴라이에르마허에 의하면 개인의 삶은 언어에 기반을 둔 문예 작품을 통해서 가장 잘 표현되며 독자가 그 작품을 접하여 저자의 개성을 직관하고 자신의 개성을 보완하는 일이 '이해의 기술'로서의 해석학이라고 주장한다. 물론 여기서 저자의 개성은 개인의 내면적인 주관적인 심리상태만을 말하는 것이 아니라 저자가 속해 있는 국민성 혹은 역사성 그리고 시대성이라고 말하는 전체적 생과의 상호관련이 되어 있는 것이다.

따라서 쉴라이에르마허에 따르면 이러한 문예 작품은 본질적 이중성에 근거하고 있는데, 즉 해석 활동은 문법적(언어적) 이해 방식과 심리적 이해 방식을 구분한다. 문법적 해석은 작품이나 대화의 일정한 의미를 언어에 근거한 객관적이고 보편적인 법칙을 이해하려는 방식이다. 문법적 이해 방식에 의해서는 원저자와 해석자 사이에 공통적인 언어의 기초가 형성된다. 반면에 심리적 해석은 작품이나 대화의 의미를 개별적 인간들, 혹은 저자 개별성의 사유로부터 이해하려는 방식이다. 그러나 그는 문법적 해석보다는 심리적 해석이 더 적절하다고 한다. 왜냐하면, 문법적 해석은 객관적이기는 하지만, 저자의 개성에 대

교육학'의 기초를 마련하였다(손승남, 『교육 해석학』(교육과학사, 2001), 12쪽.

한 해석을 제한하기 때문에, 해석 혹은 이해의 적절한 형태는 저자의 심리적 혹은 정신적 세계를 해석하고 이해하는 것이라고 주장한다. 결국 그에 있어서 해석은 저자가 말하고자 하는 것뿐 아니라 의식하지 않는 것까지 그 대상이기 때문에, "독자가 저자보다 저자를 더 잘 이해할 수 있는" [7] 근거를 제시하고 있다. 또한 그에 있어서 이해는 해석학적 순환 속에서 그 의미가 확장된다. 이해의 해석학적 순환구조는, 먼저 언어에 대한 일반적 지식과 해석 대상이 되는 텍스트에 대한 통독을 통하여 전체적 의미를 일차적으로 파악하고, 이어서 전체적인 이해의 구도 아래서 부분에 대한 이해를 추구한 후, 다시 부분에 대한 이해와 관련지어 전체의 의미를 수정하는 과정 혹은 자신 입장을 수정, 보완해 가는 과정을 이루고 있다.[8]

따라서 쉴라이에르마허는 언어의 본질이 단순히 사상을 전달하는 도구적 수단에서 벗어나 있음을 지적하고, 단순히 텍스트를 해석하는 생명이 없는 것으로 취급된 텍스트에 생명을 불어넣었고, 나아가 해석학을 단순히 방법론을 넘어서 있는 철학적이고 보편적인 성격을 가진 것으로 그 지위를 높여 주었다.

3. 딜타이의 정신과학 방법으로서 이해

딜타이는 쉴라이에르마허가 해석학을 이해의 기술로 보았던 것을 삶의 이해 차원으로 승화시켰다.[9] 즉 딜타이에 의하면 해석의 대상은 곧 삶이다. 이러한 삶을 해석하고 이해하는 방법은 자연과학자들이 자연을 대하는 방법과는 다르다. 자연과학자들은 인간의 삶과의 관계를 인위적으로 단절시킨 추상적 자연을

7) W. Dilthey, *Gesammelte Schriften* Bd7, (Stuttgart/Goettingen, 1973), 131쪽.

8) 강돈구, 앞의 책, 43쪽

9) 최신일(2009), 앞의 논문, 120-123쪽 참조,

내세운 다음, 그 추상적 자연을 대상으로 연구하여 자연을 설명한다. 이에 반해 딜타이는 인간의 삶은 가치, 의미, 목적과 같은 주관적인 측면을 인위적으로 분리한 순수 객체가 될 수 없고, 이러한 삶을 연구하는 연구의 주체가 삶의 중심인 정신이기 때문에 삶을 연구하는 주체와 연구 객체로서의 인간의 삶은 결코 분리될 수 없다고 주장한다. 그래서 딜타이는 이러한 자연과학적 '설명'의 방식으로는 인간의 삶을 연구하는 것이 적합하지 않기 때문에 정신과학의 연구 방법으로 '이해'를 제안하는 것이다. 즉 이러한 이해의 대상으로서 정신생활의 연구 방법인 해석학이 필요한 것이다.

이런 관점에서 딜타이는 정신과학의 대상은 삶 자체를 그것의 역사성과 시간성 속에서 고찰하고 이해해야 한다고 주장한다. 그에 의하면 삶의 개념은 개인의 삶뿐 아니라 근원적으로는 개인들 삶의 공동성을 의미하며, 고립된 주체를 의미하기보다는 주체와 세계를 공동으로 포괄하는 관계의 전체를 의미하며, 역사의 과정에서 흐르는 삶의 질서들 전체를 의미한다.[10] 물론 그의 연구가 객관성과 과학성을 상실한 것이라고는 볼 수 없다. 이러한 다양하고 유동적이며 변화하는 삶의 개념은 삶의 범주에 포섭되는데, 이들 범주 중에서 딜타이가 가장 깊이 다루고 있는 삶의 해석학적 범주들이 체험, 표현 그리고 이해이다.[11] 그리고 이러한 삶의 범주에 입각한 삶을 연구할 때 그의 연구는 객관성과 과학성이 확보되는 것이다. 삶의 첫 번째 범주인 체험은 사유 이전의 생생한 경험으로서 인식주체와 인식객체가 분리되기 전의 하나의 공동체를 이루고 있다. 다시 말해, 체험에서는 주관과 객관이 분리되지 않는 하나의 통일체를 이루고 있다. 두 번째 삶의 범주는 표현이다. 이것은 인간 삶의 외적 표출이다. 그렇다고 삶을 외적으로 드러내었다고 해서 모두가 심층적 내면세계의 외적 표출 즉

10) 최신일, 『이해의 학으로서의 해석학 - 가다머의 〈진리와 방법〉을 중심으로 -』, 부산대학교 박사학위 논문, 1995, 24쪽

11) W. Dilthey(1973), *Gesammelte Schriften* Bd7, (Stuttgart/Goettingen), 131쪽

체험의 표현이라 할 수 없다. 이러한 삶의 표현에는 학문, 합목적적 행위들, 그리고 체험표현 등 세 가지가 있다. 그러나 학문적 표현이나, 합목적적 행위의 표현은 각자가 가지고 있는 논리에 따라 표현되고 이해되므로 인간 삶의 심층과는 거리가 멀다. 이에 반해 체험표현에는 그 사람의 보이지 않는 내면세계의 깊은 곳까지 관련되어 있기에 그 사람의 존재를 떠나서는 이해할 수 없다. 그래서 체험표현의 가장 전형적인 예인 예술 작품을 통해서 우리는 한 인간의 삶을 인식할 수 있다.

세 번째 삶의 범주가 이해이다. 이해는 삶 표현의 내적 파악을 의미하는 것으로써 인간의 정신적 산물들을 파악하는 해석학의 수단이다. 즉 이해의 개념은 삶의 표현들과 직접적으로 관련이 있고, 그 표현들이란 인간의 삶 속에 표출된 모든 영역의 의미들을 지칭하는 것이다. 딜타이에 있어서 이러한 삶의 표현 모두가 이해의 대상이 되고, 따라서 정신과학의 방법으로서 해석학의 과제는 이러한 삶의 표현을 체계적으로 이해하는 것이라 할 수 있다.[12] 그래서 삶의 이해는 체험을 외적으로 표현하는 표현자의 원래 위치에 이해자인 나를 위치하게 함으로써 그 상황을 재경험하게 하고 표현자의 원래 의미가 스스로 드러나게 재구성하는 정신과학의 특유한 방법을 의미한다. 다시 말하면, 이해는 단순한 설명도 아니고, 작가의 심리상태로 들어가는 감정이입도 아닌, 객관화된 정신적 산물을 매개로 해서 관련된 사회적, 역사적 상황을 재구성한 것이다.

한편 체험, 표현 그리고 이해의 해석학적 범주들은 순환적인 관계에 있다. 이러한 순환을 통해 체험자는 친숙하거나 낯선 삶의 모든 양식을 구체적으로 체험하며 체험의 내용을 구체화한다. 선입견으로부터 파생된 오해를 수정하고 추가로 체험되는 삶의 영역들을 새롭게 확장하며, 타인과의 관계 속에서 객관적인 이해의 영역에 도달하여 총체적인 역사의 이해에 도달하게 된다. 마찬가

12) 손승남, 앞의 책, 13쪽

지로 이해도 체험된 내용을 역사적인 연관 속에서 포괄적으로 해석하며 역사 자체의 변화 속에서 이해의 영역을 확장하고 체험의 내용을 주관적인 것에서 전체적인 것의 영역과 보편성의 영역으로 이끌어감으로써 구체적인 삶의 경험을 확장하게 되는 것이다.[13] 다시 말하면 체험을 통해 받아들여진 삶의 의미는 타인의 체험을 추체험하며 추체험한 내용을 자기반성 속에서 재구성하고 다시 표현하여 삶의 내용을 확장하는 것이다.

이상의 삶의 세 가지 범주를 통해 우리는 삶을 삶 그 자체로 이해할 수 있다. 이것은 우리가 삶을 이해하기 위해서는 선이해를 전제하고 있어야 한다는 것이다. 다시 말하면 삶 자체의 구조적 연관성이 체험하는 자와 체험되는 것, 표현하는 자와 표현되는 것, 이해하는 자와 이해되는 것 사이의 동일한 구조 연관성을 가능하게 하며 해석자의 개성과 저자의 개성을 상호이해 할 수 있도록 연결하며 그 역의 관계에서 해석자 자신을 이해할 수 있는 객관적으로 타당한 자기 이해의 가능성을 열어주고 있다.

그러나 딜타이 정신과학의 방법으로서 '이해'에서는 완전한 이해란 있을 수 없고, 다만 더 나은 이해로 나아가는 점진적인 과정만이 있을 뿐이다.[14] 그래서 우리는 불확정적이며 부분적인 이해로부터 전체적인 이해를 위한 과정이나 전진 속에서 진정한 이해의 의미를 찾을 수 있는 것이다. 이런 점에서 딜타이가 비판하고 있는 자연과학의 설명 방식에 의한 완전한 이해가 아니라 이해의 과정에서 개인을 혹은 타자를 얼마나 잘 이해하는가를 중시하게 되는 것이다. 여기서 우리는 해석학의 주된 명제 중의 하나인 "저자가 자신을 이해하는 것보다 해석자가 저자를 더 잘 '이해'할 수 있다."[15]는 해석의 가능성을 발견함으로써 정신과학이 인간의 존재하는 삶의 방식을 묻고 이 물음은 표현, 즉 언어를

13) W. Dilthey, 앞의 책, 143쪽

14) 손승남, 앞의 책, 23쪽

15) W. Dilthey(1964), *Gesammelte Schriften* Bd5, (Teubner/Stuttgart), 331쪽

통해 자기 존재에 대한 반성을 시도하고 결국은 자기반성에 따른 자기 이해에 도달할 수 있는 근거를 제공해 주고 있음을 알 수 있다.

4. 하이데거의 존재론적 해석학

정신과학의 방법으로서 혹은 인식론적 관점에서 논의되어 온 해석학은 하이데거에 이르러서는 존재론적 해석학으로 탈바꿈한다. 그가 여기서 이해가 존재론적인 것은 우리 인간의 삶의 근저에 이해가 자리 잡고 있다는 것이다. 즉, 그는 이해와 해석을 현존재의 존재 구조 속에 위치케 하는 데서 찾고 있다. 다시 말하면, 하이데거는 해석학을 직접적으로 논의하는 대신에 존재하는 것의 존재 의미를 밝혀내는 기초적 존재론을 정립하는 형태로 해석학이 드러나게 한다. 따라서 이해는 우리가 이미 알고 있는 것을, 설명하거나 인식하는 방법이 아니라 우리가 구체적인 사태에 직면하게 될 때 우리가 가지게 되는 실존적 태도 그 자체이다.

하이데거는 그의 존재론적 해석학에서 존재의 문제를 전혀 새로운 관점에서 전개하고 있다. 전통적 형이상학이 존재와 존재자를 구분하지 못하는 왜곡된 방식으로 논의한 것에 대해 비판하면서 존재의 본질과 의미를 새롭게 탐구하였다. 특히 인간이야말로 자신의 존재에 대해 의미 있게 탐구하는 존재라는 전제 아래서 인간 존재 구조를 시간성의 맥락, 즉 인간을 초월적 본질의 맥락이 아니라 유한한 시간과 제한된 공간 속에 내던져지듯 존재하면서 자신을 문제 삼으며, 자신을 둘러싼 여러 다른 존재자들과의 관계를 통해 바로 현재 실제로 살아가는 현존재를 역사적, 사실적 맥락에서 탐구하고자 하였다.[16)]

시·공간의 제약 속에 있는 인간 현존재는 정상성(Befindlichkeit)과 이해

16) 목영해, 앞의 책. 54-55쪽 참조

(verstehen)라는 두 개의 축을 근간으로 하고 있으며 또한 그 구조가 드러난다. 여기서 정상성이란, 단순한 주관적인 감정과는 다른 주관과 객관의 대립을 넘어서 나와 세계가 하나가 되어 '나'가 세계 안에 있는 존재로 드러나는 근원적인 기분상의 것이다. 인간 현존재가 정상성 속에 있다는 것은 현존재가 자신이 사는 세계를 근본적으로 규정하는 어떤 기분에 젖어 있음을 의미한다. 정상성의 대표적인 예가 죽음에 결부된 불안이다. 이렇게 근원적 기분에 젖어 있는 인간 현존재는 세계를 결코 객관적으로 이해할 수 없고 근원적 기분에 젖은 이해 활동을 할 수밖에 없다. 죽음이라는 불안은 인간이 자신과 세계를 새로운 관점에서 보고 또한 새롭게 변화시킬 가능성을 열어주는 것이다. 따라서 머리 안에서 일어나는 이해가 아니라 죽음과 결부된 불안에서 일어난 이해는 본래적인 자신의 실존을 회복하는 변화 가능성인 것이다. 이러한 맥락에서 하이데거는 이해가 그 자체 있어서 실존론적 구조를 가진다고 주장한다. 정상성이 현존재를 피투성(被投性)으로 이끄는 소극적인 실존구조라면, 이해는 현존재가 본래적 자기로 자신을 던지게 하는 적극적인 실존구조이다.

결국 이해는 우리가 발견한 사태를 어떻게 해석해야 하는가를 결정짓게끔 하는 세계 해석의 근거이지, 해석을 통해서 비로소 형성되는 것이 아니다. 이것은 해석이 정보를 탐색하는 것이 아니라 오히려 해석 주체의 가능성을 열어가는 것이다. 따라서 해석은 이해의 완성이 된다.[17)]

이런 관점에서 하이데거는 현존재가 해석 활동을 시작하기 위해서는 탐구 주체인 현존재의 실존에 대한 선이해를 가져야 한다. 따라서 하이데거는 그의 해석학을 이해의 선 구조를 밝히는 데 초점을 맞추고 있다. 이해의 선 구조는 '앞서 가짐', '앞서 봄', 그리고 '앞서 취함'의 형태를 가지고 있다.[18)] 이해의 선 구조는 사물을 고정하고 객관화하여 인식 대상으로 삼아 특정 관점에 따라 관

---

17) M. Heidegger(1972), *Sein und Zeit*(Toubingen, Max Niemeyer Verlag), 148쪽

18) M. Heidegger, 앞의 책, 150쪽 참조

찰하고 개념적으로 파악하는 절차에 앞서 이미 우리에게 사태가 제시되어 있으며 그 사태에 대한 다양한 관점 및 파악의 가능성이 이미 구조적으로 알려져 있다. 따라서 하이데거에서 해석학적 이해는 인식 및 해석 자체가 가지고 있는 해석을 통해 드러나기 때문에 선이해와 인식 그리고 해석은 하나의 순환적 구조를 가진다.[19] 특히 하이데거는 해석학적 순환의 올바른 진입을 위해 존재론적 해석의 출발점인 존재론적 선이해가 올바른 것이어야 하고 존재론적 해석학의 탐구 주체인 현존재를 토대로 해석학적 순환을 전개해 나가기 때문에 해석학을 한 차원 높은 존재론적으로 승화시켰다. 그래서 그는 해석학적 순환은 종래의 인식 과정과 추론 과정에서의 악순환적인 의미가 아니라 바르게 해명되고 밝혀져야 하는 것으로 보고 있다. 그래서 어떻게 하면 순환을 벗어나느냐가 아니라 어떻게 바르게 순환에 들어가느냐가 그에 있어서는 중요한 문제가 된다.[20] 이해의 존재론적, 해석학적 순환을 받아들이고 있는 가다머는 하이데거, 특히 후기 하이데거의 입장에서 제시된 언어와 예술 그리고 역사의 본질을 적극적으로 수용하여 이것들을 이해의 역사성과 이해의 언어성에서 구체적으로 다루고 있다.[21]

19) 최신일(1995), 앞의 논문, 38쪽 - 40쪽 참조

20) M. Heidegger(1972), 앞의 책, 153쪽

21) 이 부분에 관한 구체적인 논의는 최신일(1995), 앞의 논문, 49-117쪽을 참조 바람.

Ⅲ. 가다머의 철학적 해석학

가다머의 주저인 『진리와 방법』[22]의 제목에서 보는 바와 같이, 가다머는 인식주체와 인식 대상이 분리되어 있고 절대적 진리를 추구하는 전통적 객관적 인식론에 대해 비판적이다. 전통적 객관적 인식론은 진리가 하나이며 그 진리로 나아가는 방법도 하나라는 방법 지상주의를 염두에 두고 있는 소위 아르키메데스적 기점의 가능성을 말한다. 이에 반해서 그의 해석학적 이해는 인간 주체의 삶의 맥락에 근거한 다양한 방법을 통한 진리를 합의해 나가는 것을 강조하기 때문에, 아르키메데스적 기점의 불가능성을 보여준다. 여기서 우리는 가다머의 『진리와 방법』에서 나타난 그의 해석학적 관점을 살펴보고 그와 관련된 주제를 연구함으로써 해석학과 도덕교육의 연관성 및 그 함의를 도출하고자 한다.

1. 이성, 전통 그리고 이해

가다머에게는 모든 이해가 필연적으로 선입견을 내포하고 있으며, 이것이 그의 해석학적 문제의식에 중심을 이루고 있다. 중립적인 순수성의 상태에서 대상에 접근하는 것을 부정하는 가다머에게 우리는 존재의 역사성을 구성하고 있는 선입견, 즉 전통으로부터 출발해야 한다. 하이데거가 존재에서 출발했다면 가다머는 역사적인 전통에서 출발한다. 이런 맥락에서 가다머는 계몽주의가 선포했던 전통과 이성의 이분법을 거부하고 전통과 권위의 가치를 복권한다.

22) Hans, G. Gadamer(1972), *Wahrheit und Methode*, (Toubingen, J.C.B.Mohr)

철저하게 전통과 권위를 이성에 상반되는 것으로 취급하여 그것의 진정한 의미를 왜곡시킨 계몽주의에 대해 가다머는, 권위는 부여되는 것이 아니라 획득되는 것이며, 우리 스스로 한계를 인정하고 다른 사람의 우월성을 인정할 때 그 사람의 권위가 발생하며 그런 의미에서 권위는 이성적 판단으로부터 창출된다고 주장한다.[23] 다시 말하면 이성/전통의 이분법적 인식론에 머물러 있는 계몽주의에 대해서 가다머는 지금까지 이성에 의해 무가치하고 무의미한 것으로 폄하되었던 전통을 복권 시키고 왜곡된 이성의 의미를 새롭게 정립하게 되었다.

한편 가다머는 전통이라는 것이 오랫동안 이어져 내려오는 타성 때문에 보존되기보다는, 모든 역사적 변화 속에서 함께 활동하는 것으로써 항상 새롭게 인정되어야 하며, 전통 속에서 그때마다의 새로운 소리를 듣고 그 소리 가운데서 역사적 경험을 하게 된다고 주장함으로써[24] 랑케와 드로이젠 등의 19세기 역사주의자들을 비판하고 있다.

이해와 선입견 그리고 전통과의 관계에 대해서 가다머는, 우리들에 있어서 이성은 근본적으로 역사성을 가지고 있으며 개인이나 공동체 역시 역사의 산물임을 강조하고 있다. 다시 말하면 우리가 전통과 단절되고 아무런 선입견 없이 어떤 주제에 접근할지라도 전통은 계속해서 하나의 규범적 위력을 계속 유지하고 있다는 것이다. 따라서 가다머는 이해의 구조와 해석자 그리고 전통과의 관계[25]를 설명하기 위해 지평(horizont)이라는 개념을 사용하고 있다. 우리는 항상 어떤 특정한 상황 안에 놓여 있다. 우리가 상황에 놓여 있다는 것은, 그 상황을 전체적으로 조망할 수 있다는 것이 아니라, 우리 자신이 어떤 특정한 관점을 가지게 하는 지평 안에 우리가 처해 있다는 것을 뜻한다. 이 지평은

23) H.G.Gadamer, 앞의 책, S.263 참조.

24) H.G.Gadamer, 앞의 책. S.266.

25) H.G.Gadamer, 앞의 책. S.288-290 참조.

폐쇄된 것이 아니라 우리가 뛰어 들어가 활동하는 곳이며 우리와 함께 변화하는 곳이다. 우리는 이 지평 속에서 자기 자신을 배제하지 않고 자신을 더 큰 전체 속에서 그리고 더 바른 기준 속에서 더 잘 볼 수 있게 된다. 우리와 우리가 분석하고자 하는 전통은 각자의 지평을 가지고 있으므로, 스스로 전통에 제한시키지 않고 자신의 지평을 확대해 타자의 지평과 융합하게 되고 그런 과정을 통해 이해는 끊임없이 새로워지는 것이다. 다시 말하면 이해가 일어날 때 자신의 특수성과 타자의 특수성이 통합 극복되어 높은 보편성으로 고양되어 가는 것을 가다머는 지평 융합(Verschmelzung der Horizont)이라고 한다. 그러나 가다머는 양 지평 간의 단순한 융합을 주장하지 않는다. 우선 각 지평은 지평 간의 거리를 깨닫게 되고, 여기서 이러한 긴장의 인식이 이해의 과정에서 새롭고 더욱 포괄적인 지평으로 나아가게 하는 것이다. 이러한 이해의 역사성을 가다머는 영향사적 의식(Wirkungsgeschichten BewuBtsein)이라는 말로 개념화한다. 우리가 결코 피할 수 없는 구체적인 해석학적 상황이 곧 이해의 역사성이다. 다시 말하면 텍스트나 예술 작품 그리고 합리성과 같은 개념을 이해하는 데 영향사를 배제할 수 없다는 것이 가다머의 입장이다.

이상의 이해의 역사성을 통해서 과거와 현재, 텍스트와 해석자의 지평이 새롭게 융합되고, 이런 과정에서 우리가 겪게 되는 경험이 곧 해석학적 경험이다. 해석학적 경험은 방법론적 자기 확신에서 완성되는 것도 아니며, 독단에 사로잡힌 사람에 의해 완성되는 것도 아닌, 우리가 자신의 역사성에 대한 경험을 통해서 미래와 과거에 대한 개방적인 성격을 가진, 즉 해석학적 의식을 가진 사람에 의해 얻어지는 것이다. 우리는 역사성, 개방성, 유한성, 그리고 상호 긴장 관계의 인정 등을 주장하는 가다머의 해석학에서 전통적인 근원 주의적 인식론에 대한 새로운 패러다임으로서 해석학적 존재론으로 나아갈 수 있는 충분한 근거를 발견할 수 있다.

2. 해석학과 언어

해석학적 경험의 요체인 지평 융합이 보여주는 것은, 이해의 과정이 본질적으로 대화적이라는 것이다. 따라서 우리는 언어라는 매개 없이는 지평 융합을 상상할 수 없으며, 언어를 통해서 세계와 인간의 역사적 유한성을 연결해 주는 고리를 가지게 된다. 그리고 언어를 통해서 우리는 타자와의 관계를 이해하게 된다. 다시 말하면 모든 이해는 언어라는 매체를 통해서 창출되며, 따라서 그 본질은 언어적이다. 그래서 가다머는 "이해할 수 있는 존재가 바로 언어다."[26] 라고 말한다. 언어라는 매개체를 통해서 존재의 탈 은폐성이 드러나며, 서로 다른 지평들이 융합된다. 결국 지평 융합이라는 것도 대화의 현실화를 통해서 가능하다. 따라서 가다머는 언어를 통한 이해가 대화의 내적 무한성 속에서 생겨나고, 이것이 보편적 해석학으로 나아가는 근본적인 차원이 된다고 주장한다. 전통적인 인식론이 주장하는 것처럼, 유일한 방법론적 잣대를 통해서 궁극적으로 도달하는 객관적인 진리가 아니라 대화라는 언어의 매개체를 통해서 우리는 타자를 이해할 수 있고, 세계를 이해하며 텍스트의 의미를 파악하게 되는 것이다. 이러한 이해가 가다머가 밝히고자 하는 진리 내용에 대한 이해이다. 즉 "이해는 우선 서로 이해하는 것이다. 서로를 이해한다(Verstandnis)는 것은 의견의 일치(Einstandnis)이다. 따라서 사람들은 서로를 직접적으로 이해하거나 의견 일치에 이르기까지 상호이해한다."[27] 한편 언어를 매개로 해서 이해의 지평을 열어 가는 가다머의 언어관은 언어를 단순한 기호 체계로 보는, 즉 사유를 위한 단순한 수단으로 보고 있는 종래의 언어관에 대해 비판적이다. 우리의 사유가 언어를 수단으로 해서 세계를 인식한 입장과 달리, 가다머에게서 언어와 세계의 관계는 세계가 언어의 대상이 되는 것이 아니라 여러 대상은 언

26) H. G. Gadamer, 앞의 책, S.450.

27) H. G. Gadamer, 앞의 책, S.168

어라는 세계 지평 안에 이미 포함되었기 때문에, 언어는 그러한 지평을 여는 유일한 매개체가 된다는 것이다. 언어가 사유를 위한 단순한 수단으로 간주하는 종래 언어관의 기원을 가다머는 플라톤에서 찾고 있으며, 플라톤의 언어관을 비판하는 것이 전통적 인식론에 대한 새로운 패러다임으로서의 가다머 해석학의 입장이다.

따라서 가다머가 제공하는 언어학적 전회란, 언어가 진리 인식을 위한 수단이 아니라 서로의 지평을 열어주는 매개체이며, 너와 나의 대화를 통해서 우리는 자신의 세계를 개시하며 타자의 지평을 받아들일 수 있다. 언어를 통해서 우리는 인식의 방법으로서의 경험이 아니라 너와 내가 서로의 유한성을 인정하는 해석학적 경험[28]을 하게 된다. 해석학적 경험은 과학적 방법을 근본적으로 규정해 주는 경험과는 본질적으로 다르다. 인간의 유한성에 관한 경험으로서 해석학적 경험은 지금, 이 순간 여기 우리 앞에 놓여 있는 것을 단순하게 인식하는 것이 아니라, 미래가 기대 속에서 여전히 펼쳐질 수 있는 한계를 통찰할 수 있는 경험이라 할 수 있다. 가다머는 이러한 해석학적 경험을 통해서 오해를 피하려는 특수한 해석학이 아니라 보편적 해석학으로 나아가는 길을 찾는다. 따라서 우리는 해석학적 경험을 가지고 낯익고 공통적인 지지를 통해서 소원한 것으로 나아갈 수 있으며, 소원한 것에서 그 무엇을 이끌 수 있으며, 이런 과정을 통해서 세계에 대한 우리의 경험이 확장되고 더 풍부해질 수 있다.

28) 해석학적 경험에 대해서는 H. G. Gadamer, 앞의 책, ss. 324-360참조

3. 해석학적 경험과 해석학적 대화

과거와 현재를 매개하는 기능으로서 영향사적 원리를 제시하고 있는 가다머는 과거와 현재, 텍스트와 해석자 사이의 긴장 관계를 경험하지 않을 수 없다. 그래서 해석학의 과제는 이 양자 간의 긴장을 덮어버리는 것이 아니라 그 긴장을 의식적으로 발전시켜 나가는 것이고 텍스트와 해석자 사이의 거리를 의식하면서 겪게 되는 경험이 곧 해석학적 경험이다. 해석학적 경험은 인간의 유한성과 관련이 있으며 지금, 이 순간 여기 우리 안에 있는 것을 단순히 인식하려고 하는 것이 아니라, 미래가 기대 속에서 여전히 펼쳐질 수 있는 한계들을 통찰하는 것이다.[29)]

인간은 역사와 관계되어 있고, 그러한 역사가 우리에게 작용하고 우리들의 이해를 담고 있는 영향사적 의식은 우리들이 그때마다 우리 자신뿐 아니라 우리들이 상호이해한다는 사실의 근거가 된다. 이에 따라 이해는 하나의 공통적 관계 지평을 전제로 하고 있음을 알 수 있고, 그 관계 지평이 언어를 통해서 나타나게 된다. 즉 모든 역사적 인간의 누적적인 경험이 축적되어 있고 숨겨져 있는 그러한 매체- 경험 자체, 그리고 존재와 분리 할 수 없는 것이 곧 언어이다. 해석학적 경험 안에서는 전승이 나에 대해 고정된 대상이 아니라, 너의 언어로서 인격적으로 만나게 되는 하나의 인격이 된다. 따라서 여기서 만남은 대화, 즉 언어를 매개로 한 물음과 대답의 문답법으로 이루어진다.

인간의 경험은 모두 언어에 의해서 매개된다. "이해될 수 있는 존재, 그것이 바로 언어이다."[30)] 이 말은 "이해"가 언어적이며, 따라서 언어가 보편적인 차원을 갖는다는 말이다. 하이데거가 말한 것처럼, "언어는 존재의 집이다". 이 말

29) Josef Bleicher, *Contemporary Hermeneutic*, 권순홍 옮김(1986), 『현대 해석학』(서울: 한마당), 129쪽

30) Hans, G. Gadamer, 앞의 책, 432쪽

은 언어가 존재에 의존해 있듯이 존재 또한 언어에 의존해 있다는 것이다. 다시 말하면 언어는 해석하고 번역하기보다는 그대로 살면 되는 것이다. 즉 이해될 수 있는 존재는 언어이다. 따라서 인간 존재의 해석은 곧 언어 존재의 이해에서 가능하다.

가다머는 해석학적 경험의 매개체인 언어에서의 이해는 대화라는 모델에 따른다고 주장한다. 즉 언어는 대화 속에서 비로소 그것의 참된 존재를 가지게 된다.[31] 그래서 가다머는 해석학적 이해의 과정, 즉 대화를 통한 지평 융합의 합의 과정과 동일시하고 있다.[32] 결국 가다머에 의하면 이러한 지평 융합은 언어를 중심으로 해서 성립이 되고, 우리 역시 이 언어 속에 살고 있기에 우리는 언어를 이해하게 되고 타자와 텍스트와 역사와 대화하지 않을 수 없다. 따라서 해석학의 문제는 언어 숙달에 있는 것이 아니라 언어의 매개에서 일어나는 사태에 관해서 올바르게 상호 이해하는 것이라 할 수 있다.[33] 대화의 내적 무한성이 바로 해석학의 근본적인 차원을 말해 주고 있다. 이러한 해석학적 대화를 통해서 나와 너, 과거와 현재, 낯익은 것과 새로운 것, 텍스트와 해석학자 간의 두 지평 사이에 하나의 융합이 일어날 때 진정한 이해가 성립되는 것이다.[34] 따라서 "이해는 단지 재생산된 태도가 아니라 끊임없는 생산적 태도이다. 그래서 이해는 더 잘 이해할 수 있는 것이 아니라, 다르게 이해할 수 있는 것이다."[35]

---

31) Hans, G. Gadamer, 앞의 책, 422쪽
32) Hans, G. Gadamer, 앞의 책, 356쪽, 375쪽 참조
33) 최신일, 앞의 논문, 83쪽
34) 손승남, 앞의 책, 44쪽
35) Hans, G. Gadamer, 앞의 책, 280쪽

Ⅳ. 연구 방법으로서의 해석학

도덕교육은 학문의 분류에 따라 구분한다면, 정신과학에 속할 것이다. 정신과학이라는 용어가 가지는 애매성 때문에 그 개념[36]이 모호한 위치에 있기도 하지만 정신과학이든 인문과학의 영역에 속하는 교육 현상은 인간에 관해서 침묵하고 있는 사실과 현상을 다루는 것이 아니라 연구의 대상을 내면화하여 인간을 목적 자체나 가치로 여기는 인간의 내면적 과정에 관련되는 한에서만 의미가 있다. 이처럼 교육 혹은 도덕교육이 인간과 관련있고 그에 따른 의미와 가치를 다루는 학문 영역이라면 그 학문과 그 현장을 연구하는 데 있어 인과적 설명을 따르는 자연과학의 방법으로는 그 대상을 제대로 파악할 수 없다. 따라서 인간의 체험, 즉 충실한 삶으로 돌아가는 것을 일차적 목적으로 하는 교육 연구의 경우 자연과학적 설명의 방식으로는 그 대상을 충분히 이해할 수 없으므로 인간의 삶의 문제를 다루는 정신과학의 방법론인 이해의 해석학이 필요하다.

교육 현장을 연구하려는 연구 논리와 방법의 입장은, 자연과학보다는 정신과학의 영역에 가깝고 그 연구 대상이 인간 현상의 의미를 해명하거나 그 의미의 생생한 구조를 이해하고자 한다면 정신 과학적 방법론에 따를 수밖에 없다. 나

36) 정신과학, 문화과학 혹은 사회과학에 대한 성격규정은 학자와 시대 그리고 국가마다 각기 다른 입장을 가지기 때문에 어려움이 있다. 특히 독일에서는 사회과학을 정신과학 형태로 생각하기 때문에 자연과학과 정신과학으로 나누지만, 영미 계통에서는 자연과학, 사회과학, 인문과학 등 삼분법으로 나눈다. 이상의 분류에서 보는 바와 같이 사회과학, 정신과학, 그리고 문화과학(이들 세 개념을 포괄해서 인문과학이라고도 한다) 등은 개념상 엄격하게 구분되지 않지만, 이들이 그들의 확고한 내용들만 고집하지 않는다면, 그 자체를 구별하기보다는 오히려 자연과학과는 구분되는 것으로 이해하는 것이 학문 분류에 대한 포괄적 이해라 할 수 있다. (최신일(2001)"학의 방법론으로서의 해석학적 이해",『범한철학』 제23집 95-98 쪽 참조)

아가 이는 존재론적으로 이해하는 논리를 따라야 할 것이다. 대체로 철학에서는 정신 과학적 방법론의 이론적 근거를 제시한 입장이 현상학과 해석학이라 할 수 있다. 현상학은 체험을 지향하는 법을 기술하고, 해석학은 삶의 텍스트를 해석하는 법을 기술한다고 할 수 있다. 따라서 우리는 정신 과학적 방법론을 근거 지우는 이론적 근거로서 해석학적 현상학이라 부른다.[37] 그리고 이런 이론적 근거를 바탕으로 현장 연구의 글쓰기 방법을 발전시키는 것은 교육 현장에 대한 질적 연구접근과 관계있다. 따라서 교육 현장을 연구하는 데 있어, 이상의 현상학적 해석학을 바탕으로 교육 현장의 의미와 의의를 글로 쓰는 행위에 필요한 반성 형태가 교육학 연구에서는 밑바탕이 되어야 하는 것은 분명한 사실이 아닐 수 없다. 정신과학이나 사회과학의 방법론적 근거를 이루고 있는 해석학적 현상학은 현장을 이해하는 것이 살아있는 생생한 인간의 삶을 그 대상으로 하고 그에 따라 의미를 부여한다든지 가치를 제공하는 인간을 연구하는 인간을 위한 학문, 즉 인간 이해의 학문이라 할 수 있다. 그리고 이런 연구 논리나 방법이 현장에 대한 질적 접근에 방향을 맞추고 있다. 그러나 여기서 우리가 유의해야 할 것은, 이상에서 논의된 방법 역시 하나의 방법에 불과하다는 점이다. 자연과학적 방법이든 질적 연구접근이든 이것들이 전통적 객관주의 인식론에 근거한 진리와 그것에 도달하기 위한 유일한 방법만을 주장했던 방법 지상주의와는 다른 대안적 형태로 생겨났기 때문에, 그 대안적 방법

37) 우리는 여기서 현상학과 해석학의 엄밀한 구분은 하지 않는다. 다만 정신과학을 다루는 방법으로 현상학과 해석학이 발생 배경, 추구하는 방향 등 유사점이 많다는 점에서 해석학적 현상학이라는 용어를 사용하게 되었다. 따라서 해석학적 현상학은 그 방법론의 양항 모두에 주의를 기울이게 되는데, 이것은 사물들이 어떤 방식으로 나타나는가에 주의를 기울이고자 하고 사물들이 스스로 말하도록 하고자 하기 때문에 기술적(현상학적) 방법론이고 또 해석되지 않는 현상이란 없다고 주장하기 때문에 해석적(해석학적) 방법론이라 할 수 있다. 해석학적 현상학에 관해서는 다음의 책을 참고할 것. (밴 매넌 지음. 신경림 · 안규남 옮김(1904), 『체험연구 해석학적 현상학의 인간 과학 연구 방법론』 동녘) 그리고 해석학적 현상학을 교육학과 관련해서는 다음의 책을 참고할 것. (오인탁. 최종욱 외. 『해석학과 정신 과학적 교육학』, (사회평론, 1996), 허숙, 유혜령 편 『교육 현상의 재개념화 -현상학, 해석학, 달 현대주의적 이해-』, (교육과학사, 1997).)

역시 하나의 방법에 불과하다는 사실을 망각해서는 안 될 것이다. 다시 말하면, 우리는 여기서 방법이 교육 현장, 특히 도덕과 수업 현장을 연구하는 유일한 방법으로서가 아니라 그 현장과 그 현장의 문제점을 이해하는 하나의 방식이라는 것을 제대로 인식해야 한다. 그래서 우리는 현재 우리의 교육 현장은 어떠한가에 대한 정확한 인식이 우선 필요하고 그에 따라 가장 적합한 이론적 근거와 그에 따른 방법을 찾고자 하는 것이다. 생생한 현장수업과 교육을 위한 연구 논리와 방법이 그 현장과 어울리지 않는다면 문제점을 제대로 파악할 수 없을 것이고 그에 따른 대안도 마련하기 힘들기 때문이다. 그래서 최근 교육에 있어, 특히 현장을 연구하는 논리와 방법에서 그 새로운 패러다임을 요구하는 것이다. 학생들의 도덕성과 인간성 나아가 도덕공동체 건설을 주된 관심사로 다루고 있는 도덕과 수업에서도 새로운 형태의 연구 논리와 방법론의 필요성이 제기되는 것은 너무나 당연하다. 교실을 알지 못하고 수업에 참여하지 않고서, 교실과 수업에 관한 연구 논리와 방법을 제대로 알지 않고서 어떻게 학생들의 도덕성과 인간성을 논의하는가?

우리의 연구 방향이 도덕교육 혹은 도덕과 교육의 생생한 현장에 대한 보다 바람직한 연구를 위한 이론적인 근거를 제시하고자 한다는 의미에서 본다면, 우리는 교육 현상을 '이해'한다는 측면에서 바라보아야 한다. 이해의 방식으로 우리는 연구 대상을 제대로 연구하고 이해하는 것뿐만 아니라 그 대상을 연구하는 자까지도 이해해야 할 것이다. 따라서 해석학적 현상학이 이해 연구의 이론적 근거가 된다.[38] 또한 해석학적 현상학이 도덕교육 연구에 큰 도움을 준다고 할 수 있다.

38) 밴 매넌 지음. 신경림 · 안규남 옮김, 『체험연구 해석학적 현상학의 인간 과학 연구 방법론』(동녘, 1994) 50-55 쪽 참조, 이에 대한 구체적인 논의는 최신일, "도덕교육 연구에 대한 이론적 토대" 『초등도덕교육』,(한국초등도덕교육학회, 제14집, 2004). 12-17 쪽 참조

V. 해석학과 도덕과 교육과정

앞서 살펴본 해석학의 역사와 해석학자들의 주장 그리고 해석학적 현상학의 연구 방법을 바탕으로 해석학이 도덕교육과 어떤 관련이 있고, 어떤 시사점을 가지는지 도덕과 교육과정을 중심으로 살펴보면 다음과 같다.[39] 첫째, 도덕과 교육과정의 성격을 살펴보면 다음과 같다. 2007 개정 교육과정에서는 한국적인 맥락에 근거한 보편 윤리를 추구하고 있다는 것[40]이다. 여기서 도덕과 교육이 보편적인 윤리를 추구하는 것이 당연하지만 그에 앞서 한국적인 맥락에 근거하고 있다는 점에 주의해야 한다. 한국적 맥락이라는 맥락 의존성을 중요하게 생각한다는 점에서 해석학의 입장과 유사한 점을 발견할 수 있다. 또한 윤리학적 접근을 바탕으로 학제적 접근을 활용하겠다는 성격의 강조점 역시, 도덕적 문제 해결에 있어서 도덕 문제의 이론적 바탕인 윤리학을 중심으로 하되 다른 영역의 입장도 받아들이고 그럼으로써 이해의 지평을 확장하고자 하는 것이다. 따라서 여기서 해석학의 맥락적 이해와 이해 지평 융합이라는 관점이 도덕교육에서도 강조되고 있음을 알 수 있다.

둘째, 도덕과 교육과정 목표의 경우를 살펴보면 다음과 같다. 먼저 도덕성의 인지적 · 정의적 · 행동적 요소들을 포괄하는 통합적 접근을 중시하면서 학습자 중심의 행동 목표를 제시하고자 한다.[41] 그리고 개정 도덕과 교육과정의 목표에서는 도덕적 문제에 대한 도덕적 주체의 반성적 성찰의 강조와 학교 급별 목표의 위계성을 강조하고 있다.[42] 통합적인 인간 주체가 반성적 활동을 통해서

39) 여기서는 2007 개정 도덕과 교육과정을 중심으로 살펴보게 된다.

40) 교육과학기술부, 『초등학교 교육과정 해설Ⅲ』(서울: 대한교과서 주식회사, 2008), 222쪽 참조

41) 교육부, 앞의 책, 192쪽

결국 도덕적 주체의 자기 이해로 나아가는 것이 도덕교육의 목표이다. 따라서 해석학적 이해에서 강조하고 있는 자기 이해의 중요성과 서로 다른 맥락에 의한 자기 존재의 이해가 도덕교육에 있어도 자기 이해뿐 아니라 그 존재자 역시 서로 다른 맥락을 가지고 있다는 것을 강조하고 있음을 알 수 있다.

셋째, 도덕과 교육과정 내용의 경우를 살펴보면 다음과 같다. 개정 도덕과 교육과정에서는 7차 교육과정의 생활 영역 확대법에 대해서 가치 관계 확대법을 도입하고 있다. 생활 영역 접근법은 실제로 아동의 성장과 발달에 기초한 것이라기보다는 성인의 관점에서 생활 영역 확대에 따라 학습한 아동들이 다른 공동체 간의 역동적인 상호 관계를 이해할 수 없다는 데 문제가 있다. 따라서 개정 교육과정에서는 도덕적 주체인 '나'를 중심으로 다양한 가치 관계를 포섭하는 4개의 내용 영역을 설정하였다.[43] 오늘날의 생활 주변의 도덕적인 문제를 내용으로 구성했다는 것과 도덕적 주체로서의 '나'를 중심으로 타인 혹은 타자와의 관계 속에서 내용을 구성했다는 것은 해석학적 이해에 있어서 시간적인 관점에서는 항상 '현재' 지평의 관점에서 사태를 파악한다는 점과 나뿐 아니라 타자 혹은 타인과의 관계 속에서, 특히 상호 소통적 대화를 통한 지평 융합을 거쳐 지속으로 이해의 확장을 강조하고 있다는 점에서 해석학적 이해와 밀접한 관계가 있음을 알 수 있다. 그리고 도덕적 주체인 '나'라는 존재 역시 '우리 · 타인 · 사회'와 '국가 · 민족 · 지구공동체' 그리고 '자연 · 초월적인 존재'와의 관계 속에서 내용을 구성한다는 것은 해석학적 이해에서의 '맥락성'과 '순환성'에서도 연관성을 가지고 있다.

넷째, 도덕과 교육과정의 교수 · 학습 방법의 경우를 살펴보면 다음과 같다. 7차 교육과정과 개정 교육과정에서는 인지, 정의, 행동적 측면의 통합적 수업을 강조하며, 학년과 내용 그리고 목표에 부합하는 다양한 교수 · 학습 방법의

42) 교육과학기술부, 앞의 책, 223-224 쪽 참조

43) 교육과학기술부, 앞의 책, 224-225 쪽 참조

활용을 강조하고 있으며[44], 특히 개정 교육과정에서는 학생들의 삶에서 경험하는 여러 가지 도덕적 문제를 다룰 것과 교과서의 내용과 관련지어 다룰 것, 그리고 자기 주도적 학습이 되도록 할 것과 도덕적 실천 의지를 강화하기 위한 지도로써 가정교육이나 타 교과에서 다루어지는 내용 등을 학생들과 상호작용을 통해 수업에 적절하게 관련시킬 것을 강조하고 있다.[45] 도덕과 교육과정에서 수업에 학생들의 경험적 삶을 활용하는 것은 해석학의 전제가 되는 선입견 혹은 선지식의 중요성을 강조하고 있다. 객관주의 인식론의 관점에서 본다면 이러한 선입견은 타파해야 할 것이지만 해석학의 관점에서는 인식의 전제가 되는 개개인의 경험적 삶이 해석학적 이해에서는 중요한 계기를 제공해 준다. 그리고 자기 주도적 학습과 상호 토론 수업의 활성화는 해석학적 이해에 있어서 대화의 중요성을 강조하고 있다. 학생들이 자기 주도적인 수업을 이끌어가고 학생 상호 간의 토론을 통한 수업을 한다는 것은 타자의 존재를 인정하고 타자를 대화의 파트너로 인정하겠다는 해석학적 대화의 기본적인 입장과 상통한다.

다섯째, 도덕과 교육과정 평가의 경우를 살펴보면 다음과 같다. 개정 교육과정에서는 도덕과 평가의 목적을 학생들, 특히 학생 개개인의 도덕성 발달과 인격 함양에 도움이 되는데 두고 있으며 특히 주목할 만한 것은 도덕과 평가에서의 상호주관성을 확보한다는 것이다. 즉 평가 주체와 대상, 평가 주체들 간에 상호주관성(intersubjectivity)을 확보해야 한다는 것이다. 또한 도덕과 평가의 결과는 도덕과 수업의 개선과 도덕과 교육과정의 운영 자료로 활용되며, 동시에 교사의 자기 계발에 활용한다. 그리고 도덕과 평가는 근본적으로 평가를 통해 서로 비교하거나 선발하는 데 활용하기보다는 학생 개개인의 도덕적 성장에 초점을 맞추고 있다.[46] 도덕과 평가가 학생 개개인의 도덕성 발달과 인격

44) 교육부, 앞의 책, 207-221 쪽 참조, 교육과학기술부, 앞의 책, 275-281 쪽 참조,

45) 교육과학기술부, 앞의 책, 278-281 쪽 참조,

함양에 목적을 둔다는 것은 모든 학생 즉 존재 자체가 각자의 서로 다른 삶이라는 맥락 속에서 존재하기 때문에 서로 간의 존재의 차이를 인정할 수밖에 없다는 것이다. 그리고 학생 상호 간, 혹은 교사와 학생 간의 상호주관성을 강조하는 것은 서로 다른 삶의 맥락에서 출발했지만 서로 다른 이해들이 지평이 혼융되면서 이해의 기본적인 방향과 맥을 같이 하고 있다. 또한 평가 결과를 자기 이해하는 데 활용하겠다는 것 역시 자기 이해의 해석학적 이해와 깊은 연관성을 가지고 있다.

Ⅵ. 결론

이상의 논의를 바탕으로 본다면 해석학은 도덕교육과 관련된 다음의 특징을 가지고 있다. 먼저, 해석학은 인간 주체를 인식론적이 아니라 존재론적으로 파악하고 있다. 여기서 주체는 근세적인 의미의 사유하는 의식이나 이성의 주체가 아니라 '세계 내 존재'로서의 인간 주체를 말한다. 이것은 인간 주체가 대상과 분리되는 것이 아니라 역사적이고 사회적인 존재로서의 인간이다. 해석학적 인간 존재는 지 · 정 · 의의 통합적인 존재로서 역사와 사회 안에서 살아가고 있는 삶의 주체로서의 인간이다.[47] 따라서 해석학적 이해의 관점에서 본다면, 세계 내 존재로서 인간을 이해하고 역사적 삶을 살고, 문화적인 가치를 창출하며 예술적인 삶을 살아가는 인간 존재는 인식주체로서뿐만 아니라 결국 자신을

46) 교육과학기술부, 앞의 책, 282-288 쪽 참조

47) 이규호, 『대화의 철학』(서울: 시공사, 1909), 187-188 쪽 참조

발견하고 자신의 변화를 추구하는 생생하게 삶을 살아가는 존재이다. 이런 통합적이고 생생하게 삶을 살아가는 존재가 도덕교육에서 요구하는 인간 존재이다. 단순히 객관적 지식만을 추구하는 인식주체로서 인간과 학생의 모습이 아닌 선입견 혹은 선이해로서 자신 삶의 맥락에 바탕을 두고 있는 자신의 존재를 찾아가는 그런 존재가 도덕적 인간 존재이다. 교육과 도덕교육에 있어서 자기를 반성하고 자기를 이해하는 것은, 현장 연구에 있어 중요한 계기를 제공해준다.[48)]

둘째, 해석학에서 이해는 인식의 개념, 즉 이성에만 국한되는 것이 아니라 이성이 철저히 배제한 가치나 의미의 영역까지 이해의 영역을 넓혔다. 자연을 설명하고 정신을 이해하는 것에서 벗어나 자연을 설명하는 것도 자연을 이해하는 방식이라고 주장한다. 이런 관점에서 본다면, 도덕교육의 영역은 지금까지 지적인 영역에서 배제된 채로 내버려진 정의적인 영역과 실천적인 영역까지, 즉 가치와 실천적 삶의 영역까지 이해의 대상을 넓혀가게 된다. 또한 인간 존재만을 이해하는 방식에서 벗어나 인간을 둘러싼 자연환경, 동·식물 등 다른 생명체 나아가 초월적인 존재까지도 인간 존재에게 부여한 동일한 의미와 가치를 제공함으로 그 영역을 확장할 수 있는 근거를 제시하고 있다.

셋째, 해석학은 역사적이다. 해석학적 주체로서의 인간은 역사적이다. 여기서 역사적이란 사회적인 존재라는 것을 전제하고 있다.[49)] 이것은 인간의 이해와 그 이해를 가져다주는 해석이 늘 역사적 지평에 의존해 있고 역사적 전통에 의해 유도된다는 것이다. 여기서 우리는 해석학적 순환을 통한 이해 간의 지평 융합을 볼 수 있다. 그래서 인간의 이해는 과거와 현재, 텍스트와 해석자 간의 지평 혼융을 통해 이해의 지평을 확장한다. 다시 말하면, 인간의 이해는 대상

48) 최신일, “도덕교육 연구에 대한 이론적 토대” 『초등도덕교육』, 제14집, (한국초등도덕교육학회, 2004), 12-17쪽 참조

49) 이규호, 앞의 책, 190쪽

과 주관이 분리되는 것이 아니라 상호 소통을 바탕으로 서로를 새롭게 이해할 수 있다. 그래서 해석자는 저자보다 더 잘 텍스트를 더 잘 이해할 수 있고, 또한 해석자는 텍스트를 저자와는 다르게 이해할 수 있는 것이다.

이런 관점에서 보면 전통적인 교육관에 근거한 교사와 학생의 이분법적인 관계에서 벗어나 지금까지 교육에 있어 소외되었던 존재자인 학습자에게 새로운 존재 의미를 제공함으로써 학생들이 주도적으로 수업에 참여하고 이끌어 갈 수 있는 근거를 제공할 수 있다. 그리고 교사 자신의 존재를 이해할 수 있는 계기도 제공해 준다.

넷째, 해석학적 이해는 언어가 존재의 집이고, 대화가 서로를 이해하는 통로 역할을 한다. 인간은 언어라는 집에 살고 있다. 언어는 사고의 전달 수단이 아니라, 대화라는 모습으로 새롭게 변모한다. 해석학에서의 해석은 해석 주체와 텍스트와의 대화, 과거 지평과 현재 지평의 대화, 자아와 타자의 대화이다. 여기서 도덕교육에 있어서 인간 지성과 감성 그리고 신체, 또한 인간과 자연, 타생명체, 타 존재와도 서로 대화할 수 계기를 제공해 준다.

마지막으로, 우리는 해석학을 통해 도덕교육에 있어서 인식의 문제를 존재의 문제로, 인식주체와 대상 사이의 이분법적 벽을 허물고, 인간 존재 자신을 이해하는 계기를 발견하였으며, 자신을 이해해 가는 과정을 통해 우리 인간의 삶뿐 아니라 인간을 둘러싼 모든 존재에 가치와 의미를 부여하였으며, 교육 현장 연구에도 해석학적 방법을 제공하였으며, 이런 것들을 통해 도덕과 교육의 목적이라 할 수 있는 도덕공동체를 만들고 학생들의 도덕성 발달과 인격 함양에 이론적 혹은 교육적으로 상당한 기여를 한 것으로 볼 수 있다.

참 고 문 헌

강돈구(1990), 『해석학과 사회철학의 제문제』, 일월서각.

교육과학기술부(2008),『초등학교 교육과정 해설 Ⅲ』, 대한교과서주식회사.

교육부(1999), 『초등학교 교육과정 해설 Ⅲ』, 대한교과서주식회사.

손승남(2001), 『교육 해석학』, 교육과학사.

이규호(1999), 『대화의 철학』, 시공사.

최성학 옮김(1988), 『해석학의 강의』, 도서출판 라브리.

최신일(2004), "도덕교육 연구에 대한 이론적 토대", 『초등도덕교육』제14집, 한국초등도덕교육학회.

최신일(1995), "이해의 학으로서의 해석학 – 가다머의 〈진리와 방법〉을 중심으로 -" 『부산대학교 박사학위 논문』.

Bleicher. Josef. *Contemporary Hermeneutic*, 권순홍 옮김(1986), 『현대 해석학』, 한마당.

Dilthey. W, (1964), *Gesammelte Schriften Bd5*, Teuber/Stuttgart.

Dilthey. W, (1973), *Gesammelte Schriften Bd7*, Teuber/Goetingen.

Gadamer. Hans. G(1972), *Warheit und Methode*, Toubingen/J.C.B.Mohr.

Heidegger. M, (1972), *Sein und Zeit*, Toubingen/Max Niemeyer Verlag.

Richard F. Falmer, *Hermeneutics: Interptetation Theory in Shreiermacher, Dilthey, and Gadamer* (최성학 옮김(1988), 『해석학의 강의』, 도서출판 라브리)

Shreiermacher(1942), *Dialetik*, Leipzig.

Chapter 04

탈 인식론적 철학으로서의 글쓰기

Ⅰ. 서론
Ⅱ. 인식론에서 해석학으로
Ⅲ. 해체와 글쓰기
Ⅳ. 결론

Chapter 04

탈 인식론적 철학으로서의 글쓰기*

I. 서론

서양 근세 철학 역사는 인식론의 역사라고 할 수 있다. 데카르트 이후 인식론은 인간의 이성이 무엇을 어디까지 인식할 수 있는가를 철저히 검토함으로써 수학과 자연과학적 인식의 확실성이 확보될 수 있으며, 나아가 새로운 종류의 형이상학에 대한 빛을 제공할 수 있게 되었다. 이제 철학은 구체적으로 인식론 중심의 작업으로 재정립되기 시작한다. 다시 말하면 철학의 핵심은 이성의 능력에 대한 그 자체 비판으로서의 인식론이고 이 인식론이 모든 자연과학적 작업의 근거를 해명하는 학문이라는 의미에서 기초 학문으로서의 자리를 잡게 된다. 로티(R. Rorty)는 근대 인식론적 철학을 다음과 같이 설명하고 있다 "인식론으로서의 철학은 그 안에 지식과 삶과 문화가 담길 수 있는 부동의 구조에 대한 탐구이고, 인식론이 천착하는 특권화 된 재현이 그 구조를 밝혀낸다."[1] 그러나 누구도 인식론으로서의 근세 철학이 약 300년 동안 그의 위치를

* 이 글은 학생생활연구 22호, (대구교육대학교 학생생활연구소, 1996)의 논문을 수정 · 보완한 것임

1) R. Rorty(1979), *Philosophy and the Mirror of Nature* (Princeton: Princeton Univ. Press) p.163.

공고하게 하는 동안에 '글쓰기'의 문제를 중요한 문제로 다루지 않았다. 글쓰기(écriture, 에크리튜르) 혹은 문자언어는 프랑스어의 동사 écriture(쓰다)의 명사형으로서 문자, 문체, 서적이라고 하는 의미와 쓰는 행위, 또는 쓰는 방법이라는 의미가 있다. 이 단어는 롤랑 바르트의 〈에크리튜르의 영도(零度)〉에서 유래했다. 바르트는 언어와 문체와는 구별되는 에크리튜르의 개념을 사용하고 있다. 언어는 작가의 선택 대상 이전에 이미 다른 사람과 공유하고 있는 수평적 환경이고, 문체란 개인으로서 저술가의 체계 내에 담긴 기억이면서 그의 과거나 생리에서 유래하는 개인적 비밀로서의 수직적 차원이다. 따라서 언어와 문체는 선택의 대상이 아니라 이미 문학에 주어진 조건이다. 이들 사이에 존재하는 형식인 에크리튜르는 선택의 대상이자 형식의 모랄이기에 작가는 그 속에서 자신의 언어를 위치시킬 사회적 공간을 선택하게 된다. 한편 작가는 어떤 에크리튜르를 선택한다는 점에서는 자유이지만 역사적 한계를 갖는다는 점에서는 부자유스럽다.

그리고 데리다(Jacques Derrida)는 존재의 의미를 현존으로 규정해 온 서구 형이상학이 특권적인 주제로 삼고 있는 음성 중심주의, 로고스 중심주의에 대해서, 지금까지는 음성언어에 대해서 무시되어 왔고, 파생적인 것에 불과한 문자언어를 다시 회복시키고 양자의 차이를 인정해 주자는 의미이다.[2] 본 연구에서 사용되는 글쓰기 개념은 데리다의 입장을 원용해서 사용한 것이다. 다시 말해서 데카르트 이후의 근세 철학에서는 손을 사용하거나 자기 몸이 아닌 도구를 이용하는 글쓰기 방식에 관심이 없다. 본질주의나 정신주의, 의식 철학의 범주에서 벗어나지 못한 이성과 인식 중심로서의 철학은 인간 존재의 핵심인 이성과 그 기능인 인식에 초점을 맞추어 왔기 때문에, 종이나 스크린 위에 더구나 펜을 쥐거나 자판을 두들기는 활동과 그 생산물로서의 활자가 철학적으로 주제가 될 수 없었다. 다시 말하면 20세기 초까지는 정신의 외화 현상, 혹

2) 이광래 편(1993), 『해체주의란 무엇인가』, 교보문고, p.376-367 참조

은 탈 인식론적 철학이라 할 수 있는 글쓰기에 관해서는 관심이 없었다.[3)]

그렇다면 오늘날 왜 글쓰기가 중요한 논제로 떠오르는가? 오늘날의 다원화된 사회 속에서는 지금까지 서구 형이상학이 추구해 왔던 하나의 인식 방법만을 통한 진리 추구는 세계를 올바르게 이해, 해석하고 설명할 수 없게 되었다. 세계를 바라보는 새로운 철학적 패러다임이 요구되는 시점에서 우리는 우리의 현상을 어떻게 바라보고, 서로 다른 현실과 어떻게 공존할 수 있는가 하는 문제가 제기됨에 따라 글쓰기의 문제가 새롭게 부각했다. 다시 말하면 글쓰기란 무엇인가라는 문제의 출발점을 우리는 현대 이성에 대한 비판, 합리성에 대한 반성이라고 할 수 있다. 우리에게 절대적으로 주어진 것, 모든 사람이 보편적으로 수긍할 수밖에 없는 어떤 것- 정신, 합리성, 이성 -이 통제하는 획일화된 사회에 우리는 붙들려 있었다. 그러나 현재의 다원화된 사회에서는 전체를 주관하는 하나의 로고스만을 강요할 수 없는 시대를 맞이하게 되었다. 이렇게 다원화되고 복잡한 삶 속에서 진리를 위한 유일한 방법만을 제시하는 전통적 형이상학 또는 인식론적 근원 주의(foundationlism)를 재검토하고, 종래의 인식론을 극복하려는 운동이 다양하게 전개되고 있다. 여기서 근원 주의는 정초주의, 기초 주의 혹은 토대 주의라고도 불린다. 이 입장은 인식에 있어서 가장 기초적이고 근본적인 인식이 시작되며 이것으로부터 다른 모든 지식의 근거가 제공된다고 주장한다. 예컨대, 몇 가지 기본적 공리로부터 체계를 세운 유클리드 기하학, 몇 개의 기본 법칙으로부터 역학 체계를 세운 뉴턴 역학, 모든 지식의 기초를 방법적 회의를 거쳐 명석 판명한 관념 위에 성립하려던 데카르트 철학, 본질 직관을 통해 엄밀 과학으로서의 철학을 수립하려 한 후설의 현상학, 논리실증주의자들의 통일 과학 운동 등이 동일한 궤를 가지고 움직인 입장이라고 볼 수 있다. 반면에 이런 기초적 지식의 존재를 부인하거나 그 특권을 부인한 입장이 반정초주의다.[4)] 물론 글쓰기 철학의 입장 역시 기본적으로는 반정초주

3) 김영민(1995), "지금 글쓰기란 무엇인가?", 『오늘의 문예비평』, 1995년 봄호, p.17.

의의 입장과 맥을 같이한다.

이런 노력은 확고부동한 철학적 근거를 발견하려는 전통적인 노력 대신에 모든 철학적 인식이 갖는 설명적 혹은 해석적 성질을 강조하게 된다. 이와 같은 노력은 20세기 초엽에 새로운 언어학적 전회(The linguistic turn)를 가져오게 되었다. 19세기 말까지의 근세 철학은 의식 존재로서의 인간을 말하면서 의식 철학의 중심이 된 철학을 해 왔으나, 언어학적 전회를 통해서 의식의 바깥으로 나와 언어화되는 그러한 전반적 양상을 보이게 된다. 예를 들면 언어 분석철학은 더 이상 내성과 반성을 통한 의식 내적 본질이나 진실을 파악하는 것이 아니라 언표된 언어 속의 이야기와 그 논리에 초점을 맞추고 있다. 이렇게 내성적 철학에서 바깥으로 나온 것이 언어 분석철학이고 해석학이라 할 수 있다. 그리고 한 걸음 더 나아간 것이, 글쓰기 혹은 글쓰기 철학이라 할 수 있다.

따라서 본 연구에서는 근원의 철학에 대한 새로운 대안을 모색하고 있는 해석학, 그리고 해석학을 래디컬하게 전개한 해체주의[5]를 글쓰기(철학)와 연관시켜 다원화된 시대의 새로운 철학적 패러다임으로 소개하고자 한다. 이들 양 입장을 대표하는 가다머(H.G.Gadamer)와 데리다(J.Derrida)의 견해를 글쓰기의 관점에서 소개하고, 글쓰기의 새로운 방향을 모색하고자 하는 것이 본 연구의 의도이다.

---

4) 김동식(1994), 『로티의 신실용주의』, 철학과 현실사, p.491 참조

5) 근원 주의에 대한 대안으로서의 해석학과 해체주의가 당면하게 되는 문제점은 그 자신들의 견해 역시 정당한 근거를 제시하는 기준을 제시해야 한다는 문제에 봉착하게 되고, 다음과 같은 딜레마에 빠지게 된다. 만약 우리가 정확한 어떤 한 가지 설명만을 가정한다면, 그것 역시 또 하나의 근원 주의로 환원되는 결과를 가져올 것이고, 그렇지 않을 경우는 여러 가지 설명 모델을 따라야만 한다는 상대주의에 빠질 수밖에 없다는 것이다. 물론 가다머와 데리다는 나름의 대안을 제시하고 있으나 여기서는 본 연구의 틀을 벗어나기 때문에 상론을 생략하기로 한다.

Ⅱ. 인식론에서 해석학으로

1. 전통적 해석학에 대한 가다머의 비판

20세기 철학의 관심은 인식론에서 해석학으로 전환된 패러다임 안에서 전개될 것으로 기대된다. 전통적인 해석학에서는 중립적인 관찰자가 감정이입이나 추체험(nacherleben)의 방법을 통해서 대상을 있는 그대로 이해하는 것을 목표로 삼고 있다. 다시 말하면 대상(사태, 과거, 텍스트)을 정확하게 인식하기 위해서는 해석자가 스스로 처해 있는 구체적인 역사적 상황에서 빠져나와 중립적인 입장에 서있어야 한다는 것이다.

쉴라이에르마허(F.D.E.Schleiermacher)는 텍스트 저자의 정신으로 추체험하는 과정을 통해서 텍스트를 이해할 수 있다고 주장한다. 여기서 추체험한다는 것은 이미 고정되고 완결된 표현에서 시작하여 원래 그 표현이 생겨났던 정신적 삶으로 거슬러 올라가는 것이다. 쉴라이에르마허는 이러한 재구성의 바탕이 되는 원리를 문법적이든 심리학적이든지 간에 해석학적 순환의 원리가 적용된다고 주장한다. 그래서 그의 해석학의 목표는 "작가가 자신을 이해하기보다는 오히려 독자가 작가를 더 잘 이해할 수 있다."[6]라는 명제에 도달하게 된다.

딜타이는 자연의 세계를 인과관계에 의해서 설명하려는 자연과학과 정신의 세계는 의미 연관 하에서 이해되어야 한다고 주장하는 정신과학(Geisteswissenschaften)을 구분하여, 자연현상뿐 아니라 인간과 사회현상까지 과학적인 인과관계로 설명하려던 실증주의에 대해서 반기를 들었다. 실증주의와의 결별을 선언한 딜타

6) H.G.Gadamer(1972), *Wahrheit und Methode*, J.C.B.Mohr, Tübingen, S.180, 최신일(1995), 『이해의 학으로서의 해석학 -가다머의 〈진리와 방법〉을 중심으로-』, 박사학위논문, 부산대학교 대학원, p.2 참조

이는 삶을 삶 그 자체로부터 이해하려고 하는 역사적 이성 비판을 자신의 인식론적 토대로 삼아 보편적 인식론의 기초를 닦으려고 했으나, 인식주체의 유한한 역사성과 객관적인 정신과학의 보편성의 조화에 대한 명확한 해답을 제시하지 못하고 있다. 가다머가 딜타이를 비판하는 것은 딜타이가 어떻게 자기 인식의 토대를 개인의 삶에서 인류 역사로 전환할 수 있는가 것이다. 즉 "어떻게 개개인의 힘이 그것을 넘어서고 그것 앞에 놓여 있는 객관적인 정신과 결합할 수 있는가?"라고 가다머가 물음을 던짐으로 결국 딜타이 역시 헤겔적인 인식론에 머물러 있다고 주장한다.[7]. 쉴라이에르마허나 딜타이는 해석학이라는 새로운 지평을 열기는 했으나, 텍스트의 의미는 해석자가 처해 있는 구체적인 역사적 상황에 의해 결정된다는 사실을 망각한 역사적 객관주의에 머물 수밖에 없었다.

전통적 해석학의 객관주의적 인식론적 경향에 대해 가다머는 그의 해석학의 핵심인 이해(Verstehen)의 개념을 철저히 함으로써 그 한계를 극복하고자 한다. 그는 이해 개념을 통해서 '이해가 객관적일 수 있는가?'라고 묻기 전에 '어떻게 이해가 가능한가?'라는 이해의 가능 조건에 관심을 기울이고 있다. 가다머의 철학적 해석학은 구체적이고 개별적인 현실적 삶을 근본적으로 묻고 그 보편적 조건 및 한계를 규명하고 있다. 가다머는 이해의 이러한 포괄적 성격을 통해서 소위 설명-이해의 방법론적 논쟁과 진리에 이르는 방법을 탐구하려는 인식론적 정초나 방법론적 해석학을 그의 해석학에서 배제하고 우리의 경험 전체가 존재에 대해서 갖는 경험에 관해 관심을 가지게 된다. 가다머는 자신의 '방법'만이(과학적) 진리를 사실 그대로 잡아낼 수 있는 유일하고 절대적 진리하고 주장하는 '과학주의'의 독단론을 배제하지만, 개별성과 구체성 속에 배어 있는 삶과 역사의 보편성과 가변성에 주목하면서 거기에 함몰되기를 거부한다.[8]

7) H.G.Gadamer, 앞의 책, S.213. 최신일, 앞의 논문, p.26 참조

가다머의 이해 개념은 충실한 자료만을 해석하는 방식을 넘어서, 현존재의 기본 구조의 해석이며 인간 존재의 기본 양식이라는 하이데거의 입장을 따르고 있다. 하이데거는 우선 모든 해석 행위를 가능하게 하는 선이해(Vorverständnis)의 구조에 주목한다. 우리는 구체적인 역사적 상황 안에 이미 놓여 있기 때문에, 대상(텍스트)을 이해한다는 것은 우리가 이미 가지고 있는 의미 체계를 포기하고 대상 속에 함몰될 때 가능한 것이 아니라, 오히려 우리가 필연적으로 구체적인 사회, 역사적 맥락과 연결되어 있을 때만 가능하게 된다. 딜타이에게는 주관적 의미 세계에 대한 객관적 이해가 강조되었던 것에 대해서, 하이데거에게는 이해란 아무런 전제 없이 객관적으로 이해될 수 있는 것이 아니다. 우리는 어떤 대상 혹은 텍스트를 이해하기 전에 이미 대상 혹은 텍스트를 특정한 맥락에 두고, 특정한 시각에 의해 접근하며, 어떤 특정한 방식으로 개념화한다. 하이데거 이해의 선 구조(Vor-strucktur)를 이해의 선입견으로 받아들이고 있는 가다머에게는, 계몽주의가 이성에 의해서 부당한 것으로 배제했던 선입견 개념이 긍정적인 의미를 획득하게 된다. 그렇다면 가다머는 구체적으로 텍스트를 어떻게 이해하는가?

2. 이성, 전통 그리고 이해

가다머에게는 모든 이해가 필연적으로 선입견을 내포하고 있으며, 이것이 그의 해석학적 문제의식에 중심을 이루고 있다. 중립적인 순수성의 상태에서 대상에 접근하는 것을 부정하고 있는 가다머에게 있어서, 우리는 존재의 역사성을 구성하고 있는 선입견, 즉 전통으로부터 출발해야 한다. 하이데거가 존재에서 출발했다면 가다머는 역사적인 전통에서 출발한다.

8) 최신일, 앞의 논문, p.2 참조.

이해의 과정에 있어서 우리는 항상 주어진 역사적 상황에 의존하면서 그 안에서 활동하고 있다. 이런 맥락에서 가다머는 계몽주의가 선포했던 전통과 이성의 이분법을 거부하고 전통과 권위의 가치를 복권한다. 철저하게 전통과 권위를 이성에 상반된 것으로 취급해 그것의 진정한 의미를 왜곡시킨 계몽주의에 대해 가다머는, 권위는 부여되는 것이 아니라 획득되는 것이며, 우리 스스로 한계를 인정하고 다른 사람의 우월성을 인정할 때 그 사람의 권위가 발생하며 그런 의미에서 권위는 이성적 판단으로부터 창출된다고 주장한다.[9] 다시 말하면 이성/전통의 이분법적 인식론에 머물러 있는 계몽주의에 대해서 가다머는 지금까지 이성에 의해 무가치하고 무의미한 것으로 폄훼되었던 전통을 복권 시키고 왜곡된 이성의 의미를 새롭게 정립하게 되었다.

한편 가다머는 전통이라는 것이 오랫동안 이어져 내려오는 타성 때문에 보존되기보다는, 모든 역사적 변화 속에서 함께 활동하는 것으로써 항상 새롭게 인정되어야 하며, 전통 속에서 그때의 새로운 소리를 듣고 그 소리 가운데서 역사적 경험을 하게 된다고 주장함으로써[10] 랑케와 드로이젠과 같은 19세기 역사주의자들을 비판하고 있다.

이해와 선입견 그리고 전통과의 관계에 대해서 가다머는, 우리들에 있어서 이성은 근본적으로 역사성을 가지고 있으며 개인이나 공동체 역시 역사의 산물임을 강조하고 있다. 다시 말하면 우리가 전통과 단절되고 아무런 선입견 없이 어떤 주제에 접근할지라도 전통은 계속해서 하나의 규범적 위력을 계속 유지하고 있다는 것이다. 따라서 가다머는 이해의 구조와 해석자 그리고 전통과의 관계[11]를 설명하기 위해 지평(horizont)이라는 개념을 사용하고 있다. 우리는 항상 어떤 특정한 상황 안에 놓여 있다. 우리가 상황에 놓여 있다는 것은

9) H.G.Gadamer, 앞의 책, S.263 참조

10) H.G.Gadamer, 앞의 책. S.266

11) H.G.Gadamer, 앞의 책. S.288-290 참조

그 상황을 전체적으로 조망할 수 있다는 것이 아니라, 우리 자신이 어떤 특정한 관점을 갖게끔 하는 지평 안에 우리가 처해 있다는 것을 뜻한다. 이 지평은 폐쇄되는 것이 아니라 우리가 뛰어 들어가 활동하는 곳이며 우리와 함께 변화하는 곳이다. 우리는 이 지평 속에서 자기 자신을 배제하지 않고 자신을 더 큰 전체 속에서 그리고 더 바른 기준 속에서 더 잘 볼 수 있게 된다. 우리와 우리가 분석하고자 하는 전통은 각자의 지평을 가지고 있으므로, 스스로 전통에 제한시키지 않고 자신의 지평을 확대해 타자의 지평과 융합하게 되고 이해는 끊임없이 새로워지는 것이다. 다시 말하면 이해가 일어날 때 자신의 특수성과 타자의 특수성이 통합 극복되어 보다 높은 보편성으로 고양되어 가는 것을 가다머는 지평 융합(Verschmelzung der Horizont)이라고 한다.

그러나 가다머는 양 지평 간의 단순한 융합을 주장하지 않는다. 우선 양 지평은 양 지평 간의 거리를 깨닫게 되고, 이러한 긴장의 인식이 이해의 과정에서 새롭고 더욱 포괄적인 지평으로 나아가게 한다. 이러한 이해의 역사성을 가다머는 영향사적 의식(Wirkungsgeschichten Bewuβtsein)이라는 말로 개념화한다. 우리가 결코 피할 수 없는 구체적인 해석학적 상황이 곧 이해의 역사성이다. 다시 말하면 텍스트나 예술 작품 그리고 합리성과 같은 개념을 이해하는 데에 있어서는 영향사를 배제할 수 없다는 것이 가다머의 입장이다.

이상의 이해의 역사성을 통해서 과거와 현재, 텍스트와 해석자의 지평이 새롭게 융합되고, 이런 과정에서 우리가 겪게 되는 경험이 곧 해석학적 경험이라고 할 수 있다. 해석학적 경험은 방법론적 자기 확신에서 완성되는 것도 아니며, 독단에 사로잡힌 사람에 의해 완성되는 것도 아닌, 우리가 자신의 역사성에 대한 경험을 통해서 미래와 과거에 대한 개방적인 성격을 가진, 즉 해석학적 의식을 가진 사람에 의해 얻어지는 것이다. 우리는 역사성, 개방성, 유한성, 그리고 상호 긴장 관계의 인정 등을 주장하는 가다머의 해석학에서 전통적인 근원 주의적 인식론에 대한 새로운 패러다임으로서의 글쓰기로 나아갈 수 있는 충분한 근거를 발견할 수 있다.

3. 해석학과 글쓰기

해석학적 경험의 요체인 지평 융합이 보여주는 것은 이해의 과정이 본질적으로 대화적이라는 것이다. 따라서 우리는 언어라는 매개 없이는 지평 융합을 상상할 수 없으며, 언어를 통해서 세계와 인간의 역사적 유한성을 연결해 주는 고리를 가지게 된다. 그리고 언어를 통해서 우리는 타자와의 관계를 이해하게 된다. 다시 말하면 모든 이해는 언어라는 매체를 통해서 창출되며, 따라서 그 본질은 언어적이다. 그래서 가다머는 "이해할 수 있는 존재가 바로 언어다."[12] 고 말한다. 이런 언어라는 매개체를 통해서 존재의 탈 은폐성이 드러나며, 서로 다른 지평들이 융합된다. 결국 지평 융합이라는 것도 대화의 현실화를 통해서 가능하다. 따라서 가다머는 언어를 통한 이해가 대화의 내적 무한성 속에서 생겨나고, 이것이 보편적 해석학으로 나아가는 근본적인 차원이 된다고 주장한다. 전통적인 인식론이 주장하는 것처럼, 유일한 방법론적 잣대를 통해서 궁극적으로 도달하는 객관적인 진리가 아니라 대화라는 언어의 매개체를 통해서 우리는 타자를 이해할 수 있고, 세계를 이해하며 텍스트의 의미를 파악하게 되는 것이다. 이러한 이해가 가다머가 밝히고자 하는 진리 내용에 대한 이해이다. 즉 "이해는 우선 서로 이해하는 것이다. 서로를 이해한다(Verständnis)는 것은 의견의 일치(Einständnis)이다. 따라서 사람들은 서로를 직접적으로 이해하거나 의견 일치에 이르기까지 상호 이해한다."[13]

한편 언어를 매개로 해서 이해의 지평을 열어가는 가다머의 언어관은 언어

---

12) H.G.Gadamer, 앞의 책, S.450

13) H.G.Gadamer, 앞의 책, S.168

를 단순한 기호 체계로 보는, 즉 사유를 위한 단순한 수단으로 보고 있는 종래의 언어관에 대해 비판적이다. 우리의 사유가 언어를 수단으로 해서 세계를 인식하는 것과 달리, 가다머는 언어와 세계의 관계는 세계가 언어의 대상이 되는 것이 아니라 여러 대상이 언어라는 세계 지평 안에 이미 포함되기 때문에 언어는 그러한 지평을 열어주는 유일한 매개체가 된다는 것이다. 언어를 사유하기 위한 단순한 수단으로 간주하는 종래 언어관의 기원을 가다머는 플라톤에서 찾고 있으며, 플라톤의 언어관을 비판하는 것이 전통적 인식론에 대한 새로운 패러다임으로서의 가다머 해석학의 글쓰기 입장이다.

다시 말하면 글로 쓰여진 것(문자언어) 보다 말해진 것(음성언어)의 우월성을 주장하는 플라톤의 언어관[14]에 대해서 가다머는 전통적인 인식론과 존재론의 전형을 보고 있다.

플라톤은 구술된 말은 마술적인 힘을 가지고 있지만, 일단 그것이 문자화되면, 이런 힘은 거의 상실하게 되고, 근원적인 형태의 언어는 보는 것이 아니라 말하는 것이며, 구어가 문어보다 쉽게 이해될 수 있다고 주장하여 문어의 약점과 무능함을 보여준다. 컨포드(F.M.Conford)가 "소크라테스와 플라톤은 현명하게도 문자는 정신이 주는 생명의(모든 것은 아니다 하더라도) 많은 것을 죽여 버리고 만다는 사실을 알고 있었다."[15]라고 주장한 것 같이, 플라톤은 글쓰기를 지식과 힘을 흐트러뜨리는 위험한 것으로 간주한다. "글쓰기는 위험한 '보충 행위'(Supplement)여서, 그것 때문에 언어는 유혹되어 그 정당한 기원이 말하기와 현전으로부터 이탈해 간다.…글쓰기는 죽음이다. 살아 있는 사고를 기다리고 있는 '죽음'이요, 진리의 바로 근원을 오염해 버리는 부패의 묘한 작인이다.

14) 플라톤은 그의 저서〈제7서한, 7Brief 341c.344c〉와 대화편〈파이드로스, phaidros〉에서 글쓰는 일에 대해 매우 비판적이다. 즉 그는 글로 쓰여진 것(schriften)에 대한 약점과 무익성을 강조하고 있다(H.G.Gadamer, 앞의 책, S.370-371 참조). 데리다 역시 공교롭게도 〈파이드로스〉를 읽으면서 플라톤의 글쓰기에 대한 공격을 깨닫게 되었다.

15) F.M.Conford(1932), *Before and after Socrates*, (박영도 역(1989),『소크라테스 이전과 그 이후』, 이문 출판사, p.63)

따라서 반 수사를 표방하는 플라톤의 주장은 글쓰기에 대한 그의 태도와 같은 종류의 것이다. 수사법도 글쓰기도 주인(진리 혹은 변증법)에 반항하는 하인으로 간주한다."[16]라고 주장하듯이 플라톤은 변증법/수사학, 진리/글쓰기라는 이분법을 통해서 변증법과 진리의 우월성을 주장한다. 다시 말하면 플라톤은 글쓰기의 활동과 그 결과가 이데아의 세계에 미치지 못한다고 하여 그것을 폄훼했다. 글쓰기가 정신 속에 있는 것을 정신밖에 설정함으로써 비인간적인 것이며 인위적인 제품으로 타락시킨다는 것과 쓰여진 텍스트는 죽어 있는 것이어서 스스로 위해서 아무런 변명이나 대답할 수 없다는 것이다.

그러나 가다머는 글로 쓰여진 것이 말해지는 것에 대해 이차적이고 파생적이라는 견해에 대해서는 부정적이다. 그에 있어서는 말하는 것이 쓰는 것과 구별되는 것이 아니라, 양자는 상호 공유적이며 따라서 우리 모두 공유할 수 있는 의미의 차원으로 고양된다. 가다머는 언어를 문자화함으로써 언어가 소외되고, 이렇게 글로 쓰여졌다는 것 때문에 작품(텍스트)은 과거 생생함으로부터 떨어져나올 수밖에 없다는 플라톤의 글쓰기에 대한 평가를 서구 형이상학의 전통적 인식론의 전형으로 보고 그것에 대해서 비판하고 그것의 대안으로서 해석학을 제시하고 있다. 따라서 가다머가 제공하는 언어학적 전회란, 언어가 진리 인식을 위한 수단이 아니라 서로의 지평을 열어주는 매개체이며, 너와 나의 대화를 통해서 우리는 자신의 세계를 개시하며 타자의 지평을 받아들인다. 언어를 통해서 우리는 인식의 방법으로서의 경험이 아니라 너와 내가 서로의 유한성을 인정하는 해석학적 경험[17]을 하게 된다.

해석학적 경험은 과학적 방법을 근본적으로 규정해 주는 경험과는 본질적으로 다르다. 인간의 유한성에 관한 경험으로서의 해석학적 경험은 지금, 이 순

16) Christopher Norris, "Nietzsche:philosophy and deconstruction" in *Deconstruction*, Methuen, 1982(이광래 편(1993), 『해체주의란 무엇인가』, 교보문고, p.49 재인용)

17) 해석학적 경험에 대해서는 H.G.Gadamer, 앞의 책, ss. 324-360 참조

간에 여기 우리 앞에 놓여 있는 것을 단순하게 인식하는 것이 아니라, 미래가 기대 속에서 여전히 펼쳐질 수 있는 한계를 통찰할 수 있는 경험이라 할 수 있다. 가다머는 이러한 해석학적 경험을 통해서 오해를 피하려는 특수한 해석학이 아니라 보편적인 해석학으로 나아가는 길을 찾게 된다. 따라서 우리는 해석학적 경험을 가지고 낯익고 공통적인 지지를 통해서 소원한 것에 나아갈 수 있으며, 소원한 것에서 그 무엇을 이끌며, 이런 과정을 통해서 세계에 대한 우리의 경험이 확장되고 더 풍부할 수 있다.

그렇다면 종래의 인식론에 대한 새로운 철학적 패러다임으로 제시된 해석학은 인식론과는 어떤 점에서 차이가 있는지를 호이(David Hoy) 견해[18]를 통해서 살펴보면 다음과 같다. 첫째로, 인식론은 확실성의 보증자가 될 만한 특권적인 지반을 찾아 헤매는 데 반면, 해석학은 이해에 있어 그 같은 특권자의 지반이 존재하지 않는다. 다시 말하면 해석학에 있어서는 이야기된 것이나 기록된 것의 의미를 결정하는 데 있어서 화자나 저자의 특권적인 입장을 제거하고 있다. 이와 같은 입장은 가다머의 "우리는 텍스트를 저자와는 달리 해석(이해)할 수 있다."[19]는 주장과 그 맥락을 같이한다고 볼 수 있다. 둘째로, 인식론의 토대가 되는 것은 대개 지식의 예들을 위한 시지각(視知覺)인 반면에, 해석학은 보기가 아닌 읽기를 이해의 패러다임으로 채택하고 있다. 인식론에 있어서는 감각에 직접적으로 주어지는 소여는 확고부동한 것으로써 오류 가능성이 없으며 모든 인식의 기초가 된다는 주장이다. 셀라즈(W.Sellas)는 감각 경험이나 직관에 의한 직접적인 지식을 하나의 신화로 보고 그것을, '소여의 신화'(The Myth of the Given)라고 주장한다. '경험적 직관'이라고 불릴 만한 것의 인식론적 역할과 지위를 박탈하여, 경험적 지식을 근거 지우는 토대, 그리고 그것으

18) David Hoy(1985), "Jacques Derrida" in *The Return of Grand Theory in The Human Sciences*, Cambridge, (이광래 편, 앞의 책. pp 122-126 참조)

19) H.G.Gadamer, 앞의 책, S.280

로 다른 지식을 환원시킬 특권적 정초적인 지식으로서의 이른바 '관찰 문장'(observation sentences)의 인식론적 지위를 박탈하고 있다.[20] 셋째로, 인식론에서의 이해가 초시간적 진리를 주장하는 데 비해, 모든 해석은 지속적인 재검토가 필요로 한다. 해석학은 텍스트에 대한 해석이 역사성과 한계를 가진다는 것을 인정하고 있다. 다시 말하면 양 지평 간의 시간 간격을 인정함으로써 자신의 유한성을 인지하고 이러한 유한성의 인지를 통해서 보다 나은 지평으로 융합되는 것이다. 넷째로, 인식론은 반성이 자명한 주의 주장을 분쇄할 수 있다는 점을 부정하는 반면에, 해석학은 모든 해석과 이해가 자기 이해에 의존하기 때문에 자기 이해의 변화가 주제에 대한 이해의 변화를 초래한다고 주장한다.

Ⅲ. 해체와 글쓰기

가다머 해석학의 글쓰기 작업은 데리다에서 급진적으로 체계적으로 정리된다. 데리다의 기본적인 철학적 입장은 소위 '현전의 형이상학'[21]에 대한 비판이

20) 김동식, 앞의 책, p.67-68 참조, 윤평중(1992), 『포스트모더니즘의 철학과 포스트 마르크스주의』, 서광사, 1992, p.107 참조.

21) 데리다의 철학적 기본 입장은 '현전의 형이상학'에 대한 비판이라 할 수 있다. 그는 서양에서는 존재 의미를 현전(la prèsence)으로 이해했었고 지금도 그렇게 이해하고 있다고 주장한다. 존재한다는 것은 현전한다는 것이며, 더욱 정신에 현전한다는 것을 의미하고 있다. 다시 말하면 전통적 형이상학에서는 정신 안에서 이성과 사유가 있고 또한 그 안에서 사물에 대한 의미와 진리가 나타나거나, 수용되거나, 생산 구성된다고 믿어 왔다. 따라서 이들은 본질, 실체, 원리 등을 발견하려고 노력해 왔고, 이런 것들은 불변하는 현전을 입증해 왔으며, 이것이 사유의 불변적 근거이자 우주의 모든 활동의 근본적인 토대를 이루고 있다고 주장한

라고 할 수 있다. 그는 근대 서구 사상사를 현전의 형이상학으로 규정하면서, 여기에서 벗어나려는 인물들(소쉬르, 레비스트로스, 루소) 역시 다시 그 그물 속에 갇혀 버리고 만다는 것을 보여줌으로써 그들의 한계를 보여주고 있다. 먼저 데리다는 플라톤과 소크라테스에서 헤겔에 이르는 서구 사상사가 이성 중심주의, 로고스 중심주의, 그리고 목소리 중심주의로 철저히 무장한 채 로고스에 진리를 부여하는 진리의 역사, 즉 현전의 형이상학의 역사 속에서 벗어나지 못한 채 고립되어 있다고 주장한다. 이들은 문자언어를 폄훼하고 음성언어만이 진리를 드러낼 수 있는 유일한 로고스임을 인정함으로써 현전의 형이상학에서 벗어나지 못하고 있다.[22] 따라서 데리다는 서양 형이상학의 전통이 지니는 로고스 중심주의에 대한 비판을 전개하는 전략으로 해체(deconstruction)라는 접근 방법을 채택하고 있다. 데리다가 초점을 맞추고 있는 것은 핵심 사상이나 논점이 아니라, 대부분 해석학자가 간과하는 주변적인 은유들과 여타의 수사학적 장치들이다.[23] 다시 말하면 전통적인 형이상학자들이 음성언어와 문자언어, 정신과 물체, 본질과 우연, 동일성과 차이, 현전과 부재, 시간과 공간 같은 자연적인 대립을 위계적으로 차별화하며, 그 차별화 된 것 가운데서, 폄훼되었던 부분을 다시금 회복시켜 주는 작업을 해체라고 할 수 있다. 즉 해체란 기존의 구조에 대해 다른 구조를 구성하는 것이 아니라, 어떤 의미에서는 처음의 구조를 우회함으로써 그것을 지지하고 있던 제반 가치를 불안정한 상태로, 즉 허공에 매단 상태로 만들면서 새로운 형태를 만들어 내는 작업이라 할 수 있다.

데리다가 해체의 대상으로 삼는 것은 서구의 형이상학이 무엇보다도 존재의 의미를 현전으로 규정해 온 철학으로써 그것이 특권적으로 취한 음성 중심의 사고 체계이다. 이에 비해서 글쓰기(문자언어, ecriture)는 음성언어로부터 파생

다. 다시 말하면 현전이란 전통적 인식론의 정초주의의 근거가 되는 개념이라 할 수 있다(이광래 편, 앞의 책,p.11참조)

22) Jacques Derrida, *De la Grammatologie*(김성도 옮김(1996)『그라마톨로지』, 민음사, p.14)

23) David Hoy, 앞의 책(p.113 재인용)

된 것으로서 폄훼되었다. 여기서 데리다의 해체 작업의 동기가 발생한다. 물론 데리다는 이런 계층 관계를 역전시키려는 것이 아니라, 이러한 위계의 관계를 강요해 왔던 형이상학의 욕망을 폭로하고 그 한계를 지적함으로써 그 관계를 폐기하는 것이다.

그러면 데리다는 글쓰기의 방식을 통해서 서구 형이상학을 어떻게 해체하고 있는가? 그리스 철학에서 특히 소크라테스와 플라톤의 경우에 있어서, 글쓰기는 진리 · 자기 현현 및 기원이라고 하는 것과는 대립하는 것으로 보았으며, 더구나 플라톤은 지식과 힘을 흐트러뜨리는 위험한 것으로 간주하여 그것을 신용하지 않는 경향이 있었다. 물론 이러한 주장은 소크라테스적인 이성을 억누르는 힘으로 간주했다. 그리고 글쓰기에 대한 이러한 비판은 플라톤이 '자연스러운 것', 이성의 여러 법칙에 따라 영혼에 써 놓은 것으로서의 '선한' 글쓰기와 타락한 '문자'에 의해 쓰여진 것으로 진리와 이해 사이에 그 그림자를 내미는 것으로서의 '악한' 글쓰기로 구별하였다. 그리고 기독교적인 전통에 있어서는, 물질적인 구조를 가지고 물질적으로 쓰여진 것보다는 영혼에 직접 각인된 정신적인 글쓰기에 대해서 가치 있는 것으로 간주한다. 이와 관련해서, 신학에서는 '감각에 의해서만 이해할 수 있는' 측면과 '지성에 의해서만 이해할 수 있는' 측면을 구별함으로써 '영혼의 글쓰기'는 물질에 지나지 않는 기호의 오염으로부터 구별되며 지켜져야 한다고 한다. 플라톤의 이원론에 사로잡혀 있는 이와 같은 입장은 구조주의와 기호론에서도 그의 전통 일부로써 그대로 머물러 있다. 또한 데리다는 음성 중심주의에 사로잡혀 있는 훗설을 비판하고 있다.[24]. 훗설은 단어를 일종의 육체적 실체로서 정의하고, 이 육체적 실체는 그 단어의 의미인 영혼에 의해 그 생명을 가지게 된다. 다시 말하면 단어는 일종의 육체 없는 영혼으로서 소리 없는 음성이고, 이 음성은 현상학적 음성 곧 초월적 주체

24) T.K.Seung(1982), *Semiology and Grammatology, in Structuralism & Hermeneutics*, Colombia Univ. (이광래 편, 앞의 책, pp. 61-76 참조)

의 음성이며, 이 초월적 주체는 현상학적 환원 이후에도 계속해서 남아 있는 주체이다. 데리다는 후설과 같이 자기에게 자기가 나타나게 하려고 하는 현존재의 철학에서 그 관심을 언어에 돌릴 때는 항상 말에 초점을 맞추기 때문에 항상 화자의 현존을 전제로 할 수밖에 없다고 주장한다. 이러한 내면의 음성(voix 또는 phone)이 서구 세계를 특권적으로 지배해 온 음성 중심주의의 토대이다.

데리다에 의하면 생명이 없고 분산된 영속성을 지닌 문자언어에 비해서 음성언어의 생생하고 직접적인 철학자들의 찬가를 절대주의적 형이상학적 음모라고 하며, 대표적인 인물로서 소쉬르와 루소를 비판하고 있다.

1. 구조주의와 해체

데리다는 현대 언어학이 과학으로서 제도화되는 과정에서 설정된 음성언어와 문자언어의 관계에 대한 형이상학적인 전제를 주도면밀하게 끄집어내고 있다. 그리고 그 형이상학적 전제의 대표적인 인물로서 소쉬르의 텍스트를 채택하고 있다. 데리다는 소쉬르가 현전의 형이상학을 비판한다는 점에서 그의 입장을 긍정한다. 다시 말하면 데리다는 언어적인 의미의 근원을 부정하는 소쉬르의 언어 이론이 현전의 형이상학을 비판할 수 있다는 잠재력을 가진 것으로 보고 이것을 일단 수용한다. 그러나 그의 기호 개념이 결국은 로고스 중심주의의 기본적인 개념과 밀접하게 결부되어 있다는 점에서 그를 현전의 형이상학자로서 비판하고 있다.

소쉬르는 언어란 기호들이 관념을 표현하거나 전달하도록 도와주는 것으로서의 기호 체계로 정의하고 있다.[25] 그에 의하면 기호는 임의적이고 관습적이

25) 이광래 편, 앞의 책, pp. 25-28 참조

면서 다른 기호들과 구별하는 차이(différences)에 의해서 정의된다. 따라서 언어는 차이들의 체계(langue 언어, 랑그)로서의 언어와 그 체계를 실현하는 발언 행위(parole, 말, 빠롤) 사이, 또는 어떤 일정한 시점에서 한 체계로서의 언어에 관한 연구와 다른 역사적 시기들에서 비롯되는 요소들 사이의 상관관계에 관한 연구 사이, 기호의 두 가지 구성 요소들-의미하는 것(signifiant ; 시니피앙)과 의미된 것(signifié ; 시니피에)-사이의 구별로 발전해 나간다. 다시 말하면 소쉬르는 다음의 두 가지 점에서 전통적인 사고와 구별된다고 볼 수 있다. 첫째, 그는 '공시적'인 접근을, 즉 언어를 특정한 시점에 존재하는 구조 관계로 이루어진 망상 조직으로서 다루는 방법을 채용하지 않고서는 언어학을 과학적 기초위에 둘 수 없다고 주장하면서, 19세기 언어학과 역사학에서의 지배적인 '통시적'인 방법을 포기했다. 둘째, 그는 Parole과 langue를 구분하여 parole이 가능하기 위해서는 그 근저에 그것에 선행하는 langue가 존재해야 한다고 주장한다.[26] 기호들이 차이[27]들 체계의 산물인 한 그것들을 적극적인 실체들이 전혀 아닌 차이들의 결과로써 소쉬르가 보기 때문에 데리다는 소쉬르가 로고스 중심주의를 비판하고 있다고 주장한다. 다시 말하면 데리다는 구조언어학이 문자보다 소리를 더 언어학의 기본으로 생각하고, 이미 구조언어학이 음운론으로 발전되어 가는 흐름 자체가 소리 중심의 언어학임을 입증해 주고 있다고 주장한다.[28]

---

26) Christopher Norris, 앞의 책, p.92 참조.

27) 의미가 기호 간의 차이에 의해서 결정된다고 보는 소쉬르의 입장에 대해서, 데리다는 기호의 의미는 우선 횡적으로 다른 기호들과의 변별적 차이에 의해 결정되며, 종적 차원에서 보면 이미 나타난 기호들은 앞으로 나타날 기호들과의 관계에 따라서도 그 의미가 결정된다고 주장한다. 따라서 기호의 의미는 공간적 차이(to differ)와 시간적 지연(to defer)이라는 두 가지 차원의 영향을 받기 때문에, 결코 최종적인 의미가 지금 여기에 현전하는 것이 아니라, 끝없이 연기될 수밖에 없다고 데리다는 그의 차연(differance) 개념을 통해서 설명하고 있다.

28) 김형효, 앞의 책, p.62. 이와 관련해서, 소쉬르는 "언어는 문자로부터 독립된 구전의 전통을, 다르게 말하면 고정된 전통을 가지고 있다"(F. de Saussure, Cours de la Linguistique generale(일반 언어학 강의), 1983, p.46(Jacques Derrida, 앞의 책. p.67. 재인용))고 주장한다.

한편 데리다는 소쉬르의 기호 개념이 감각 가능한 것과 가지 적인 것 사이의 구분에 근거하고 있고 의미하는 것(signifiant)은 의미 된 것(signifié)에 통로를 제공하기 위해서 존재한다고 주장하기 때문에 그의 기호 개념은 로고스 중심주의의 기본적인 개념과 결부되어 있다고 주장한다. 이러한 점은 소쉬르가 문자언어를 다룰 때 두드러지게 나타난다. 소쉬르가 "언어와 문자는 분명하게 구분되는 두 개의 기호 체계이다. 후자의 유일한 존재 이유는 전자를 표상하는 데 있다"[29]고 주장하는 바와 같이 그는 음성언어를 자연적이고 직접적인 의사소통의 수단으로 간주하는 데 비해서 문자언어는 표상적이고 대리적인 기능만을 가지고 있다고 주장한다. 소쉬르는 계속해서 문자언어에 대해서 다음과 같이 덧붙이고 있다. "문자는 영혼의 내재성과 참된 진리 속에서 그 자체에 현전하는 영혼의 살아 있는 현전, 음성언어 자체가 자신에게 해주는 도움 등에 손상을 끼치면서 바깥쪽이 안쪽으로 난입하는 것이다."[30]라고 주장함으로써 문자가 목소리에 난입하여 음성언어와 문자언어의 자연적 관계가 역전된 것을 비난하고 있다. 그리고 문자는 정도에 벗어나는 옷이고, 타락과 분장의 의류이며, 마귀를 쫓아내야 할, 즉 푸닥거리해야 할 마스크이며 변장한 옷이라고 소쉬르는 주장한다. 따라서 소쉬르에서 언어학은 다음과 같이 자연적 관계를 회복하는 임무를 가지고 있다. 음성언어와 문자언어 사이의 단순하고도 본래 관계를 퇴폐시킬 수 있는 역사와 그 추락을 넘어서 문자의 찬탈로부터 그 위상을 복권하고 그 절대적 신선함과 근원적 순수성을 회복해야 한다고 주장한다.

데리다는 후설이 꿈꾸어 온 순수 현존의 의식 세계, 일점 근원의 선험적 의식이 불가능함을 보았던 것처럼, 소쉬르 역시 쓰여진 언어와 말해진 언어를 대립시키고 말해진 언어에 상대적인 우선권을 주었기 때문에 로고스 중심주의에서 벗어나지 못한다고 주장한다.

---

29) F. de Saussure, 앞의 책, p.45(Jacques Drrida, 앞의 책. p.76 재인용)

30) Jacques Derrida, 앞의 책, p.74-75

2. 루소의 언어관 비판

데리다는 "어떤 연유에서 〈루소 시대〉에 〈전범적인〉 가치를 부여하는가? 로고스 중심주의의 역사에서 루소가 누리는 특권은 무엇인가? 루소라는 고유 명사가 시사하는 것은 무엇인가? 더욱이 이 고유 명사와 이 이름이 매달린 텍스트들 사이의 관계는 무엇인가?"[31]라는 물음을 던짐으로 루소가 데카르트와 헤겔 사이에서의 형이상학 시대에서 문자언어를 주제로 삼고 그 체계를 파악한 유일한 인물이라고 주장한다. 그리고 데리다는 데카르트와 헤겔 역시 기호와 문자를 천시했지만, 그들은 루소만큼 정면 승부를 걸지 않았다고 주장한다.[32] 루소는 의식 또는 감정 속에서 주체가 자기 자신으로 현전하는 것을 무엇보다도 과감하게 배제하기는 하였지만, 그 자신이 그것 때문에 번뇌하게 되었다고 말한다. 다시 말하면 데리다는 루소가 그의 텍스트 안에서 여러 가지 점에서 스스로에 봉착해 있다는 것과 그 결과 음성언어가 언어의 기원이며 글쓰기는 음성언어의 "보충"이며 파생적인 것에 불과하다는 것을 다음과 같은 글에서 엿볼 수 있다고 주장한다. "음성언어는 자연적이거나 최소한 사고의 자연스러운 표현이며, 사고를 하기 위한 가장 자연스러운 제도 또는 계약 형태이며, 문자언어는 거기에 첨가되며, 게다가 이미지 또는 대리로서 첨가될 뿐이다. 이런 의미에서 문자언어는 자연적이지 않다. 그것은 표상과 상상력에서 사고에 대한 음성언어의 직접적 현전을 파생시킨다. 이러한 문자언어의 힘을 빌리는 것은 이상할 뿐 아니라 위험천만하다. 그것은 테크닉의 첨가이다. 음성언어가 실제로 부재할 때, 문자언어는 음성언어를 현전시키기 위해 도입하는 인위적이며 교활한 속임수이다. 그것은 언어의 자연스러운 운명에 가하는 일종의 폭력이다."[33] 그러나 여기서 보충이란, 음성언어 안에서 박탈된 것을 문자언어가 재

---

31) Jacques Derrida, 앞의 책. p.199

32) 김형효, 앞의 책, p.168

소유한다는 의미에서 위험한 대리 보충이다.

루소는 문자는 인간의 사회제도가 만든 인위적 문명의 산물이지만, 말은 하늘이 인간에게 내려준 가장 자연스러운 선물이라고 주장한다. 따라서 문자는 인간의 생각을 알리는 간접적 기호에 불과하다. 그런데 루소는 문자와 말의 관계를 주인과 낙타와의 관계에서 비유적으로 다음과 같이 설명하고 있다. 사막의 밤 추위에 떨고 있는 낙타가 안쓰러워 주인이 천막 안으로 목까지만 넣도록 허락했지만 그 따스함 때문에 결국 그 큰 덩치로 주인을 천막 밖으로 몰아내었다는 것이다. 이 비유에서 루소는 낙타처럼 인위적인 문자가 자연적인 말을 몰아내는 〈위험한 보충 대리〉가 되지 않을까 걱정하고 있다. 그래서 문자는 이런 점에서 인간관계에 있어서 상호 평등하면서도 현존 적인 정신 질서의 친밀감이 파괴되면서 말을 대신해서 쳐들어온 이방인과 같다고 루소는 생각하고 있다.[34]

데리다가 줄기차게 비판하고 있는 것처럼, 루소 자신이 음성언어의 길을 열어놓고, 음성언어가 구성하는 주체를 해체하고, 그 주체가 그 기회에 현전하는 것을 방해하며 주체의 언어 활동을 문자언어로 괴롭히는 이 같은 힘을 인지하고 있다. 그러나 루소는 그 힘을 받아 들기보다는 그것을 추방하는데 골몰하고 있다. 루소에 의하면 문자언어는 현전의 파괴이고 음성언어를 병들게 하는 것이라고 다음과 같이 데리다는 생각한다. "루소는 문자언어는 현존의 파괴이고 음성언어를 파괴하는 것이라고 비난한다. 또 그는 음성언어에서 박탈된 것의 재 소유화를 문자언어가 약속한다는 점에서 문자언어를 복권한다."[35] 현전의 목소리가 하나의 지배 이데올로기가 되어 버린 루소에서 언어는 다음과 같이 양극성이 뚜렷하게 나타난다. 정념적이고 감미로운 모음을 기초로 하는 남극의

33) Jacques Derrida, 앞의 책, p.286

34) 김형효, pp. 169-170

35) Jacques Derrida, 앞의 책, p.281-282

언어-정념적인 발화에 있어서 스스로 기원에 가까운 것으로 남아 있는 자연 언어-와 전달의 도구로서는 한층 효과적이지만 감정과 의미, 본능과 표현 사이의 균열을 확대하는 거칠고 무거운 자음의 구조로서 북극의 언어-정열은 이성에 의해 정복되며, 공동사회는 대규모의 경제체제의 힘으로 침해되는 언어-를 구분하고 있다.[36)]

루소는 이러한 신화 체계는 언어에 대한 기원을 설정함에 있어서는 항상 한 계점에 봉착할 수밖에 없고, 해결할 수도 초월할 수도 없는 패러독스에 도달할 수밖에 없다고 데리다는 주장한다. 그리고 루소의 현전의 신화 체계를 해체하는 것이 곧 데리다의 작업이다. 이러한 비판은 레비-스트로스의 구조주의 인류학까지 확대된다.[37)]

Ⅳ. 결론

우리는 이상에서 가다머의 해석학과 데리다의 해체주의에 있어서 글쓰기의 문제에 대해 간략하게 살펴보았다. 양자는 그동안 의미의 궁극적 근원으로 간

36) Christopher Norris, 앞의 책, p.103

37) 데리다는 1960년대의 프랑스를 지배한 담론, 즉 로고스 중심주의를 극복했다고 주장한 구조주의가 자신도 모르게 형이상학의 성층에 다시 사로잡히게 되었는지를 레비-스트로스의 텍스트를 분석함으로써 보여주고 있다. 데리다는 레비-스트로스 역시 소쉬르와 같은 맥락에 있는 음성 중심주의 사상가로 간주한다. 다시 말하면 레비-스트로스에 있어 글쓰기는 억압의 도구이며 그 억압자의 권력 행사를 미개의 정신에 허용함으로써 그것을 식민지화하는 수단이다. 데리다의 레비-스트로스에 관한 논의는 다음을 참조하길 바람. Jacques Derrida, 앞의 책, 제2부 제1장(pp.206-279참조), Christopher Norris, 앞의 책, pp 105-109참조. 김형효, 앞의 책, pp. 69-80 참조.

주한 인식주체의 주관적 의도를 탈중심화했을 뿐 아니라, 주관성이 배제된 객관적 지식에 대한 계몽주의적 관점이 하나의 환상임을 보여줌으로써 종래의 현전의 형이상학에 대한 새로운 대안으로서 해석학과 해체주의를 제시하고 있다.

가다머는 역사적 전통이 우리에게 부여해 준 이해의 선 구조가 우리로 하여금 문제를 제기하고 동시에 대상 인식을 가능하게 하기 때문에 이것을 정당한 선입견 혹은 긍정적 선입견이라 하여 주관적 의도가 의미의 궁극적 근원이 된 입장에 대해 비판적이다. 또한 이성에 의한 객관적 진리만을 추구했던 계몽주의에 대해서 권위와 전통을 복권 시킴으로써 전통적인 이원론적 인식론을 극복했다고 할 수 있다.

데리다는 소쉬르의 구조주의 언어 이론, 훗설의 현상학적 언어 이론 그리고 루소의 언어 이론을 비판함으로써, 구조의 객관성은 물론 의식의 주관성까지도 의미의 궁극적 근원이 될 수 없음을 밝혀 주었다.

가다머와 데리다에서 우리는 그동안 전통적 형이상학의 극단적 이원론에 의해 철저하게 배제되고 폄훼되었던 부분에 새로운 관심과 의미를 부여하는 소위 글쓰기의 작업을 통한 새로운 철학적 패러다임의 입장을 살펴보았다. 다양하고 복잡한 인간의 삶 속에서 근원 주의적 사고방식에 의해 모든 것을 단순화, 획일화시켜 왔던 그리고 그것을 철학에서의 유일한 길임을 자처한 입장에 대한 새로운 대안으로서의 글쓰기는 나름의 충분한 근거를 가지고 있다고 할 수 있다. 새로운 철학적 패러다임 중의 하나로서의 글쓰기의 작업은 인식의 주-객 이원론으로 자신의 주체성을 찾지 못한 서구 형이상학에 대한 비판일 뿐만 아니라 서구 추수주의에 의해 갈 길을 찾지 못하는 작금의 한국 현실에서의 학문적 위기에 처해 있는 학인들에게는 새로운 도전으로 다가올 것이다.

참 고 문 헌

김동식(1994), 『로티의 신실용주의』, 철학과 현실사.

김영민(1995), "지금 글쓰기란 무엇인가?" 『오늘의 문예비평』, 1995년 봄호.

김영민(1995), "지금 글쓰기란 무엇인가?" 『오늘의 문예비평, 1995년 봄호』

김영효(1996), 『데리다의 해체 철학』, 민음사.

윤평중(1992), 『포스트 모더니즘의 철학과 포스트 마르크스주의』, 서광사.

이광래 편(1993), 『해체주의란 무엇인가』, 교보문고.

최신일(1995), "이해의 학으로서의 해석학 -가다머의 〈진리와 방법〉을 중심으로-", 1995.8. 『박사 학위논문』, 부산 대학교 대학원.

F. M. Conford(1932), *Before and after Socrates*, (박영도 역(1989), 『소크라테스 이전과 그 이후』, 이문 출판사.)

Jacques Derrida, *De la Grammatologie* (그라마톨로지, 김성도 옮김(1996), 민음사.)

H.G.Gadamer(1972), *Wahrheit und Methode*, J.C.B.Mohr, Tübingen.

David Hoy(1985), "*Jacques Derrida*" in *The Return of Grand Theory in The Human Sciences*, Cambridge.

Christopher Norris(1982), "Nietzsche : philosophy and deconstruction" in *Deconstruction*, Methuen, (이광래 편(1993), 『해체주의란 무엇인가』, 교보문고)

R. Rorty(1979), *Philosophy and the Mirror of Nature,* Princeton: Princeton Univ. Press.

T.K.Seung(1982), *Semiology and Grammatology, in Structuralism & Hermeneutics,* Colombia Univ.

Chapter 05

인간, 인격 그리고 인격교육

Ⅰ. 서론
Ⅱ. 인간, 인격 그리고 인성
Ⅲ. 셸러의 인격 존재
Ⅳ. 하르트만의 인격과 인성
Ⅴ. 피터스의 인격 개념과 도덕교육
Ⅵ. 결론

Chapter

05 인간, 인격 그리고 인격교육*

I. 서론

인격교육이란 무엇인가? 도덕과에서 7차 도덕과 교육과정의 성격을 규정한 이론적 바탕으로서 인격교육을 제시함으로써 쉽게 접할 수 있는 개념이 되었다. 그렇다면 인성 교육은 또 무엇인가? 우리가 살고 있는 현재적 상황을 진단해 본 결과 인간성의 위기가 도래하였고 따라서 인성 교육이 필요한 시기라고 말하곤 하는데, 인격교육은 무엇이고 인성 교육은 어떤 것인가? 그리고 이 둘은 어떤 관계에 있는가?

인격교육이든 인성 교육이든 '인간'과 관련된 것이라는 것과 '교육'과 연관되어 있다는 점에서는 이견이 없다. '인간'과 관련이 있다면 인성은 무엇이고 또한 인격은 무엇인가? 그리고 이 둘은 어떻게 구분할 수 있는가? 이와 같이 인격교육이든 인성 교육이든 그 개념을 규정하기가 쉽지 않다. 나아가 인격 혹은 인성의 개념을 규정하는 것 역시 여러 가지 어려움이 있다.

* 이 글은 초등도덕교육 제27집(한국초등도덕교육학회, 2008)에 실린 논문을 수정 · 보완 한 것임.

이러한 어려움은 무엇보다 우리나라에서 지금까지 인격교육의 이론적 연구가 적절하게 이루어지지 않았다는 데서 그 원인을 찾을 수 있다. 왜냐하면 우리나라에서 현재 채택하고 있는 인격교육은 대체로 미국의 인격교육을 그대로 수용한 것이라 해도 과언이 아니다. 이것은 미국의 인격교육 역시 어떤 철학적 기초 혹은 이론적 근거에 대한 충분한 논의를 거치지 않은 채 그 당시의 미국적인 상황에서 발생한 문제점을 해결하는 하나의 방안으로 수용되었다는 점에서 빈약한 이론적 근거를 가진다는 비난을 면치 못했다. 그래서 이런 관점에서 볼 때 현재 우리나라 인격교육에 관한 논의 역시 한국적인 문제 상황에서 그 문제를 해결하는 데 급급함으로써 그 이론적인 근거를 연구하는 데는 소홀하게 취급한 것은 아닌지에 대한 문제의식이 본 연구의 배경이다. 따라서 본 연구는 인격교육을 현재 우리나라의 사회와 학교 상황의 문제점을 해결하는 데도 적절한 하나의 교육적 대안 형태라는 현실적인 문제점을 감안하고 보다 철학적이고 이론적인 근거를 찾고 그에 따라 보다 체계적인 인격교육에 관한 연구가 필요하다는 보다 근본적인 이유에서 출발하였다.

그래서 본 연구는 몇몇 철학자와 교육철학자의 견해를 바탕으로 인간 혹은 인격의 개념을 살펴보고 나아가 이 개념이 인격교육 혹은 도덕교육과 밀접한 관계가 있음을 밝혀내고자 한다. 물론 이들 학자 간의 이론적인 차이점이 있겠지만, 인격교육과 도덕교육의 개념을 비교하는 것은 본 연구에서는 다루지 않고 다만 이들 입장을 살펴봄으로써 인격 개념에 관련된 공통된 견해를 바탕으로 인격교육 혹은 도덕교육과의 연관성에 초점을 맞출 것이다.

인격교육이든 인성 교육이든지, 혹은 인격이든 인성이든, 그 개념 규정의 어려움을 거슬러 올라가면 인간의 개념이 명확하게 규정되지 못한 것에 기인한다. 물론 우리가 인격교육 혹은 인성 교육, 그리고 인성과 인격 개념을 명확히 규정했다고 가정하더라도 이 개념들이 현실적으로 우리 사회가 특히 우리 교육이 안고 있는 문제점들을 해소하는 얼마나 도움이 되는지 의문이 아닐 수 없다. 우리는 인성 교육 혹은 인격교육의 문제를 해소하기 위해서는 우리가 처해 있는 현실적인 문제와 개념적인 문제를 함께 다루어야 한다는 것을 알고 있지만 현실적인 부분에 대해서는 앞서 밝힌 바와 같이 논외로 하고자 한다.

따라서 본 연구는 먼저 이상에서 제기된 개념들을 규정하는 작업부터 시작할 것이다. 이런 개념 규정을 바탕으로 인성 혹은 인격, 그리고 인격교육 관계 해결을 위한 하나의 방향을 제시하고자 한다.

Ⅱ. 인간, 인격 그리고 인성

인성 혹은 인격교육은 그 바탕에 인간의 개념을 배경으로 한다. 왜냐하면 교육이라면 일반적으로 인간을 인간답게 만들어 가는 것이라고 정의할 수 있고 따라서 인간을 어떻게 규정하느냐에 따라 그 교육의 목적이나 방향도 달라지기 때문이다.

인간의 개념을 정의하기는 쉽지 않다. 인간 존재에 대한 물음과 연구는 철학과 존재론에서 고대로부터 지금까지 계속되었다. 인간이란 무엇인가? 이 물음은 인간이 자신에 대해서 관심을 가지기 시작한 때부터 제기되어 왔고, 시대를 거쳐 오면서 나름대로 인간 존재에 대한 물음과 그에 대한 해답을 얻어 내곤 하였다. 특히 인간 존재가 위기에 직면한 때, 전통적인 방식으로 인간을 이해하기가 어려울 때, 그리고 인간 존재를 이해하는 방식이 정립되지 못 한때는 인간 이해가 더 어려울 수밖에 없었다. 특히 20세기에 들어와서는 그 시대적인 상황과 맞물려 인간에 대한 철학적 물음이 제기되었고 그 대표적인 입장들이 철학적 인간학이다. 철학적 인간학의 대표적인 철학자들에 의해 '인간 존재' 해명이 구체화하기 시작하였다.[1)]

현대의 인격 교육론자가 인격 개념에 관해 소개하고 있는 철학자가 아리스토텔레스다. 인격 교육론자들은 아리스토텔레스의 덕 윤리학을 바탕으로 그들의 인격 교육론의 철학적 기초를 설명하고 있다. 따라서 대부분의 인격 교육론자는 덕 윤리학을 바탕으로 그들의 이론을 전개하기 때문에 도덕적 원리와 이를 일반화시키려는 칸트와 콜버그의 이론들이 이들의 비판의 대상이 되었다.

고대로부터 인간개념에 대한 철학적인 논증은 계속되었다. 대표적인 철학자가 플라톤과 아리스토텔레스이다. 이들은 서로 다른 인간관을 가지고 있다. 플라톤은 영혼만이 인간이며 육체는 영혼의 감옥이라고 주장하면서 육체에 대한 영혼의 탁월성을 강조하고 있다. 반면에 아리스토텔레스는 영혼-육체의 통일성, 즉 영혼과 육체가 결합 된 존재가 곧 인간이라고 하였다. 특히 인격 교육론자들이 아리스토텔레스의 덕 이론에서 제기되었던 습관과 행위의 중요성을 부각하고 있다. 이들은 덕을 인격의 한 속성으로서 파악하며, 특히 덕이 지니는 두 가지 기능에 관심을 기울이고 있다. 첫째, 덕은 욕구나 충동을 제어할 힘을 준다는 것이다. 둘째, 덕은 도덕적으로 중요한 고려들에 대한 민감성을 저해할 수 있는 주의 집중이나 동기의 결여를 보완해 줄 수 있다는 점을 들어 덕 이론을 적극 수용하고 있다.[2)]

우리는 여기서 대부분 인격 교육론자가 아리스토텔레스의 윤리학에 근거하

1) 막스 셸러는 '인격'이라는 개념을 통해서, 헬무트 플레쓰너는 '탈 중심성'이라는 개념을 통해, 그리고 아놀드 겔렌은 '행위' 개념을 통해, 에른스트 카시러는 '상징 체계'를 통해, 하이데거는 '현존재' 해명으로, 토마스 아퀴나스는 '신모상'개념으로 인간 존재를 해명하였다(금교영, "한국 인성 교육의 사례분석과 인격주의 윤리학적 반성(Ⅲ)", (『철학논총』, 제39집, 2005, 새한철학회), p.5 참조) 우리는 여기서 막스 셸러와 하르트만의 입장을 중심으로 인간 존재를 해명하고자 한다.

2) 추병완(1999), 『도덕교육의 이해』(서울: 백의), p. 156

여 자신들의 이론적 근거로 제시하고 있지만 수 세기 동안 그 외의 이론적 근거를 찾는 것에는 소홀히 하고 있음을 알 수 있다. 그래서 아리스토텔레스 이후의 몇몇 철학자와 교육철학자에 의해 연구된 인격의 개념을 살펴봄으로써 인격교육의 개념을 더욱 공고히 하는 동시에 인격 개념의 이론적 근거를 또 다른 각도에서 찾아보고자 한다.

Ⅲ. 셸러의 인격 존재

인격의 개념을 통해 인간 존재를 규명하고 있는 막스 셸러에서 인간 존재는 그의 존재 구조상 생명 층과 정신 층의 이중구조로 되어 있는 데 반해, 동물은 생명 층 만을 가지고 있다. 따라서 인간이 다른 동물과 구별되는 점은 생명 층과 정신 층을 모두 가지기 때문에 생명 삶과 동시에 정신 삶을 살아간다는 것이다. 인간이 정신적 삶을 산다는 것은 이성적인 지성을 발휘하여 사고하고 추리하고 상상하는 등의 정신 작용을 하고, 감성적 지성을 발휘하여 감각하고 표상하고, 감지하고 선호하고 직관하는 등의 정신 작용을 하고, 의욕하고 욕구하는 등의 의지적 정신 작용을 하면서, 이 현실 세계를 더 훌륭한 세계로 가꾸어 가는 삶을 산다는 것이다.[3] 이렇게 인간이 정신적 삶을 살아가는 것이 인간 됨의 삶을 살아가는 것이고 인격이 잘 형성된다는 것이다.

셸러는 인간은 인간의 정신 활동, 즉 사랑하고, 기억하고, 사고하고, 의욕하고, 지각하고, 판단하고, 감지하는 활동을 하는데 이런 활동을 하나의 전체로

3) 금교영, 앞의 논문, p.3

통일하는 것이 바로 인격이라 할 수 있다.[4] 따라서 인격은 어떤 실체나 대상이라기보다는 정신 활동의 통합 그 자체라 할 수 있다. 다시 말하면 인격은 인간 각자의 여러 가지 정신 활동을 실행하면서 그리고 그 실행을 통해서 자신을 나타낸다. 또한 인격 그 자신은 살아있을 뿐 아니라 실행된 정신 활동들을 통일하면서 존재한다.

인격의 본질을 고찰해 보자면, 존재론적으로는 무 대상성, 개별성, 동태성이 있고, 작용론적 측면에서 보면 개시성, 정위성, 창조성이 있다.[5] 셸러가 말하는 인격 존재를 좀 더 구체적으로 표현하면 다음과 같다. 첫째, 인격 존재는 인간 보편 존재가 아니라 개별적인 존재가 실제로 살아가는 자이다. 개별적 인격 존재의 주체로서의 인격은 개개인의 인격이 서로 다르기에 동일한 상황에서도 사람에 따라 여러 가지 정신 활동 내지 정신 작용이 일어난다. 다시 말하면, 인간이 의식하고, 욕구하고 행동하면서 살아간다는 것은 인격이 그렇게 살아간다고 표현할 수 있다.

둘째, 인격 존재가 개별적 존재자로 살아가면서 "오직 활동의 수행 속에서 그리고 활동의 수행을 통해 존재한다."[6] 이것은 인격이 어떤 활동 속에서 존재하고 있지만 인격은 여러 가지의 활동들 안에서 그리고 서로 다른 활동을 통해서 변한다는 것이다. 이런 의미에서 본다면 인격 존재는 고정불변의 존재가 아니라 언제나 변화될 수 있는 가변적인 존재라 할 수 있다.

셋째, 인격 존재는 모든 활동을 지탱하고 있기에 선과 악의 가치 역시 인격의 성질이라 할 수 있다. 따라서 인격 존재자로서 우리는 인격의 담지자로서 선과 악은 인격 가치라 할 수 있다. 순수 인격적 가치로서 선과 악의 핵심은 대상으로서 선과 악을 찾는 데서가 아니라 인격이 선하게 되어가거나 악하게

4) 이인재(2007), "셸러의 인격론", 『인격』(서울: 서울대학교 출판사) p. 155

5) 금교영(2002), "인격의 본질성", 『철학 논총』, 제27집, (서울: 새한철학회), p. 21

6) 이인재, 앞의 논문, p. 159

되어가는 속에서 볼 수 있다.[7]

이상에서 셸러가 밝히고 있는 인격은 이성 활동이나 의지 활동 등의 어떤 특정한 그 무엇으로 보지 않고, 개인 각자에 의해 형성되고 구체화 된다. 인격이란 사고하고, 느끼고, 의욕하고, 사랑하고, 미워하는 등의 모든 정신 활동 즉 지적 작용, 감정 작용, 의지 작용을 수행하고 신체에 대해서 내외적 체험도 함께하는 모든 활동들을 결합하는 결합체이고 도덕적 가치를 담지한 존재라 할 수 있다. 여기서 체험은 모든 사람이 똑같은 보편적 체험이 아니라 개인의 개별적인 것이므로 인격 역시 개별성을 가질 수밖에 없다. 따라서 인간 각 개인은 이러한 정신 활동의 주체로서 그 자신의 정신 활동 성향이 있으며 이 성향의 통일체가 곧 인격이다. 결국 셸러에 따르면, 인간 각자는 인격 존재로서 개별 존재이고 그렇기 때문에 다른 존재와 구별되는 유일 존재이며 따라서 그의 가치는 개별적이고 일회적이다. 따라서 개인의 인격이 도덕적 이상을 찾을 때는 다른 인격과 윤리적으로 구별되고 서로 다른 가치 태도를 취하게 된다.[8]

우리는 인격 개념의 분석을 통해서 즉 인격 존재가 가지고 있는 특징들을 바탕으로 도덕교육에서 인격 개념이 왜 중요한지를 살펴볼 수 있다. 그것은 도덕교육이 인간으로 하여금 올바른 행위, 선한 행위 등을 지향하는 학문이라면 이러한 행위를 행할 주체는 과연 누군가 하는 것에 주목하지 않을 수 없다. 대부분 경우에는 인간이라 하는데 여기서 인간 일반을 지칭하고 있으나 앞서 살펴본 바에 의하면 그러한 도덕적 행위를 하는 주체는 인간이라기보다는 인격이라고 해야 적절하다.[9] 그렇다면 이상의 개념 분석에 따른다면, "'인성 교육'보다는 '가치관 교육' 혹은 '인격교육'이라는 개념이 훨씬 더 자연스러운 것이라 할 수 있다."[10]

---

7) 이인재, 앞의 논문, p. 162, 163

8) 금교영(2007), "근대 이후 독일의 인격 개념", 『인격』(서울: 서울대학교 출판사) p.142

9) 금교영(2002), 앞의 논문, p. 19

10) 김주완(2008), "인성과 가치관의 상호연관성",(『철학연구』, 제105집 대한철학회), p.130

우리는 지금까지 인격과 인간이라는 개념을 살펴보았다. 이들 간의 관계에서 인성 교육이라는 용어보다는 인격교육이라는 개념을 사용하게 된 근거를 찾아보았다.

Ⅳ. 하르트만의 인격과 인성

우리는 앞서 인격이란 무엇인가에 대해서 살펴보았다. 그렇다면 인격이라는 개념과 종종 혼돈되는 인성이라는 개념을 무엇을 의미하는지 그리고 이 둘은 어떤 관계가 있는지 살펴보는 것 역시 인간 존재를 이해하는 데 중요한 계기가 될 수 있을 것이다. 인격과 인성의 개념을 설명하기 위해서는 하르트만의 입장을 중심으로 살펴보고자 한다.

우리는 흔히 '인성'(human nature)이라는 개념을 사전적으로 정의하면, 사람의 성품이라고 한다. 이 말은 신성(神性)도 아니고 물성(物性)도 아니라는 의미이지만, 중간자로서 양자를 포함한다. 인격이 개별성과 구체성을 가지고 있다면, 인성은 전체성과 공통성을 가지고 있다고 볼 수 있다. 인성을 인간이라는 존재자의 공통성으로 보고 인격을 개체성으로 본다면, 인격은 인성이라는 공통적인 지반 위에서 성립하는 개별적인 것이라 할 수 있다. 이런 맥락에서 본다면 인성은 기체이고 인격은 인성 안에 담겨 있는 내용물이라 할 수 있다.[11)]

앞서 살펴본 바와 같이 인격은 개별 인간이 가지고 있는 여러 요소, 즉 생명적 요소, 심리적 요소, 그리고 정신적 요소들의 통일이라 할 수 있다.[12)] 하르트

11) 김주완(2008), p.148

만은 인간을 인간 일반과 개별 인간으로 구분하는데[13] 이때 개별 인간은 생명과 심리 그리고 정신적인 요소들을 가지고 있는 존재를 말하는 것이다. 이것은 앞서 셸러 구분한 이성적 지성, 감성적 지성 그리고 의지적 지성을 통한 정신 작용과 비교할 수 있는데, 인간이 가지고 있는 정신 작용과 정신적 요소라는 표현으로 달리했을 뿐 그 의미는 다르지 않다고 할 수 있다. 하르트만에 따르면 이 세 가지 요소 중에서 정신적인 요소가 인격의 요체가 된다. 따라서 여기서 말하는 인간 존재는 인격 존재를 가리키는 것이다.

앞서 살펴본 바와 같이 인성과 인격의 관계를 살펴보면, 인성은 인격의 전제이고 인격 없는 인성은 있을 수 있지만 인성 없는 인격은 있을 수 없다. 다시 말하면, "인성 위에서 인격의 활동 무대가 펼쳐지는 것이며, 요컨대 인간 일반이 가진 본질 특성이 인성이고 개별 인간이 가진 요소들의 통일이 인격이다."[14] 이 입장은 셸러의 입장과 다르지 않다.

인격은 본질적으로 가치를 추구한다. 그리고 그 자체가 하나의 가치이다. 인격은 그가 가치 있다고 생각하는 것만을 추구하고 시간과 상황에 따라서 추구하는 가치는 바뀔 수 있다. 한편 여러 가지 가치 덕목들이 인격에서 종합된다는 의미에서 인격 가치는 가치서열에서 가장 높은 위치를 차지한다.[15] 도덕적 존재로서의 인격은 다음의 네 가지 규정을 가지고 있다.[16]

인격은 첫째, 앞을 내다보는 능력이 있다. 둘째, 인격은 미리 결정을 내리는 능력이 있는데 이는 목적 활동을 할 수 있는 능력이다. 셋째, 인격은 가치를 보는 재능, 즉 가치기관(價値器官)을 가지고 있다. 넷째, 인격은 자유를 가진다.

---

12) 김주완(2008), 앞의 논문, p. 130

13) 김주완(2005), "인간 · 인격 · 정신의 존재론적 상호관계", (『철학논총』, 제39집, 새한철학회), p.77 참조

14) 김주완(2008), 앞의 논문, p.134

15) 김주완(2008), 앞의 논문 p.135

16) Nicholi Hartman, *Einfoubrung in die Philosophie*(김주완(2008), 앞의 논문, p.137에서 재인용)

따라서 인간은 인성으로서가 아니라 인격으로서의 가치관을 가진다. 도덕의 성립 근거는 인성에 있기보다는 인격에 있다. 인격이 어떤 가치를 추구하느냐에 따라 도덕적일 수도 있고 비도덕적일 수도 있기 때문이다.[17] 가치관은 인격에 따라 다를 수 있고 인격은 도덕적 가치를 지향할 수도 다른 가치를 지향할 수도 있다. 개별적 인간에게는 인격과 무인격으로 구분되는 것이 아니라 높은 인격과 낮은 인격으로 구분할 수 있다. 하르트만 역시, 인격은 가치를 추구한다고 보았다. 또한 인격 그 자체가 가치이고 여러 가지 가치를 지향하고 실현하는 것이다. 그리고 인격이 가치들을 파악할 수 있는 하나의 기관을 기본적으로 가지고 있는데 그것이 곧 '가치를 보는 눈'이라 할 수 있는 가치안(價値眼)이라 할 수 있고 이것으로부터 나오는 것이 가치관이다.[18] 따라서 우리가 인성을 교육한다는 것은 인성이라는 그릇에 담긴 가치관을 교육하는 것이고 가치관의 교육을 통하여 보다 높은 수준의 인격 형성의 길이 열릴 수 있다고 할 수 있다.

우리는 하르트만의 인격과 인성의 개념 규정을 통해서 '인성 교육'이라는 개념의 성립 여부는 회의적이라는 결론에 도달하게 되었다. 오히려 '가치관 교육' 또는 '인격교육'이라는 개념이 더 자연스럽다고 할 수 있다.

17) 김주완(2008), 앞의 논문, 144

18) 김주완(2008), 앞의 논문, p.139

V. 피터스의 인격 개념과 도덕교육

우리는 앞서 인격은 '본성'이라는 개념과도 구분되고 개성(個性)이라는 개념과도 구분된다는 것을 살펴보았다. 이와 관련해서 피터스의 인격 개념을 살펴보고자 한다.

피터스는 인격이라는 말의 용법을 두 가지로 구분한다.[19] 하나는 중립적 용법이고, 다른 하나는 비중립적 용법이다. 먼저 중립적 용법으로서의 인격은 다음과 같이 해석된다. 모든 도덕적 행위는 사회가 가지고 있는 규범이나 스스로 형성한 규범을 준수하는 행위라는 것이다. 이러한 규범들은 각 개인의 도덕 생활을 지배하게 된 신념 요소들이고 이 신념 요소들에 의해서 지배되는 도덕적 행위들이 일관성 있게 반복적으로 행해졌을 때 우리는 그것을 '도덕적 습관'이라고 한다. 이 도덕적 습관들이 인격을 구성하는 요소들이고 이 요소들에 의해서 인격이 가지고 있는 여러 가지 특성들을 우리는 파악할 수 있다. 즉 '정열적인 인격의 소유자' 등으로 서술된다. 따라서 중립적 용법으로서의 인격은 그 특성을 서술할 때 사용되는 서술적 용어다.

한편 비중립적 용법으로서의 인격은 소유자의 업적으로서의 의미를 부각한다. 인격을 그 소유자의 업적으로 생각할 때 그 개인을 칭찬하거나 비난하게 된다. '그는 인격자다'에서처럼 '인격'이란 말이 유 목적적이고 자율적인 도덕 실천가를 상정하고 있다. 따라서 이때의 인격은 신념의 통합성, 실천의 일관성, 신조에의 충실성 등을 암시하는 평가적 용어이다.

그래서 위의 두 입장은 우리가 동일한 것을 어떻게 보느냐에 따라 구분한 것에 불과하지만, 인격에 관한 객관적인 서술은 중립적인 의미를 따르나, 도덕교

19) 이돈희(1996), 『도덕교육원론』(서울: 교육과학사), p. 40-45 참조

육이 목적하는 바는 비중립적 의미를 지향한다.

그리고 피터스는 우리가 '인격'이라는 특성을 소유했을 때 다음의 세 가지 특징을 나타낸다고 말한다. 첫째, 인격은 입법적 기능을 가지고 있다. 이것은 인격의 소유자는 자신의 도덕 생활을 위하여 규범을 정한다. 즉 자신의 도덕적 행위를 통제할 입법을 한다. 둘째, 인격은 집행적 기능을 가지고 있다. 이는 인격의 소유자가 자신의 신념 혹은 규범에 따라 의무나 선행을 해내는 기능을 한다. 셋째, 인격은 심판적 기능을 한다. 이 기능은 집행적 기능이 실패했을 때 죄의식 등을 느끼고, 생활 속에서 야기되는 집행적 기능의 혼란을 입법의 원칙에 따라 판결하는 기능이다. 따라서 우리가 도덕교육의 목적이 인격 혹은 도덕성의 형성 혹은 함양에 있다는 것은 바로 도덕적인 생활에서 스스로 입법할 수 있는 능력과 그 입법에 일관된 생활을 할 수 있도록 돕는 것이 바로 도덕교육이라는 것을 뜻한다.[20] 특히 피터스는 인격이라는 개념과 함께 '양심'이라는 개념을 소개하는데, 양심은 인격의 세 가지 기능을 다할 수 있는 것으로 보고 있다. 그런데 이 양심은 인간의 내면에 있는 실체로서가 아니라 어떠한 행동을 할 수 있는 능력 혹은 성향을 가리키는 말이다. 따라서 양심은 무엇이 선인지를 안다는 인지적 요소와 그대로 행하려는 성향이 있는 동기적 요소도 가지고 있다. 그리고 이 두 요소가 건전할 때 도덕적 행위가 성취된다. 따라서 선을 추구하고 선악을 분별하려는 성향과 이를 실천하려는 성향을 잘 형성시키는 것이 도덕교육의 핵심이라 할 수 있다.

피터스는 소위 인격(character)을 소유했다고 하는 것은 집단 혹은 공동체의 참여자로서 그리고 목적적 존재로서의 개인이 자기 자신을 결정짓는 자율성을 가지고 있다는 것과 집단 혹은 공동체를 특징짓는 규범들을 입안하는 대열에 설 수 있는 특징을 가지고 있을 때 가능하다고 한다.[21] 따라서 도덕교육은 이

20) 이돈희(1996), 앞의 책, p. 43

21) 이돈희(1996), 앞의 책, p. 49

러한 의미의 인격 형성을 돕는 과정에 있고, 도덕교육의 궁극적 목표는 인격의 완성에 있다고 할 수 있다. 또한 인격의 개념은 도덕성의 개념을 포괄하고 있는데 거기에는 도덕성의 지적 측면과 행위적 측면 그리고 그 전체를 포괄하는 도덕성을 '인격적 도덕성'이라고 하는데 이들은 전체에 대한 부분들이 아니고 하나의 차원으로서 분리되어 존재할 수 있는 것도 아니다. 다시 말하면 이 세 가지 측면은 서로 독립되는 것이 아니라 서로 보완적인 관계에 있고 따라서 이들의 구별은 단지 논리적으로 가능할 뿐이기 때문에 실제로는 거의 같은 상황에서 이 세 측면이 동시에 행해진다고 할 수 있다.

피터스는 인격이라는 말을 비중립적 용법으로 이해했을 때, 그것은 앞에서 살펴본 바와 같이 지행의 일관성과 인격의 통합성을 암시하고 있다.[22] 먼저 도덕성의 지적 측면과 행위적 측면, 즉 도덕적 신념과 습관의 일관성[23]은 그 관계를 네 가지로 나눌 수 있는데 그중에서 인격자의 가장 이상적인 조건은 신념의 건전성과 습관의 건전성이라 할 수 있다. 또한 인격의 통합성은 앞서 밝힌 바와 같이, 인격을 구성하는 요소들은 신념 혹은 내면화된 규범에 따라서 형성된 습관이다. 그렇다면 인격이 형성되기 위해서는 수많은 신념 요소는 위계적 신념 체제와 정합적 신념 체제가 있는데 우리가 보통 말하는 인격은 이러한 형태의 신념 체제[24]를 가지고 있다.

---

22) 이돈희(1996), 앞의 책, p. 64

23) 피터스는 도덕성의 신념과 습관의 관계를, 첫째, 신념의 위약성과 습관의 위약성. 둘째, 신념의 건전성과 습관의 위약성. 셋째, 신념의 위약성과 습관의 건전성. 넷째, 신념의 건전성과 습관의 건전성 네 가지로 나눈다. (이돈희(1996), 앞의 책, p.65)

24) 신념 요소들이 있고 이들의 조직체를 신념 체제 할 수 있다. 또한 신념 체제에는 위계적 신념 체제와 정합적 신념 체제가 있다. 전자는 우리 생활의 모든 규범 중에서 최상의 규범을 최고선이라고 하고 이 최고선과 실제의 우리 생활에 직접적으로 관계하는 구체적인 규범들 사이의 위계를 둔 체제를 가리킨다. 반면 후자는 상하의 위계적 체제를 가지고 있지 않고 즉 상하의 구별이 없고 또한 서로 모순되지 않는 채 서로 의미 있게 관련된 체제를 말한다. 또한 건전한 신념 체제를 만들기 위한 조건으로는 신념 체제의 '내적 일관성'과 '외적 일관성'이 필요하다. 내적 일관성이란 가치 간의 모순이 없고 서로 의미 있는 관계를 유지하려는 노력을 의미하며, 외적 일관성이란 각자가 가지고 있는 신념 체제를 사회적인 가치 체제와

앞에서 살펴본 바와 같이, 피터스가 말하는 인격은 언제나 고정되는 것이 아니라 항상 변한다. 인격이 변한다는 것은 습관의 변화를 의미하며 이것은 또한 규범을 달리한다는 의미이다. 이렇게 인격을 변화시키는 것이 '충동'인데 이것은 종래의 신념과 습관에 대한 일종의 반항이며 개혁의 요청으로서 새로운 가치를 추구할 수 있는 소재를 제공해 준다. 그러나 항상 충동을 검토할 필요가 있다. 왜냐하면 충동이 항상 바람직한 생각을 제공하지 않을 수도 있고 따라서 도덕 생활에서의 실패 원인으로 작용할 수 있기 때문이다. 이것은 잘 통합된 인격이라고 해서 반드시 바람직한 것이 아니며 변화 가능한 인격이어야 한다는 것이다.

결국 "도덕교육의 가장 기본적인 원리는 이러한 인격의 통합과 인격의 변화를 위한 과정의 조직과 통제이다."[25] 이런 의미에서 도덕교육은 곧 인격과 불가분의 관계에 있다.

한편 이들은 철학 혹은 윤리학의 역사를 살펴보더라도 인격교육의 문제를 칸트[26]와 콜버그류의 도덕적 원리를 추구하기보다는 아리스토텔레스로 출발하는 덕 윤리적 접근에 근거를 두고 있다 할 수 있다.[27]

의 일관성을 유지하게 될 때 가지게 되는 것이다. (이돈희(1996), 앞의 책, p.65-69참조)

25) 이돈희(1996), 앞의 책, p.72

26) 셸러와 하르트만의 인격 개념에서 칸트의 입장을 비판하는 윤리학적 입장은 다음의 책을 참고 바람. 이양호(1999), 『막스 셸러의 철학』(대구: 이문 출판사), pp.125-132. 또한 양자의 입장을 가치 윤리학적 관점에서 공통된 입장에 관해서는 다음의 책을 참고 바람. 조관성(2003), 『현상학과 윤리학』(서울:교육과학사), pp. 118-133 참조

27) 이 부분에 관해서는 다음의 책을 참고 바람. John Martin Rich, "The Conflict in Moral Education: *Teaching Principles or Virtues*,"(정세구 역(1997), 『인격교육과 덕 교육 - 도덕교육의 새 방향- 』(서울: 박영사), pp. 165-176 참조

Ⅵ. 결론

우리는 앞에서 인격 개념에 관해서 공통된 입장을 가지는 학자들의 견해를 종합해 보면 다음과 같다. 첫째, 이들은 인격 개념이 곧 도덕교육과 밀접한 관계가 있음을 분명히 밝히고 있다. 이것은 인격 개념이 가치와 언제나 밀접한 관계가 있음을 알 수 있다. 둘째, 이들은 인성이라는 인간 본성의 고정된 의미로 보기보다는 인격이라는 의미의 변화 가능하고 고정되지 않는 의미에서 인간 존재를 규정하고 있다. 그렇기 때문에 인격을 하나의 실체나 대상으로 보지 않는다. 셋째, 이들은 인격 개념이 일반적이고 추상적인 개념이라기보다는 구체적이고 개별적임을 주장하고 있다. 넷째, 이들은 인격 개념에 있어서 인격의 자율성 혹은 자유를 강조하고 있다. 다섯째, 이들은 인격의 개념이 통합성을 가지고 있음을 밝히고 있다. 즉 지성 혹은 신념, 정서 혹은 욕구 및 의지, 그리고 행위 등으로 인격이 구성되어 있음을 밝히고 있다. 그래서 도덕교육 혹은 인격교육의 목표는 이러한 통합적 인격을 완성하는 것이라고 한다. 여섯째, 이들은 인격의 개념이 인간이라는 존재에만 국한된 것이 아니라 사회 혹은 공동체와의 밀접한 연관이 있다고 주장한다. 마지막으로, 이들은 인격의 개념을 연구하는데 그들의 윤리적 근거를 분명하게 제시하고 있다는 점이다.

우리는 앞에서 셸러와 하르트만에 의해, 인간, 인성, 인격이라는 개념 규정을 통해 인성 교육이라는 의미보다는 인격교육이라는 개념이 인간을 위한 교육을 추구한 입장으로 볼 때 훨씬 자유롭고 적절하다는 결론에 도달했다.

인성 교육이라는 표현이 인간에게 선한 본성이 있고 그 교육은 그것을 개발하기만 하면 된다는 주장을 전제하는 것 같다. 그러나 인간의 본성이 무엇인지, 그것이 착한지 악한지는 아직도 해결되지 않은 문제로 남아 있다. 따라서 인간의 본성만 개발하면 모든 것이 해결된다고 전제해서는 안 될 것이다. 오히려 인간에게 주어진 긍정적 본성은 개발하고 부정적인 요소는 억제하여 사회에 이익을 끼치는 인격으로 키워야 한다는 주장이 훨씬 더 설득력이 있다. 그래서 우리는 우리 사회에서 주장되는 인성 교육은 그 표현한 오해의 소지를 가질 수 있기 때문에 인격교육이라는 표현으로 사용하는 것이 적절하다 할 수 있다.

또한 피터스의 인격 개념을 통해서 도덕교육이라는 것이 인격 개념과 무관하지 않다는 것을 충분히 검토할 수 있었다. 인격교육이 도덕교육의 한 방법으로 제시되어 온 것이 사실이지만, 인격교육의 외연을 확장하는 태도가 필요할 것이다. 학교 현장에서의 도덕과 수업 시간 자체가 절대적으로 부족한 상태에서 도덕교육의 한 방법으로 생각하는 것은 오히려 위험한 발상일 수도 있다. 따라서 인격교육을 보다 넓은 의미로서의 도덕적인 인간을 배양한다는 궁극적인 목표에 맞는 방향으로 지향해야 할 것이다.

이상의 인격 개념과 인격교육의 이론적인 추적을 통해 인간을 인간답게 만들고 교육하려는 우리의 교육목적과 관계가 있다면, 인격교육의 중요성 및 필요성은 우리 교육 현장에서 반드시 살펴보아야 할 분야임에는 분명하다. 인격교육의 새로운 방향은 인간 이해에 대한 새로운 패러다임으로의 전환[28]이 전제되고, 우리 사회에서 야기되는 여러 가지 문제점을 일시적으로 해소하기 위한 하나의 방법으로서뿐 아니라 그 방법의 이론적인 기반을 계속 연구하는 것을 통하여서도 분명히 드러나야 할 것이다.[29] 인간, 인성 그리고 인격, 인격교육에 관한 다소 철학적이고 이론적인 분석이 체계적으로 다루어질 때 비로소

28) 최신일. 김현동(1999), "도덕적 인성의 함양을 위한 교육과정 운영 방안"『초등교육연구논총』 제11집, 대구교육대학교 초등교육연구소, pp. 10-12 참조

29) 미국의 인격교육은 다음의 이론적 근거를 연구하는 데 관심을 기울이고 있다. 뒤르켐의 도덕 사회화 이론, 오크숏의 이론, 버크와 매킨타이어의 이론, 실용주의 철학 등이 그것이다. 추병완(1999), 『도덕교육의 이해』(서울: 백의), p. 156

학교 인성 교육과 도덕교육의 방향을 제대로 설정할 수 있을 것이다. 다만 이러한 이론적 연구를 통해 밝혀진 인격 개념과 인격교육 개념의 구체적인 실행에 대한 연구가 계속 이어지길 기대한다.

참 고 문 헌

금교영(2002), "인격의 본질성", 『철학논총』, 제27집, 새한철학회.

금교영(2005), "한국 인성교육의 사례분석과 인격주의 윤리학적 반성(Ⅲ)", 『철학논총』, 제39집, 새한 철학회.

금교영(2007), "근대 이후 독일의 인격 개념", 『인격』, 서울대학교 출판사.

김주완(2005), "인간 · 인격 · 정신의 존재론적 상호관계", 『철학논총』, 제39집, 새한철학회.

김주완(2008), "인성과 가치관의 상호연관성", 『철학연구』, 제105집, 대한철학회.

이돈희(1996), 『도덕교육원론』, 교육과학사.

이양호(1999), 『막스 셸러의 철학』, 이문출판사.

이인재(2007), "셸러의 인격론", 『인격』, 서울대학교 출판사.

조관성(2003), 『현상학과 윤리학』, 교육과학사.

추병완(1999), 『도덕교육의 이해』, 백의.

최신일 · 김현동(1998), "도덕적 인성의 함양을 위한 교육과정 운영방안" 『초등교육연구논총』제11집, 대구교육대학교 초등교육연구소.

John Martin Rich, "The Conflict in Moral Education: Teaching Principles or Virtues," (정세구 역(1997), 『인격교육과 덕교육 - 도덕교육의 새방향- 』, 박영사.)

Chapter 06

도덕교육 이론에 있어서 자율성 연구

Ⅰ. 서론
Ⅱ. 도덕과 교육과정과 자율성
Ⅲ. 칸트 윤리학과 자율성
Ⅳ. 자유주의적 도덕교육 이론과 자율성
Ⅴ. 결론: 자율성의 도덕 교육적 의미

Chapter 06

도덕교육 이론에 있어서 자율성 연구*

Ⅰ. 서론

우리나라 4, 5, 6차 도덕과 교육과정이 자율성과 인지적 접근을 강조하고 있다는 것은 자유주의적 도덕교육 이론을 그 이론적 배경으로 하고 있기 때문이다. 그리고 7차 교육과정은 통합성과 사회화를 강조하고 있는 공동체주의적 도덕교육 이론을 그 이론적 배경으로 한다. 양 이론 간의 논쟁은 2007 개정 도덕과 교육과정에서부터 자율성과 통합성이라는 이분법적인 대립을 극복하려는 움직임이 시작되었다. 그래서 2007, 2009, 2015, 2022 개정 도덕과 교육과정에서는 도덕과 교육의 목표와 성격을 자율적이고 통합적인 인격을 함양하는 것으로 규정한다.

그러나 자율적이고 통합적인 인격을 함양한다는 명시적이고 사전적인 언급 외에는 '자율성'과 '통합성' 개념에 대한 구체적이고 이론적인 언급이 없다. 이는 자율성과 통합성과 관련된 도덕교육 이론의 배경에 대한 무지를 보여주는 것이며, 나아가 이들의 철학적 혹은 윤리학적 근거를 제시하지 않는다면, 도덕

* 이 글은 초등도덕교육 제66집(한국초등도덕교육학회, 2019)에 실린 논문을 수정 · 보완한 것임

교육이 학문적인 성격을 상실할 것은 분명해진다. 도덕교육에서 중요한 개념들에 대한 윤리학적 혹은 철학적 탐구의 맥락을 생략할 경우, 도덕교육의 의미와 방향을 잃게 될 것이다.

따라서 본 연구는 도덕교육에 있어서 핵심적인 개념이라 할 수 있는 자율성과 통합성의 도덕교육 이론, 그리고 윤리학적, 철학적 배경을 살펴보는 것이 필수적이라는 문제의식에서 시작한다. 그러나 자율성과 통합성 두 개념의 도덕교육 이론과 윤리학적 배경을 살펴보기에는 그 범위가 넓어 우선 자율성에 대한 그 이론적인 배경을 추적하고자 한다. 도덕교육의 역사를 보면 자율성을 강조하는 자유주의 도덕교육 이론과 그것의 비판적 관점에서 통합성의 의미를 강조하는 공동체주의적 도덕교육 이론에 관한 연구가 함께 논의되는 경우가 있지만 후자의 연구는 다음 기회로 미루고자 한다. 자율성과 관련된 윤리학은 칸트의 의무 윤리학과 밀접한 관계가 있다. 칸트 의무 윤리학에서 자율성은 도덕법칙, 의무, 선의지 개념과 밀접하게 연결되어 있다. 본 연구는 자율성에 대한 자유주의적 도덕교육 이론을 살펴보고 그 도덕 교육적 의미를 찾고자 한다.

Ⅱ. 도덕과 교육과정과 자율성

우리나라 도덕과 교육과정의 역사를 살펴보면, 4차, 5차, 6차 개정 도덕과 교육과정에서는 도덕인지 발달론에 근거한 인지적 접근을 강조함으로써 도덕교육의 목표로서 자율성을 강조하고 있다. 그리고 7차 교육과정에서는 종래의 인지적 접근을 넘어 자율성 개념보다는 인지적, 정의적, 행동적 측면 모두의 조화를 강조하는 통합성 개념과 그 사회의 지배적인 가치 기준들을 내면화하는 사회화에 중점을 두고 있는데, 이는 인격교육 혹은 덕 교육적 접근에 기초를 두고 있기 때문이다.

우리나라 도덕과 4, 5, 6차 교육과정이 자율성과 인지적 접근을 강조하고 있다는 것은 자유주의적 도덕교육 이론을 그 이론적 배경으로 하고 있다는 것을 말한다. 4차 교육과정이 시작되면서 가치명료화, 가치 갈등 수업 등 학생의 도덕적 판단력을 기르기 위한 수업이 강조되기 시작했고, 이런 흐름은 학생 개개인의 도덕적 자율성이 강조되면서 자기 주도적 학습이나 열린 수업 등이 교육의 주도적 흐름을 이끌어갔다. 다시 말하면, 4차, 5차, 6차 교육과정에서 이전의 보수적인 행동주의 도덕교육이 진보주의적인 성향으로 방향을 전환하게 되었다.

그러나 이러한 흐름은 7차 교육과정에 와서 다시 보수적 성향을 반영하는 인격교육 혹은 덕 교육론 쪽으로 방향을 돌리게 되었다. 이러한 방향 전환의 원동력은 공동체주의자들의 덕 윤리에서 비롯되었다. 7차 교육과정부터 덕 윤리 교육이 덕 교육이란 이름으로 교육과정에 등장하게 되었다. 따라서 7차 도덕과 교육과정은 공동체주의적 도덕교육 이론을 그 이론적 토대로 하고 있다. 그리고 공동체주의적 도덕교육 이론은 아리스토텔레스의 덕 윤리학에 기초를 두고 있다.

이러한 양 도덕교육 이론[1] 간의 차이점은 1980년대 초 미국에서 일기 시작한 자유주의와 공동체주의 사이의 논쟁(길병휘, 2013, 52-53)과 그 맥을 같이하고 있다. 자유주의와 공동체주의 간 논쟁의 시작은 1971년 롤즈의 『정의론』(A

1) 자유주의적 도덕교육 이론은 의무 윤리학을 그 학문적 배경으로 그리고 공동체주의적 도덕교육 이론은 덕 윤리학을 그 학문적 배경으로 하고 있다. 이러한 분류는 리차드 테일러의 분류 방식을 따른 것이다.(Taylor. Richard(1985), *Ethics, Faith, and Reason*, New Jersey: Prentice-Hall, Inc., Chap. 2. 길병휘(2013), 『도덕교육의 비판적 성찰』, 교육과학사, 66쪽 재인용)

Theory of Justice)이 출간되면서부터 시작되었다. 60년대의 민권운동, 반전운동, 프랑스의 5월 혁명 등 세계적인 자유화 운동의 결실에 힘입어 진보주의 물결이 전 세계를 휩쓸기 시작한 시기와 맞물려 '사회 정의'의 문제가 학계의 뜨거운 논쟁거리로 떠오르게 된다. 칸트와 공리주의의 윤리를 근간으로 하는 롤즈의 『정의론』은 시대의 진보적 성격과 맞물려 자유주의적 성격을 강조하는 방향으로 전개되었고, 이에 도덕교육 이론 역시 진보주의의 흐름과 함께 콜버그의 인지 발달 이론이 주류를 이루면서 도덕적 자율성이 강조되고 개인의 도덕적 판단 능력을 기르기 위한 교육활동이 크게 부각했다. 그러나 이러한 급진적이기까지 한 진보주의의 움직임은 1980년 초에 이르러 미국 사회의 보수주의자들을 움직이는 계기가 되었다. 이러한 움직임은 공동체주의자들의 등장하는 시기와 때를 같이한다.

공동체주의자들은 미국 도덕교육의 실패 원인을 진보주의 교육관에서 찾게 되고, 롤즈, 콜버그와 그 뿌리를 같이하고 있는 근대 자유주의와 개인주의 가치관과 윤리관 모두를 비판하게 된다. 대표적 공동체주의자인 매킨타이어(Alasdair MacIntye)는 아리스토텔레스의 덕 윤리로 되돌아갈 수밖에 없다고 주장함으로써 도덕교육 이론은 덕 윤리 혹은 덕 교육론임을 강조하기 시작했다.

자유주의와 공동체주의 사이의 논쟁은 정치이론, 도덕 이론, 철학적 심리학 이론 등에서 차이를 가지고 있는 것에 관련이 있다(추병완, 1999, 99-110). 첫째, 정치이론 관련해서는, 자유주의 입장은 개인이 정치체계나 법과 제도 등이 다른 사람의 선을 침해하지 않는 한에서 자신들의 선한 생활을 추구하는 것이 가능할 수 있도록 존재한다고 주장한다. 반면에 공동체주의 입장은 국가가 특정한 전통이나 가치에 대해서 특별한 지원을 하는 것은 잘못된 처사가 아니며 때로는 국가가 그렇게 하는 것이, 국가의 복리를 위해 매우 중요하다고 주장한다.

둘째, 도덕 이론 관련해서는 자유주의자들은 도덕을 기본적으로 '절차적 옳음'으로 파악하고 있다. 이들은 목적 그 자체가 아무리 소중한 것이라고 하더라도 그 목적을 구현하기 위한 절차나 과정이 옳아야 한다고 주장한다. 그렇기 때문에 개인의 권리는 전체의 복리나 선을 위해 희생될 수 없고 그러한 권리를 구체화하는 정의의 원리들은 어떤 특정한 좋음에서 파생되는 것이 아니라 옳음의 개념으로부터 독립적으로 파생된 것이다. 반면에 공동체주의는 도덕적 관점을 포함한 모든 관점이 본질적으로 역사적인 것이기 때문에 한 개인의 사회화 역시 역사에 따라 상대적일 수밖에 없다고 주장한다. 따라서 자유주의자들의 입장에서 도덕원리는 개인의 역사적 상황이나 개별 행위자의 입장과는 완전히 자유로운 관점에서 나온다.

셋째, 철학적 심리학 관련해서는, 인간의 인성 혹은 도덕적 자아는 자유주의자들의 입장에서는 자율성과 그 자율성과 관련된 자유 등과 관련해서 가장 잘 이해될 수 있지만, 공동체주의자들의 입장에서는 도덕적 자아는 역사와 공동선과 같은 하나의 전체적인 차원에서 가장 잘 이해될 수 있다.

서로 대립적인 양 도덕교육 이론에서 각각 강조하고 있는 자율성과 통합성 혹은 사회화의 이분화된 도덕교육 이론의 입장에 근거를 두고 있는 도덕과 교육과정은 2007 개정 도덕과 교육과정에서부터 자율성과 통합성이라는 이분법적인 대립을 극복하려는 움직임이 시작되었다. 2007 교육과정의 도덕교육의 목표는 궁극적으로 '자율적이고 통합적인 인격을 육성'(교육과학기술부a, 2011, 21)하고자 한다. 여기서 자율적, 통합적, 인격이라는 용어를 다음과 같이 정의하고 있다.

"자율적이란 타율적 도덕성에 반대되는 것으로서 옳고 바른 일을 합리적인 판단과 굳은 의지를 바탕으로 스스로 실천해 가는 것을 말하며, 통합적이라 함은 지 · 정 · 행 측면에서 배우고 익혀야 할 것들을 고르게 조화롭게 갖추면서 성숙시켜 가는 것을 뜻하며, 그리고 인격이라 함은 이러한 도덕과 학습의 과정에서 바람직한 도덕적 자질과 덕성을 형성하여 지니게 된 사람으로서의 됨됨이를 말한다."(교육과학기술부, 2011a, 21). 이처럼 도덕교육에 있어서 자율성과 통합성의 개념은 도덕과 교육과정의 목표와 성격에서 분명하게 강조하고 있다.

한편 2009 개정 도덕과 교육과정에서는 목표 안에 있는 성격을 다음과 같이 규정하고 있다. "도덕 교과는 인간의 삶에 필요한 도덕규범과 예절을 익히고, 인간과 사회, 자연 · 초월적 존재와의 관계 속에서 올바른 도덕적 책임과 의무를 이해하며, 다양한 도덕 문제에 대한 민감성과 사고력 및 판단력을 향상하고 도덕적 삶을 실천으로 연결할 수 있는 실천 동기 및 능력을 함양하여, 개인의 바람직한 가치관 확립과 나아가 우리 사회와 세계의 발전에 기여하도록 도와주는 교과이다. 이를 위해 도덕과는 학생이 다양한 도덕 문제에 대한 성찰과 탐구를 통해 올바른 판단 능력과 도덕적 덕성 및 바람직한 가치관을 확립하여 각자 자율적이고 통합적인 인격을 형성하도록 교육하는 데 역점을 둔다."(교육과학기술부, 2011b, 2).

2009 개정 도덕과 교육과정의 목표에서 밝히고 있는 자율성과 통합성은 2007 개정 도덕과 교육과정에서처럼 사전적인 규정 이상의 설명을 하지 못하고 있다. 이는 자율성과 통합성이 아무런 역사적, 학문적 혹은 이론적 배경에 대한 설명 없이 단순히 문자적인 의미만을 제공한다는 것을 말한다. 자율성과 통합성은 단순히 사전적 의미만으로 규정할 수 없는 학문적인 배경을 가지고 있어야 함에도 그에 대한 구체적이고 명료한 설명이 없다.

한편 2015 개정 도덕과 교육과정의 성격을 다음과 같이 규정하고 있다.

"도덕과는 학교 인성 교육의 핵심 교과이다. 도덕적인 인간과 정의로운 시민이라는 중첩된 인간상을 지향점으로 삼아 21세기 한국인으로서 갖추고 있어야 할 인성의 기본 요소인 핵심 가치를 확고하게 내면화하고, 학생의 경험 세계에서 출발하여 자신을 둘러싼 현상을 탐구하고 내면의 도덕성을 성찰함과 동시에 스스로 삶 속에서 실천하는 과정을 추구하는 '도덕함'의 시간과 공간을 제공하는 교과이다.

도덕과는 자율적이고 통합적인 인격 형성을 위해 윤리학적 접근을 중심으로 하되, 다루는 주제의 성격에 따라 도덕 심리학, 정치 철학 등 연관된 여러 학문의 접근 방법을 학제적으로 활용한다. 또한 도덕과에서 추구하는 도덕함은 "학문적 탐구로서의 윤리학 공부나 윤리 사상사에 관한 지적 이해를 넘어서서 한 사회에서 작동하고 있는 도덕 현상에 대한 민감성에 기반을 둔 관심과 분석, 그 도덕 현상과의 상호 작용을 통해 개인 내면에서 작동하는 도덕성에 관한 성찰과 실천 과정 자체를 의미하는 개념이다."(교육부, 2015, 3-4).

2015 개정 도덕과 교육과정의 목표에서 제시하고 있는 자율성과 통합성의 개념 역시 2007 개정과 2009 개정 도덕과 교육과정에서 언급하고 있는 그 이상의 것을 설명하고 있지 않다. 우리는 자율성과 통합성에 관한 철학적 혹은 학문적 배경에 대한 논의를 하지 않는다든지 이에 대한 무지는 오히려 도덕교육의 실패를 가져올 수 있다(길병휘, 2013, 189)는 지적에 귀 기울만하다.

우리나라 도덕교육에서 자율성 개념은 콜버그의 도덕인지 발달론과 가치명료화 이론이 국내에 소개되기 시작하면서부터 도덕교육의 중요한 목표이자 도덕적으로 정당한 교육 방법의 준거로서 도덕교육의 핵심 이슈이었다. 그러나 도덕 발달 이론의 이론적 취약점이 도덕교육 연구자들 간에 거론되면서 도덕 발달 이론이 학교 현장에서 도덕교육의 방법론으로서 충분한 자리를 잡지 못하고 동시에 전통적 덕 교육적 입장과의 통합성에 대한 논의 등으로 자율성에 대한 교육의 현장 실천성이 정착되지 못한 결과를 가져오게 되었다. 즉 도덕적 행위와 실천을 강조하지 않는 콜버그류의 도덕 발달 이론의 한계가 드러났다. 그리고 도덕 발달 이론은 다양한 자율성에 관한 논의(손경원, 2009, 286-292)[2)]

2) 도덕교육에 있어 다양한 자율성에 관한 담론에 대해서는 다음의 논문을 참고하길 바람. 손경원(2009), "도덕교육과 자율성: 자율관 정립의 과제", 『한국철학논집』(26), 한국철학사연구회, 286-292쪽 참조.

가 있음에도 불구하고 콜버그류의 도덕 발달 이론에서 자율성 개념을 준거로 하는 자율성 함양을 도덕교육의 목표로 설정하는 한계를 드러냄으로써 도덕교육의 목표와 방법에 대한 통합적 모색을 방해하는 결과를 가져오게 되었다(손경원, 2009, 284-286).

콜버그류의 도덕 발달 이론의 한계가 드러난 이후 도덕교육에 있어서는 통합적 접근에 대한 필요성과 덕 교육의 부활이 대두되었다. 이러한 두 흐름을 수용한 도덕교육 이론은 통합적 덕 교육 혹은 덕 교육의 통합주의적 접근으로 정립되었다(손경원, 2009, 292). 도덕 발달 이론의 한계 이후 수행된 연구를 살펴보면, 도덕교육의 목표로서 자율성이 중요하지만, 사회화 역시 중요하다는 입장의 연구와 도덕교육의 내용과 형식의 통합에 관한 연구(추병완, 1999, 42-54)[3] 등으로 인해, 덕의 인지적, 정의적, 행동적 측면 모두를 조화롭게 강조하는 통합적 접근을 강조하면서 도덕적 원칙 혹은 도덕원리와 덕과의 상보성을 강조하는 연구 등이 있는데 이는 전통적 도덕교육 이론과는 차별성을 가지고 있다(손경원, 2009, 293).[4]

우리나라 도덕과 교육과정의 흐름을 통해 자율성 개념 연구의 중요성과 필요성에 대한 요구가 있음에도 불구하고 이에 대한 보다 철학적이고 이론적인 연구가 병행되지 못한 점이 있었다. 이에 대한 논의의 폭과 깊이를 더하기 위해 자율성의 개념을 철학적 혹은 윤리학적 논의의 핵심으로 언급하고 있는 칸트의 윤리학을 중심으로 살펴보는 것이 본 연구의 중심 주제이다.

3) 도덕교육에 있어 사회화와 자율성(발달), 덕과 원리(내용과 형식), 이성 과 감성(머리와 가슴)에 관한 이분법적 사고의 유형에 대해서는 다음의 글을 참고 바람. 추병완(1999), 『도덕교육의 이해』, 백의, 42-54 쪽 참조.

4) 덕과 자율성의 상보적인 관계에 관해서는 다음의 글을 참고하시기 바람. 유균상(2003), “도덕교육의 목적으로 덕과 자율성의 관계”, 『한국교육』(30호 2권), 41-45 쪽 참조.

Ⅲ. 칸트 윤리학과 자율성

칸트의 윤리학은 소위 '코페르니쿠스적 전회'라고 한다. 코페르니쿠스적 전회는 칸트 철학의 위상을 한눈에 보여주는 매우 중요한 개념이라 할 수 있다. 코페르니쿠스적 전회 그 당시 태양이 지구 주위를 돈다는 입장에서 지구가 태양 주위를 돈다고 주장하는 것은 가히 혁명적인 전환이라 할 수 있다. 이것은 신과 자연의 세계에 대해 주변부에 존재했던 인간이 이제는 세계의 중심 역할을 하게 되었다는 것이다. 이런 맥락에서 보면 칸트는 도덕의 원천이 타율이 아닌 자율이어야 하며, 이 자율은 어디까지나 자기 입법성에 놓여 있다는 입장이 가히 코페르니쿠스적 전회와 맥을 같이할 수 있을 정도의 획기적인 사건이었다. 이러한 자유의 행사가 근대 이전의 인간에게는 부여되지 못했던 것, 즉 인간 행위의 근거를 자연의 질서, 행복에의 열망, 신의 섭리, 도덕 감정 등에서는 찾을 수 없었던 것을 인간이 중심이 되는 자유, 자율성의 토대에서 온전히 행할 수 있게 되었다. 다시 말하면, 인간이 도덕적으로 행위 할 수 있는 조건은 행위자 스스로 정한 원칙에 따라 자기 자신을 규정할 수 있는 능력이다(김덕수, 2018, 133-134). 이런 관점에서 보면, 칸트의 의미에서 코페르니쿠스적 전회는 자율성 개념과 밀접한 관련성을 가지고 있다.

칸트에서 도덕적 자율성이란 무엇인가? 도덕적 자율성에 대한 설명은 도덕적 지향성의 성격으로부터 가능하다. 왜냐하면 도덕적 지향성은 행위자가 그렇게 행위 할 것을 혹은 행위 하지 말 것을 욕구하도록 동기 유발하기 때문이다. 이러한 도덕원리의 자발적 수용을 도덕적 자율(성)이라 부른다(길병휘, 2013, 47). 이처럼 칸트가 도덕의 자율성을 강조한다는 점에서 철학사 혹은 윤리학사에서 그 위대성을 인정받고 있다. 칸트는 자율성의 개념을 그의 철학의 핵심 개념 중 하나로 보고 있으며, 이를 토대로 서양 윤리사에서 역사적으로 최초로 모든 윤리학 최고의 원리를 확립하였다(김덕수, 2018, 134). 칸트의 자율성은 맥킨타이어(A. MacIntyre)의 다음의 평가에서도 그 중요성을 알 수 있다. 우리 모두에게 있어서 도덕적 권위를 가지는 것은 바로 자기 자신이라는 결론을 칸트는 '도덕적 행위자의 자율성'이라고 부른다. 반면에 외적인 권위를 통해 기준이 제시되는 것이 타율성이다. 타율성은 행위자를 합리적 존재로서의 자기 본성과는 전혀 다른 '자기 외부의 법칙'에 종속시키는 것이다. 칸트에서 당위란 단지 중심적인 지위를 차지하는 데 그치는 것이 아니라 모든 것을 포괄하는 것이다. 의무는 '도덕적 정언명법에의 복종'이라는 측면에서 정의된다. 즉 새로운 당위를 포함하는 명령과 관련해서 정의되는 것이다. 자율성과 관련 있는 정언명법은 두 가지 측면에서 자유주의적인 개인주의 사회에서 받아들일 수 있는 도덕 규율의 형식을 가진다. 첫째, 정언명법으로 인해 개인은 도덕적인 주권을 가진 존재가 된다. 둘째, 정언명법을 통해 개인은 모든 외재적 권위를 거부할 수 있게 된다(A. MacIntyre, 1966: 김민철, 2004, 333-336).

1. 칸트의 자율성과 도덕법칙, 선의지

칸트는 보편적이고 타당한 도덕성의 원천은 바로 자율, 소위 인간이 지닌 의지의 자기 입법성, - 누가 시켜서가 아니라 스스로 도덕적인 행위를 하고자 하는 -에 놓여 있다고 주장한다. 이처럼 칸트는 보편적이고 타당한 도덕성의 근거를 언제 어디서든 예외 없이 적용되는 법칙, 즉 정언명법을 토대로 확립한다고 주장한다(김덕수, 2018, 37). 이처럼 칸트는 도덕적 주체로서 인간의 이성적 존재의 존엄성과 가치를 인정하고 고양하면서 근대적 시민의 자긍심을 높였다. 그는 근대적 인간이야말로 자신의 이성에 힘입어 인간의 행위 규칙을 스스로 만들고 자신이 만든 행위 규칙에 스스로 복종할 줄 아는 자율 도덕의 주체임을 증명해 보였다(길병휘, 2013, 190).

칸트는 인간을 이중적 존재로 규정하고 있다. 즉 자연적인 법칙의 지배를 받는 현상계의 존재로서 인간과 도덕법칙의 지배를 받는 예지계의 존재로서 인간이다. 이 중에서 인간을 인간답게 하는 삶은 자연법칙의 세계를 초월해 있는 도덕법칙 세계의 지배를 받고 있다. 그의 도덕철학은 본능에 근거하는 충동으로 행위하는 경향성(Neigung), 즉 개인의 명예나 개인의 욕망을 만족시키는 동기에 의해 일어나는 행위와는 관련이 없고 자유의지에 근거하는 동기(Bewegungsgrund)에 의하기에 의무(Pflicht)가 그의 행위원리다(박정하, 2003, 43). 도덕법칙이 명령하는 의무의 세계는 자연법칙의 지배를 받지 않는다. 또한 선의지를 강조하는 이유 역시 선의지는 자연법칙을 넘어서 있는 도덕법칙의 명령에 복종하는 의지이기 때문이다(길병휘, 2013, 191-192). 칸트가 무조건적 선한 것은 선의지[5]라는 주장의 이유는 무엇인가? 그는 조건 없이 선한 것, 그 어떤 경우라 하더라도 무조건적 선한 것은 오직 선한 의지밖에 없다고 주장하는 것은 칸트 이전 인간의 윤리적 삶의 핵심, 즉 선은 곧 좋은 것이라는 입장을 비판한 것이다. 예를 들면, 아리스토텔레스는 선을 행복으로, 에피쿠로스는 쾌락은 선이고 고통은 악이라고 주장했다. 이들이 주장하는 선의 개념에 대하여, 선은 경향성이나 욕구와 같은 자연적 본성이 아니라 자유의 법칙에 의해 지배받는 인간의 도덕적 본성이기 때문에 상대적인 것이 아니며 선의 기준 역시 외부로부터 기인하는 것이 아니기 때문에 이성적인 존재의 의지 그 자체로부터 기인하는 것이다. 그래서 칸트는 인간의 행위가 도덕적 가치를 가지는 유일한 것이 선의지라고 보고, 또한 우리가 도덕법칙을 알고 그 법칙에 따라 행위 하는 선한 생각이 바로 선의지이고 선의지에 따라서 결국 도덕법칙을 실천

5) 칸트(1785), 『도덕 형이상학 정초』, 김석수 옮김(2019), 31. "우리가 생각할 수 있는 한에서 세계 안에서도, 심지어 세계 바깥에서도 제한 없이 선하다고 여길 수 있는 것은 오직 선의지뿐이다."

할 때 인간의 행위는 진정한 도덕적 가치를 가졌다고 본다(김덕수, 2018, 53-63).

칸트에서 인간의 행위와 관련해서 인간의 이성적 활동은 이중적이다. 즉 순수 이론적 이성 활동은 지식과 관련이 있고, 실천적 이성 활동은 행동과 관련이 있다. 그러나 이론이성과 실천이성은 상충하는 이해관계를 가질 수 있는데, 이럴 때는 실천이성의 지도에 따라 해결된다. 즉, 실천이성(윤리학)은 순수이성(인식)에 우선한다. 칸트는 인간을 더 인간적으로 만드는 최고의 가치를 가지는 것은 이론적 사유가 아니라 도덕적 실천 또는 선의지라고 주장한다(추병완, 1999, 77). 이론적 이성의 활동은 도덕적 실천을 증진하고 도덕적으로 허용 가능한 행복의 준칙을 제시하는 한에서만 가치를 가지지만, 실천이성은 일체 갈등을 조정하는 역할을 하는 최고의 결정자다. 실천이성은 절대적 가치를 가진 도덕원리의 형식적 특성을 규정해 주는데, 이 형식적 원리가 곧 정언명령이다. 이 원리는 인간뿐만 아니라 모든 이성적 존재자에게 적용이 되는데 이러한 존재자들은 이러저러한 의지에 따라 임의로 이용되는 단순한 수단이 아니라 목적 그 자체로서 존재한다. 그렇기에 도덕적으로 선한 의향, 즉 선의지에 기초하지 않는 선한 모든 것은 겉치레 불과하다.

이런 관점에서 보면, 칸트는 도덕법칙을 순수이성으로 받아들이고 "자유가 도덕법칙의 존재 근거이지만 도덕법칙은 자유의 인식근거라는 것"(Kant, 1788: 김종국 역, 2019, 136)을 밝히고 있다. 따라서 "네 의지의 준칙이 언제나 동시에 보편적 입법의 원리로서 타당할 수 있도록 행위하라."(Kant, 1788: 김종국 역, 2019, 174)는 도덕법칙이 곧 칸트의 정언명법이다.

칸트의 도덕을 자율 도덕이라 부르는 것은 실천이성이 우리에게 명령하는 바로 이 정언명법의 성격 때문이다. 사람들은 스스로 옳다고 생각하는 주관적 행위원칙인 준칙을 만들고 그에 따라 행동하기 마련이지만, 자신의 주관적인 행위원칙이 도덕적인 원리에 부합하는지는 알 수 없다. 이때 자신이 세운 행위원칙이 모든 이성적 존재에게 적용할 수 있는 도덕법칙이 될 수 있는 것인지,

다시 말해 보편적 도덕법칙으로 입법되어도 타당한 것인지를 물을 수 있는데 이것이 바로 정언명법이다. 자신이 세운 행위원칙이 도덕법칙으로서 타당하다는 판단이 설 경우 실천이성은 우리에게 이를 도덕적 의무로서 마땅히 행위 할 것을 명령하게 된다(길병휘, 2013, 192). 결국 인간의 도덕적 행위는 행위자 자신이 실제로 행동으로 옮겨야만 가능하며, 이때 그 행위는 의지의 자기 입법적인 자율에 있을 수밖에 없다. 다시 말하면 도덕적으로 행동하는 사람은 자율적으로 행동하는 사람으로, 자신의 본분에 입각해서 스스로 법칙을 제정할 수 있고 그에 따라 자율적으로 행동할 수 있는 사람이다. 따라서 도덕적으로 행동하는 사람은 도덕적 행위의 기준이 되는 법칙을 스스로가 세울 수 있도록 요청받는 것이고, 이것이 곧 우리가 자율적으로 스스로 입법한 법칙을 토대로 행위해야겠다는 의지에 따라 행동하는 것을 의미한다.

앞에서 언급한 칸트의 자율성과 관련된 그의 윤리 사상은 테일러(Taylor)가 정리한 것(추병완, 1999, 79-80)에서 그 핵심적인 특징을 찾아볼 수 있고 다음과 같이 정리할 수 있다. 첫째, 도덕법칙의 보편성을 주장한다. 도덕법칙은 논리적으로 보편적일 뿐 아니라 그것이 적용되는 것도 보편적이며 따라서 인간이 수용하는 측면에서도 보편적이다. 자유의 주체로서의 인간은 자발적으로 행위하고 실천하는 존재자이며 이런 존재자의 실천이성은 자신의 행위 준칙을 마련하고 이를 정언명령에 비추어 본 후 보편화가 가능할 경우 자신이 마땅히 행위 해야 할 도덕법칙으로서 선의지에게 실천을 명령한다(길병휘, 2013, 193). 둘째, 인간을 목적 그 자체로서 취급해야 한다. 인간은 목적을 위한 수단으로 취급되어서는 안 된다. 인간은 어떠한 경우에서도 수단이 아니라 목적으로 대우받아야 한다. 셋째, 인간 의지의 자율성이다. 우리는 자신이 원하는 것을 자기 스스로 예측 처방할 수 있는 이성적 존재자로서의 법률 제정자의 역할을 수행한다. 칸트의 도덕은 행위의 준칙이 옳다는 판단 때문에 도덕법칙으로서 보편화가 가능하며, 도덕법칙으로서 보편타당하기 때문에 도덕적 의무로서 우리에게 부과되면 마땅히 행해져야 한다. 넷째, 칸트는 우리 인간이 목적 왕국의 구성원이면서 도덕적 주체자로서 취급한다는 입장에서 인격의 존엄성과 동등한 인간적 가치를 주장한다.

2. 칸트와 칸트주의자의 자율성

칸트 이후의 칸트주의자들은 칸트의 영향을 받았음에도 불구하고 자율성에 대해서 칸트와 공통점과 차이점(손경원, 2005, 38-48, 재인용)[6]을 가지고 있는데 그 차이점을 간단하게 소개하면 다음과 같다. 첫째, 심리적 성숙성으로서의 자율성은 콜버그의 도덕 발달에서 기능하는 자율성을 말한다. 심리적 성숙성으로서의 자율성은 사람에 따라 가진 사람과 가지지 못한 사람이 있고, 경험에 따라 다양한 자율성을 가지고 있다. 그러나 칸트의 자율성은 심리학적 자율성과는 차이가 있다. 칸트의 자율성은 이성의 이념으로서 모든 합리적 의지에 선험적으로 귀속되어 있고 모든 인간에게 전제되어 있는 인간의 도덕 행위의 보편적 조건이지만 심리학적 자율성은 경험적인 속성을 가지기 때문에 개별적이고 다양하다.

둘째, 권리로서의 자율성이다. 자율적 인간은 스스로 의사결정을 내리는 도덕적 권리를 가지고 있다. 이러한 권리의식으로서 자율성은 사람들이 엄격한 법률이나 강제적 위협을 그리고 의도적으로 꾸며진 거짓이나 조작이 인간으로서의 자율성을 침해한다고 비판할 때 전제되는 것이다. 이러한 자율성은 칸트의 자율성과는 차이가 있다. 칸트는 실천적 문제에서 자기 결정을 믿으며, 모

6) 칸트주의자의 자율성 개념은 힐(T. E. Hill)에 의한 분류에 근거하고 있다. (T. E. Hill, Jr(1989), "The Kantian Conception of Autonomy", in J.Christman(ed), *The Inner Citadel: Essay on Individual Autonomy*, Oxford: Oxford University Press.

든 권리는 인간이 자율성을 갖는다는 사실에 기초하고 있다는 것으로 생각하지만 자율성 그 자체가 권리가 아니라 모든 합리적 의지의 속성이고 그 속성은 욕구 만족이 아니라 합리적 원칙에 대한 소유자의 인식을 함의한다는 점에서 권리로서의 자율성과 차이가 있다.

셋째, 칸트의 자율성은 선택 중심의 사르트르 자율성과 차이가 있다. 사르트르는 인간 선택은 인과적 결정에 따르지 않기 때문에 인과적인 속성에서부터 자유롭다. 이는 인간의 선택에 있어서 도덕적이고 합리적인 제약들이 객관적으로 존재하는 것을 부인한다는 점에서 칸트와 차이를 가지고 있다. 사르트르에 있어서는 인간의 선택에 있어서는 자신의 이성의 소리를 들으려 하는 것이 아니다.

Ⅳ. 자유주의적 도덕교육 이론과 자율성

자유주의적 도덕교육 이론은 의무 윤리학에 그 이론적 근거를 두고 있다. 자유주의적 도덕교육 이론은 도덕교육 이론의 위치와 입장에서 매우 중요한 이론임에는 틀림이 없다. 더구나 이는 공동체주의적 도덕교육 이론으로부터 비판을 받고 있기는 하지만 공동체주의적 도덕교육 이론과의 논쟁을 통해서 자유주의적 도덕교육 이론의 장단점을 알 수 있는 계기를 가질 수 있다. 자유주의는 자율적인 추론을 강조하고 있다는 점에서 전 계몽주의적인 전통적 정치적 권위의 정당성과 필연성, 위계적인 사회구조들을 상정하고 있는 사상적 철학적 입장들과는 불협화음을 이룰 수밖에 없다(추병완, 1999, 100). 자유주의와 공동체주의 사이의 논쟁(추병완, 1999, 104)[7]을 도덕 이론의 관점에서 본다면, 자유주의적 도덕교육 이론을 대표하는 개념이 바로 자율성이다.

1. 피아제와 콜버그의 도덕 이론

도덕교육의 목표에서 자율성 혹은 도덕 발달을 강조하는 도덕 발달 이론은 도덕 사회화가 지니는 교화의 위험성에 주목하면서 학생들이 능동적인 방식에서 보편적으로 적용 가능한 도덕적 원리들을 구성해 나가는 과정 및 절차를 중시하고 있다. 이러한 도덕원리, 과정 및 절차를 강조하는 대표적인 도덕 발달론자가 피아제와 콜버그이다. 피아제는 특정한 도덕적 행동 방안들을 선택해야 하는지 혹은 선택해서는 안 되는지에 대한 복잡하고도 보편적인 이유를 구성해 나가는 과정을 중시하게 되는데, 피아제는 이를 도덕적 판단력의 발달이라고 규정한다 (추병완, 1999, 45). 이러한 판단력의 발달을 바탕으로 아동의 도덕성은 타율적 도덕성으로부터 자율적 도덕성으로 발달해 간다고 주장한다. 성인들의 억압적이고 교화적인 권위는 아동들의 자율적인 발달을 저해한다고 보고 이러한 관점에서 교사는 학생들과의 상호 작용을 통해 아동들의 도덕적 추론을 도와주는 역할을 하게 된다.

피아제의 자율적 도덕성 발달을 가장 잘 대변해 주는 학자가 콜버그이다. 콜버그는 본래 도덕 철학자인 아동이 자율적인 도덕적인 행위자가 될 수 있도록 도덕적 추론의 단계들을 발달시키는 데 중점을 두어야 한다고 강조하고 있다 (추병완, 1999, 47). 피아제와 콜버그의 도덕성 발달 이론을 근거로 한다면, 도덕교육에 있어서는 덕을 가르치기보다는 도덕성을 형식으로 보는 도덕적 원리

7) 자유주의와 공동체주의는 정치이론의 수준, 도덕 이론의 수준, 그리고 철학적 심리학적 수준에서 구체적으로 살펴볼 수 있다. 이 부분에 대해서는 Ⅱ장에서 구체적으로 다루었다.

를 가르치는 것을 강조하고 있다. 이는 도덕성을 하나의 형식으로 파악하여 도덕적인 의사결정 과정 자체를 중시하는 입장으로, 도덕성의 본질이 구체적 내용과 행위보다는 도덕적인 문제를 다루는 데 사용되는 절차나 과정과 관련이 있는 것으로 본다 (추병완, 1999, 49). 이러한 도덕성의 형식이나 절차를 강조하는 도덕 발달 이론은 도덕적 결정 과정에서 이성의 역할을 중시할 수밖에 없다. 이들은 어떤 도덕적 결정을 내리고, 어떤 행동을 하게 될 것인지를 결정하게 되는 근거를 어떻게 생각하느냐에 달려 있다고 보고 있다.

인간의 도덕적 삶은 그것의 준거가 되는 어떤 도덕원리나 규칙에 따라 이루어지고 이러한 도덕원리나 규칙은 어떤 외적인 권위에 의해 주어지는 것이 아니라 개인 스스로가 자율적으로 찾아가는 대상으로 보고 따라서 개인의 자율성을 강조하는 데 목표를 두고 있는 것이 자유주의적 도덕교육 이론이라 할 수 있다. 따라서 자유주의적 도덕교육 이론은 그것의 윤리학적 근거를 의무 윤리학에 두고 있다. 의무 윤리학은 다양한 도덕 이론을 탄생시켰는데, 대표적인 이론이 칸트의 도덕 이론과 공리주의 도덕 이론이라 할 수 있다. 칸트 이전의 근대 서양에 있어서 윤리적 관심은 사람이 중심이 아니라 행위가 중심이다. 어떤 행위가 옳은 행위이고 어떤 행위가 그른 행위이며, 옳고 그름을 판단하는 기준은 무엇인가가 그들의 관심사였다. 이에 대해서 칸트는 의무에 합당한 행위가 옳은 행위라고 하고, 공리주의자들은 좋은 결과, 즉 유용성을 가져오는 것이 옳은 행위라고 주장한다(길병휘, 2013, 67). 특히 의무 윤리학에 기초를 두고 있는 칸트의 도덕 이론은 피아제와 콜버그에게 영향을 미쳐 도덕교육에서 도덕적 이성의 계발과 합리적 가치 판단력을 증대시키는 데 공헌할 뿐 아니라 자율적인 도덕 인을 육성하는 형식 중심의 도덕 교육론의 발전에 공헌했다. 칸트는 도덕의 본질을 절대적인 의무 의식 속에서 찾음으로써 도덕 판단의 자율성과 보편 타당성을 확보하고자 했다(유균상, 2003, 37). 다시 말해, 칸트에서 인간으로서 당연히 의무를 이행하기 위해서는 인간이 자유로워야 함을 의미한다.

이러한 의무 윤리학에 기초를 두고 있는 자유주의적 도덕교육 이론은 바람직한 도덕적 행위를 위해서는 많은 사람들에게 받아들여질 수 있는 형식적이고 보편적인 도덕원리와 그것에 근거해서 도덕 문제를 해결할 수 있는 자율적인 도덕 행위자의 능력이 무엇보다 중요하다고 본다. 칸트의 의무 윤리학을 계승한 자들은 의무나 책무를 개인의 합리적이고 도덕적 자율성이라는 이상으로 설명하고 있고, 이러한 의무나 책무를 사람들이 받은 사회적 이익들, 즉 자유, 평등, 정의들을 다른 사람에게 되돌려 주는 도덕적 관점을 가져야 하는 것이라는 데서 도출하고자 하였다(유균상, 2003, 38).

도덕원리는 도덕적 문제 상황에서 우리가 어떤 행위를 선택해야 하는지, 그리고 왜 그 행위를 선택하는 것이 합당하고 적절한 것인지에 대한 논의와 해답을 제공해 준다. 우리는 일상적인 삶에서는 아무런 의식 내용 없이 평소 하던 대로 비반성적으로 생활하는 데, 도덕적인 문제 상황이 주어질 때는 '왜?'라는 물음 앞에 서게 될 때 도덕원리가 작동하게 된다. 이럴 때 우리는 무의식적으로 행동하기보다는 '알고 행위한다'는 지행합일의 논리와 자율 도덕의 의미가 빛을 발하게 되는데 이러한 앎과 행위에 필요한 논의와 탐구 대상이 되는 것이 도덕원리이다. 이 때문에 도덕원리가 중요한 이유가 되는 것이다. 우리의 도덕적인 삶 역시 일상적인 규범에 대한 반성을 통해 행위하고 선택하고 선택한 행위의 도덕적 원리를 성찰함으로써 인간은 비로소 참된 도덕적 존재로 성장하게 된다(길병휘, 2013, 207). 이러한 도덕원리는 당장 삶에서는 그리 필요하지 않을지 몰라도 또한 당장 실천에 옮길 수 없을지라도 인간 존재 자신에 관한 깊은 이해를 하게 함으로써 인간의 삶을 보다 가치 있게 하고 풍요롭게 할 수 있다. 따라서 의무 윤리학에 기초를 두고 있는 도덕 이론은 근대 사회의 특성이라 할 수 있는 자유주의적이며 다원주의적 문화에 대한 윤리적인 반응이라 할 수 있다.

2. 의무 윤리학의 문제점

의무 윤리학을 기반으로 하는 자율성의 도덕교육 이론은 다음의 문제점을 가지고 있다(유균상, 2003, 40). 첫째, 인간의 도덕적 삶의 영역은 의무의 윤리만으로 해결할 수 없는 경우가 많다는 것이다. 의무의 행위를 넘어설 경우, 적절하게 설명하지 못한다는 한계가 있다. 살신성인의 행위의 경우에는 행위가 준거해야 할 원리나 규칙보다는 행위자의 성품이나 됨됨이가 오히려 윤리적으로 요청되는 경우가 있기 때문이다. 둘째, 의무의 윤리학에 기초를 두고 있는 도덕교육 이론은 도덕적인 관계를 개인의 문제로 국한하고 있고 개인은 사회와 역사로부터는 완전히 초연하게 존재하는 추상적 자아로 묘사하기 때문에 공동의 가치와 헌신에 대해서는 적극적으로 나설 수 없는 존재가 될 수밖에 없다. 셋째, 의무의 윤리에 근거를 두고 있는 도덕교육 이론은 공동체가 가지고 있는 인간 존재의 공동체적 속성과 중요성을 간과하고 있다는 지적을 받을 수 있다.[8] 마지막으로, 우리는 도덕교육에 있어서 자율성의 문제가 중요하고 필요한 입장에 대해서는 공감한다. 그래서 타율보다는 자율을 강조하고 있다. 그러나 "알고 행위 하는 것이 도덕적이지, 알지 못하고 하는 행위는 도덕적인 것이 아니다"라는 자율적 도덕성을 강조하는 지행 합일적 사고에 주의할 필요가 있다. 그렇다고 해서 실천이 중요하지 않다는 것은 물론 아니다. 따라서 우리는 도덕교육이 행위의 실천 능력보다는 성찰하고 반성하면서 도덕원리를 탐구하는 학습 능력의 함양에 보다 힘을 기울여야 하는 것이며, 규범이 습득적 차원이나 관습적 차원보다는 도덕원리에 대한 학습적 차원 혹은 성찰적 차원으로 도덕교육의 방향을 전환하는 것이 필요하다는 지적도 새겨볼 만하다(길병휘, 2013, 208).

---

8) 이 문제와 관련된 공동체주의적 도덕교육 이론은 본 연구의 범위를 벗어나 있어, 다음 기회의 연구과제로 남겨둔다.

V. 결론: 자율성의 도덕 교육적 의미

칸트와 자유주의적 도덕교육 이론에 있어서 핵심적인 가치라 할 수 있는 것, 즉 이성, 도덕법칙, 의무, 선의지, 그리고 이것들을 바탕으로 이루어지는 자기입법 혹은 자율성 등이다. 따라서 자율성의 개념은 이성, 도덕법칙, 의무, 선의지와 밀접한 연관관계를 가지고 있다. 이런 관점은 본 연구는 자율성과 앞에서 언급한 칸트와 자유주의적 도덕교육 이론에서의 핵심적인 가치 개념에 대해서 살펴봄으로써 자율성 개념의 중요성과 필요성을 밝히고, 이러한 개념들이 도덕교육에 있어서 어떠한 역할을 하고 있는지 살펴보고자 하였다.

첫째, 자율성은 인간 이성과 밀접한 관계에 있다. 인간의 이성적 활동의 역할은 자유주의적 도덕교육 이론에서는 매우 중요하다. 칸트의 주장처럼, 인간에서 타당한 도덕법칙의 궁극적인 근원이 바로 인간의 이성이다. 인간의 도덕적 삶의 근원을 감정이나 자연적인 욕구, 즉 칸트적 의미에서의 경향성에서 찾는 것을 거부하는 것이다. 물론, 이러한 경향성이 인간의 도덕적인 삶에 전혀 도움이 되지 않는 것은 아니지만 도덕법칙이나 도덕적 가치의 근원은 바로 인간 이성으로부터 도출되어야 한다는 점에서 이성과 이성적 활동은 매우 중요하다. 이러한 이성 중심의 윤리학적 관점은 도덕교육에 있어서 도덕적 이성의 계발을 강조하는 접근과 매우 밀접한 관계가 있다.

둘째, 자율성은 인간의 존엄성과 밀접한 관계가 있다. 칸트의 윤리학에는 인간의 존엄과 목적의 왕국이라는 관념이 자리 잡고 있다. 인간의 존엄성을 고양하고 인간을 수단이 아닌 목적으로 대우하고 그러한 도덕공동체 형성을 목적으로 하는 자유주의적 도덕교육 이론은 인간의 존엄성을 강조하고 있다. 인간을 목적으로 대우한다는 인간 존엄성은 자유주의적 도덕 이론에서 최고의 도덕성 발달단계에서 요구하는 것처럼 도덕과 교육에서도 핵심적인 과제이다.

셋째, 자율성과 관련되는 인간의 개념은 어떠한가? 칸트 윤리학을 도덕교육과 연관시켜 본다면, 도덕교육은 바람직한 인간상과 건전한 인격을 형성하는 것을 목표로 하고 있다. 자유주의적 도덕교육 이론에서는 인격의 형성에 힘쓰는 것이 도덕교육에서 있어서는 일차적이다. 이들이 주장하는 도덕적 행위자로서의 인간은 우리의 현실 세계에 대해 가질 수 있는 어떤 종류의 경험적 지식과는 독립적으로 존재하는 도덕법칙에 의무적으로 복종하는 사람이며, 동시에 이성의 목소리에 따라 무사 공평하게 행동하고 또 그러한 방식으로 참된 자유를 실현하는 자율적인 도덕적 입법자이다. 이런 관점에서 본다면 자유주의적 도덕교육 이론에서 인간을 이성의 명령에 복종하도록 습관들여져야 함을 강조하는 것은 합리적이고 자율적인 도덕인이 되어가는 과정에서는 매우 중요할 수밖에 없다.

마지막으로, 자율성은 선의지와 밀접한 관계에 있고 선의지를 바탕으로 이루어지는 것이다. 칸트는 도덕법칙을 따르는 내적 동기는 선의지로부터 나온다고 강조하고 있다. 선의지는 행위의 결과를 고려하거나 인간의 욕망 등에 의존하는 경향성 등에 의존한 것이 아니라 옳은 행동을 오직 그것이 옳다는 이유만으로 실천하고자 하는 의지를 가리킨다. 이러한 자율성으로서의 선의지를 바탕으로 인간의 도덕적 삶과 행위에 있어 동기부여의 중요성을 강조하고 있고 이것 역시 도덕교육에서 필수적 요소임이 분명하다.

참고문헌

교육과학기술부(2011a), 『초등학교 교사용 지도서 5』, (주)지학사.

교육과학기술부(2011b), 『도덕과 교육과정」 교육과학기술부 고시 제 2011-361호(별책 6)』, 교육과학기술부.

교육부(2015), 『도덕과 교육과정」 교육부 고시 제2015-74호 [별책6]』, 교육부.

길병휘(2013), 『도덕교육의 비판적 성찰』, 교육과학사.

김덕수(2018), 『일상에서 이해하는 칸트 윤리학』, 도서출판 역락.

박정하(2003), "철학 텍스트들의 내용 분석에 의거한 디지털 지식 자원 구축을 위한 기초적 연구", 『칸트 실천이성비판 철학사상』 별책 제2권 제6호, 서울대학교 철학사상 연구소.

손경원(2005),『도덕적 자율성의 도덕 교육적 함의에 관한 연구』, 서울대학교 교육학박사 학위 논문.

손경원(2009), "도덕교육과 자율성: 자율관 정립의 과제", 「한국철학논집」(26), 한국철학사연구회. 284-292

유균상(2003), "도덕교육의 목적으로 덕과 자율성의 관계", 『한국교육』(30호 2권), 41-45

추병완(1999),『도덕교육의 이해』, 서울: 백의.

MacIntyre. A.(1966), *A Short History of Ethics*, Macmillian: 김민철 역(2004), 『윤리의 역사, 도덕의 이론 철학과 현실사.

Kant. I.(1785), *Grundlegung zur Metaphysik der Sitten*, 김석수 역(2019), 『도덕 형이상학 정초』, 한길사.

Kant. I.(1788), *Kritik der praktischen Vernunft*, 김종국 역(2019), 『실천이성비판』, 한길사.

Hill, Jr. T. E.(1989), "The Kantian Conception of Autonomy", in J. Christman(ed), *The Inner Citadel: Essay on Individual Autonomy*, Oxford: Oxford University Press.

Richard. Taylor.(1985), *Ethics, Faith, and Reason*, New Jersey: Prentice-Hall, Inc.,

Chapter 07

도덕과 교사 교육 개혁

Ⅰ. 서론
Ⅱ. 홈즈 보고서의 목표
Ⅲ. 교사 교육 개혁의 전제 조건과 그 방안
Ⅳ. 결론: 도덕과 교사 교육에의 시사점

Chapter 07

도덕과 교사 교육 개혁*

Ⅰ. 서론

우리나라에서 학교 교육에 대한 불만은 상당한 수준에 이르렀다. 그 불만의 중심부에는 학교 교육의 주체이면서 그 대상인 교사가 자리 잡고 있다. 이런 불만이나 문제점들이 거의 만성적인 것이 되어버렸기 때문에 이제 그 해결책을 모색한다는 것 자체가 우리의 관심 밖에 있는 듯하다. 교사들의 사기를 진작시키기 위해 성과급 등을 포함하여 여러 제도를 제정하기도 하고, 교사의 자질을 개선하기 위한 여러 프로그램 등이 제공되고 있기는 하지만 문제를 해결하는 뚜렷한 방안을 모색하기가 쉽지 않다. 그러나 이런 문제점을 해결해야 하고 할 수 있는 주체 역시 교사들임을 부정할 수 없다. 따라서 교사는 대부분 비판의 표적이면서, 동시에 개혁을 위한 유일한 대안을 제시하는 주체로서의 자리매김을 하고 있다는 것이 역설적이지만 오늘날 교육 현장의 현실이라 할 수 있다.

우리의 교육 현장에서의 교수(teaching)·학습(learning)의 개선이나 새로운

* 이 글은 『교사 교육: 반성과 설계』(2004, 교육 과학사)에 실린 것을 수정. 보완한 것임

교육환경 구축 등 지속적 개선 방안들이 마련되어야 한다는 요구는 당연하다. 그리고 교육 현장에 있는 교사들의 자질을 향상하는 것 역시 개선되어야 한다는 요구가 계속되었다. 그러나 우리 교육 현장은 교사의 자질을 향상하는 측면을 제외한 부분의 개발에만 모든 역량을 집중하고 있다는 느낌을 부정할 수 없다.

특히 교사 양성을 목적으로 하는 교육대학이나 사범대학의 경우, 교사의 자질을 향상하는 교사 교육 개혁의 최일선에 서 있고 이 개혁의 방향을 제시할 이론적 근거를 마련할 뿐만 아니라 예비 교사를 위한 직전 교육(直前 教育) 및 현장 교사들의 재교육 일종인 직중 교육(直中 教育)을 통해 교사 교육의 실제적인 문제를 해결해야 하는 막중한 책임이 있다. 교육대학이나 사범대학이 교사 교육에 대해서 가지고 있는 책임감은 오늘날 요구되고 있는 학교 현장과 대학 간의 상호협력체제 구축을 위해서도 중요한 역할을 한다.

이상에서 제시된 바와 같이, 교사 교육 개혁과 동시에 대학과 학교 현장과의 협력 체제를 구축하는 두 가지 목적을 달성하기 위한 노력이 오늘날 필요하다는 인식을 하고 있다면, 이 문제를 해소할 대안적인 방법이 모색되어야 할 것이며 이것을 바탕으로 새로운 교사 교육 개혁과 아울러 학교와 대학 간의 상호 협력 체제를 구축해야 할 것이다. 이러한 문제 제기 및 해결 방안을 제시하고 있는 보고서를 홈즈 그룹에서 제시하고 있으며 이것을 바탕으로 해서 학교와 대학의 연계 체계 속에서 도덕 교사의 교육 개혁을 위한 귀중한 자료로 삼고자 한다.

그러나 이 연구는 한국과 미국이라는 교육적 문화적 그리고 사회적 풍토가 서로 다르다는 것을 염두에 둘 수밖에 없기에 홈즈 보고서를 우리나라에 일방적으로 적용하는 것은 무리와 위험성이 따를 수밖에 없다는 한계도 아울러 염두에 두고 있다. 따라서 본 연구는 홈즈 보고서 특히 『Tomorrow's Teacher』[1]에

1) 홈즈 그룹은 교사 교육 개혁을 하고자 조직된 단체로서, 1983년 17개 대학의 교육대학원장들

논의의 초점을 맞추고 있고 특히 도덕과에서 교사 교육 방안과 일대일의 대응을 보여줄 수 없다는 한계 상황이 너무나 분명하기에, 홈즈 그룹의 보고서에서 의미하는 교사 교육 개혁 방안을 도덕과에 시사되는 부분을 중심으로 살펴보고자 한다.

Ⅱ. 홈즈 보고서의 목표

홈즈 그룹보고서는 교사 교육 개혁 및 대학과 학교의 협력체계 구축이라는 두 가지 목적을 달성하기 위한 노력에 여러 가지 면에서 기여하고 있다.

홈즈 그룹보고서는 각 지역의 교육장을 비롯해 약 50개 주의 교육 관련 학자들 간의 컨소시엄의 형식으로 만들어졌다. 그러나 홈즈 보고서가 나오기까지 쉽지 않은 과정이 있었다는 것을 충분히 짐작할 수 있다. 왜냐하면, 교사 교육 개혁을 위해서는 학교 현장과 대학이 협력 체제를 구축하여 함께 성장을 모색해야 한다는 동일한 목표 가지고 있기는 하지만 지금까지는 양자 모두 교사 교육에 대해서는 상호 협력 체제를 제대로 구축하지 않았고 그러한 노력도 보여주지 못했기 때문이다. 따라서 홈즈 그룹의 구성원들이 교사 교육의 문제점에 대한 인식을 공유하고 그 해결책을 모색했지만, 이전의 이론적 혹은 실질적인 배경이 없기에 수많은 어려움을 겪을 수밖에 없었고 가끔은 고통스럽기까지 했다는 것을 짐작할 수 있다. 왜냐하면 학교 현장과 대학에서는 양자 모두 지

이 모여 공식적인 토론의 과정으로 시작하여 18개월간의 수정과 보완의 과정을 거쳐 1986년에 완성된 보고서가 『Tomorrow's Teachers』이다.

금까지 누려왔던 자신들의 전문성과 제도들이 가지고 있던 단점들을 발견하고 그 단점을 없애고 새로운 방안을 모색한다는 것이 결코 쉬운 작업이 아닌 것을 실제로 경험했기 때문이다.

그럼에도 이들의 작업은 풍성한 결실이 있었고 이들이 함께 작업한 최근 2년 동안, 교사 교육에 대한 많은 비판을 받았음에도 불구하고 하나의 결실이라고 할 수 있는 것은, 우리들 대부분이 몇 년 전에는 실현 불가능한 것으로 포기했던 것, 즉 그 당시에는 상당히 급진적인 개선점이라고 생각했던 것들이 오늘날 논의되고 있다는 사실이다. 물론 이 보고서가 나오기까지는 수많은 위험과 어려움에 직면하기도 했다. 이것은 만약 교수(teaching)에서의 질적 성장이 충분치 않다면 미국 학생들의 실제 생활에서의 성장도 기대할 수 없는 것과 마찬가지로 교사 교육에서도 이러한 극적인 성장 없었다면 교수에 있어 어떠한 성장도 이룩할 수 없다는 절박한 상황들이 우리에게는 항상 가중된 부담으로 작용했기 때문이다.

이러한 어려운 과정을 통해서 만들어진 홈즈 보고서는 교사 교육 개혁을 위한 목표와 그런 목표들에 도달하기 위한 우리의 실제적이고 구체적인 방향까지 제시해 준다. 그리고 목표가 어떻게 설정되며 그에 따른 구체적인 방향 역시 어떻게 모색되었는지 그 추론 과정도 함께 설명하고 있다는 점에서 교사 교육 개혁에 대한 충분한 가치가 있는 보고서다. 그러나 우리가 더 관심 있게 보아야 할 점은 홈즈 보고서가 최초로 보고서를 작성하고 수정과 보완의 과정을 거친 약 2년간의 작업의 성과가 있기는 하지만 그것은 교사 교육 개혁에 있어서는 시작에 불과하다는 것이다. 그래서 우리는 이 보고서를 학교 현장과 대학이 함께 취할 행동 프로그램으로 우리의 교사 교육 개혁을 위한 귀중한 자료로 계속 사용할 것이다.

먼저, 홈즈 보고서에서 말하는 실천을 위한 목표 및 제안들은 어떤 것들이 있는가? (Tomorrow's Teachers, 4) 우리는 이 보고서의 목표를 살펴봄으로써,

지금까지의 교육 현상, 특히 교사 교육이 안고 있는 문제점이 어떤 것이 있으며, 이 문제점을 해결하기 위한 목표와 그 실천 방향까지 살필 것이다. 결국 홈즈 보고서를 통해서 우리는 교사 교육의 문제점을 지적하고, 그 문제 해결을 위한 실마리를 제공받게 될 것이다.

첫째, 홈즈 보고서가 제시하는 목표는 교사 교육을 지적으로 확고하게 하기 위해서다. 이것은 전도유망한 교사들은 학생들을 보다 사려 깊게 교육하고 그러한 진보를 나타내려 하기 때문이다. 이 보고서는 보다 유능한 교사를 만들기 위해서는 학부생들의 인문학(교양과목) 강의, 주지 전문 교육학 강의, 그리고 교사 교육에서의 임상적 경험을 바탕으로 한 강의 등에 대한 개혁이 필요할 뿐만 아니라 교육학 일반과 교육학 중 내용학의 수준을 확대하여 대학원 수준까지 끌어올릴 필요가 있다는 것이다.

홈즈 보고서에서도 밝힌 바와 같이, 교사 교육 개혁을 위해서는 교사 교육 프로그램이 전문적인 지식기반에 기초하고 있어야 한다.[2] 다시 말하면, 교사 교육 개혁에 있어 무엇보다 중요한 것은 유능하고 자질 있는 교사라면 먼저 지적으로 확고한 위치에 있어야 한다. 지적으로 뛰어난 자질 있는 교사를 만들기 위해서는, 학부 과정을 통해서 충분한 교양을 쌓고 그것을 바탕으로 교육학 전반에 관련된 내용학을 심도 있게 다루고 교육 현장 실습 등을 통해 이론적인 것을 현장에서 적용하여 피드백하고 이론을 수정 혹은 보완의 과정을 거친 후 그 이론을 다시 실천하는 작업이 필요하다.

우리는 교사 교육에 있어서 우선으로 교사들의 지적 기반을 공고하게 해야 한다는 것에 인식을 같이한다면, 구체적으로 어떤 부분에서 교사의 자질을 향

2) 교사 교육 개혁에 있어 지적 기반의 확립에 대한 노력은 슐만(Schulman)에 의해 체계화되었는데, 그 이전에는 교사 교육의 지적 기반을 교육학에 관한 연구와 내용적 지식에 각각 두고 있었다. 슐만은 지적 기반을 두고 있는 교사 교육을 위해서는 양자를 하나로 묶어야 한다고 주장한다. 그래서 그는 양자를 묶어 교과 교육학 지식(Pedagogical content knowledge)이라고 말한다.

상해야 하는지를 살펴봐야 한다. 슐만(Schulman)은 교사가 갖추어야 할 '지식 기반의 범주'(categories of the knowledge base)를 7가지로 나누고, 그중에서 다시 교과 내용 지식(content knowledge), 교육학 지식(pedagogical knowledge) 그리고 교과 교육학적 지식(pedagogical content knowledge)으로 분류하고, 특히 교과 교육학적 지식이 교사가 갖추어야 할 지식기반에 있어 가장 중요한 영역으로 보고 있다.[3)]

둘째, 홈즈 보고서가 제시하는 목표는 교사 교육, 교사 자질 그리고 교사들이 수행해야 할 임무에 있어서 교사들의 지식, 기능 그리고 열심에 따라 차이가 있다는 것을 인식하기 위함이다. 이것은 교사를 등급 매겨 교사 간의 차별을 두고자 하는 데 있는 것이 아니라, 교사 교육 개혁 및 교사의 자질 향상을 위해서는 경력이나 전문성에서 차이가 있는 교사들 간의 구별이 필요하다는 것이다. 따라서 이런 구별에 따른 교사 교육이 필요할 것이고 보다 높은 전문성을 갖춘 교사가 되기 위한 교사 자신들의 자질 향상을 위한 자극제가 될 수 있다.

그래서 홈즈 그룹에서는 효율적인 전문가로서의 교사가 되기 위해서 초보 교사 혹은 교사 보, 중견 교사 그리고 최고 수준의 전문성을 가진 지도자 격인 경력 교사[4)]등으로 구분하고 있다. 홈즈 그룹은 초보 교사, 중견 교사, 그리고 경력이 풍부한 전문적 교사를 구분하는 것은, 전문성에 따른 구별된 교육뿐만

3) 슐만이 구분한 지적 기반의 범주들은 다음과 같다. 교과내용지식, 일반 교육학적 지식(general pedagogical knowedge), 교육과정지식(curriculum knowlege), 교과교육학적 지식, 학습자와 학습자의 특성에 관한 지식(knowledge of learners and their characteristics), 교육적 맥락에 관한 지식(knowledge of educational contexts), 마지막으로 교육목적, 목표, 가치 및 그것의 철학적 역사적 근거(knowlede of ends, purporses and values and their philosophical and historical grounds). (Schulman, L. S(1987), "Knowledge and Teaching: Foundations of the new reform". *Harvard Educational Review, 57.* pp.1-20참조). 그리고 슐만의 교사교육을 위한 지적 기반의 범주들에 구체적인 설명은 다음의 논문을 참조하길 바람. (이종일(2003), "사회과 교사자질 교육이론의 변천 -교사자질 형성과정을 중심으로- "『초등교육연구논총』 제18권 3호, 대구교육대학교 초등교육연구원, pp. 17-38)

4) 교사들의 경력 구분에 대한 상세한 설명은 2장 2절을 참고 바람.

아니라 학교에서의 적절한 직위 및 역할 분담 등에도 필요하기 때문이다. 그리고 이들 간의 협조체계를 구축하여 상호 간의 도움을 주고받기 위해서이다.

교사라고 해서 모두 똑같은 교사는 아니다. 교사 역시 그들의 자질 그리고 교육 정도, 또한 경력 등에 따라 차이가 있다. 물론 한국 교육 현장에서는 오랜 경력을 가진 교사가 가장 유능한 지도력을 가진 교사로 보일 수도 있겠으나, 경력 교사(career professional)는 단순히 나이가 많고 다양한 경험을 가진 사람을 가리키는 것은 아니다. 경력 교사로서 갖추어야 자질, 즉 지식, 수행 능력, 그리고 열정 등을 바탕으로 차별화된 교사가 되는 것이다. 다시 말하면, 외부적인 요인에 의해 교사를 차별화하는 것이 아니라 교사 자신이 갖추어야 할 여러 자질을 바탕으로 차별화된 교사가 필요하고 그에 따른 서로 간의 협조체계를 바탕으로 또 다른 경력 교사를 만들 수 있어야 한다.

셋째, 홈즈 그룹의 보고서의 목표는 교사들의 전문성을 위한 시험과 자격 조건을 제시하기 위함이다. 교사는 교사로서의 전문성과 여러 가지 교육 문제와 관련된 사항으로부터 지적으로 충분히 방어할 수 있을 정도의 자격을 갖추기 위해서는 일정한 선발 기준에 도달해야 하고 그에 따른 시험과 평가가 필요하다. 이 경우 미국이나 우리나라의 사정이 크게 다르지 않다. 교육 자체의 필요나 요구에 의한 교사 수급이 아니라 교육 외적 요인에 의한 편중된 교사 수급의 문제점에 따른 임시방편적인 선발을 통해 검증되지 못한 교사들이 교육 현장에서 수업하고 있으며, 그뿐만 아니라 이들에 대한 사후 관리가 없이는 교육 현장은 황폐화의 길을 갈 수밖에 없다. 홈즈 그룹의 보고서가 목표로 두고 있는 것은 교사 선발을 위한 효율적이고 적절한 선발 기준을 마련하여 선발하고 그에 따른 사후 관리를 철저히 함으로써 전문성을 함양하는 계기로 만들고자 하는 것이다.

넷째, 홈즈 그룹의 보고서는 대학의 제도를 학교 현장과 연계시키기 위함이다. 이것은 전문성 교육에 있어 경험 있는 교사들을 최대한 활용하기 위해서는 보다 고도의 그리고 전문적인 대학의 교육제도를 학교와 연계시켜야 한다는 것을 의미한다. 다시 말하면 대학과 학교를 연계시키기 위해서는 양자를 연결하는 새로운 제도의 구축이 필요하다는 것이다. 덧붙여, 학교 현장은 교사와 대학 교원들 모두를 체계적으로 실천시키고 성장시킬 수 있는 장소가 되어야만 한다.

현재 교육 현안을 논의하는 과정에서 학교 현장과 대학의 연계 문제는 교육의 질을 향상하는 데 무엇보다 중요한 요인이라는 것에 반론을 제기할 사람은 없을 것이다. 양자 간의 피드백 시스템이 없이는 양질의 교육을 기대할 수 없고 교사를 양성하고 그 교사가 활동하고 있는 대학과 학교의 연계성은 아무리 강조해도 지나치지 않다.

학교 현장과 대학을 연결하는 방법은 크게 다음의 두 가지로 나눌 수 있다. 대학 교수의 이론을 현장 교사가 현장에 적용하는 것 역시 대학과 학교 현장을 연결하는 협력체계 중 하나이다. 그리고 학교 현장과 대학을 연결하는 또 하나의 협력체계는 상호 간의 책임을 공유하는 교육 실습제도[5]의 개선이다. 이는 양자를 효과적으로 연계하고 협력체계를 구축하는 데 필수 요소다.

다섯째, 홈즈 그룹의 보고서는 교사들의 전문적인 역할과 책임감에 새로운 변화를 줌으로써 학교를 교사들이 일하고, 학생들이 학습할 수 있는 보다 좋은 공간을 만들기 위함이다. 이러한 학습공간과 환경을 만들기 위해서는 관 주도적 행정편의주의는 배제되어야 하고 전문적인 자율성은 한껏 보장되어야 할 것이다. 이와 아울러 교사들에게 필요한 리더십은 훨씬 더 많이 요구될 것이다. 따라서 이런 환경을 갖춘 학교는 교사 상호 간에 정보를 공유하고 교류하며, 또 다른 전문가로부터 도움을 얻을 수 있는 유능한 교사들이 일하고 싶어하는 학교가 될 것이다.

---

5) 대학과 학교 현장을 연결하는 협력체계의 장인 교육실습에 관해서는 다음의 논문을 참고 하기 바람. 김현숙(2000), "미국 교사 교육의 오늘: PDS를 중심으로", 『사회학교육연구』 제4호. 김현숙(1999) "교육실습 협력 교사의 자질과 필수요건", 『사회과교육』 32호

자질 있는 교사로서의 전문성뿐만 아니라 책임감을 가지게 함으로써 한껏 보장된 자율성을 바탕으로 교사의 능력을 마음껏 발휘할 때 활기가 넘치는 학교가 될 것이다. 따라서 교사 교육 개혁의 새로운 방향은 교사에게 자율성과 책임감을 제공해 주고 교사 상호 간에 이것들을 함께 공유함으로써 자질 있는 교사를 육성하는 것이다.

이상의 목표들은 예비 교사 교육을 담당하는 대학부터 교사들이 활동하고 있는 학교 현장까지 그 영향이 미친다(Tomorrow's Teachers, 4). 이런 다양한 목표를 실천하기 위해서는 개개인으로서의 교사는 이러한 교육적인 기획을 구성하는 데 서로 책임을 공유하고 있는 대학의 전공 분야, 전문성 교육학교(professional schools of education), 지역 학교 구(school districts), 그리고 주의회 등의 다양한 제도권들과의 긴밀한 관계를 유지해야 한다(J. F. Soltis, 1987, 7). 다시 말하면, 이상에서 제시된 목표는 단순히 우리가 속해 있는 학교나 대학의 범위를 뛰어넘어 대학의 또 다른 영역에까지 확산이 되어 그곳에서도 목표 달성을 위해 최상의 노력이 병행되어야 할 것이다. 그래서 이상의 목표를 달성하기 위한 구체적인 방안들과 관련해서 자질 있는 교사를 위한 조건 및 그 방안이 다음과 같이 제시된다.

Ⅲ. 교사 교육 개혁의 전제 조건과 그 방안

1. 교사 교육 개혁의 필요성

교사 교육 개혁의 의지를 담고 있는 홈즈 그룹의 보고서는 하나의 이론을 제시하는 것에서 머물지 않는다. 그 보고서에서 밝히고 있는 교사 전문성 교육은 다음과 같은 실천 과제를 제시하고 있다(Tomorrow's Teachers, 6-10). 즉 가르치고, 임상실험하고 그리고 조직체를 운영하는 과제 등이다. 의학 교육이 의료 현장에서의 실제와 동떨어져 있을 수 없는 것처럼, 교사 교육을 교사가 학교 현장에서 수행하는 교수(teaching)라는 실천 과제와 동떨어져 있을 수 없다. 그러나 불행히도, 현장에서의 교수와 교사 교육은 오랫동안 상호의존적 역사를 가진다기보다는 상호 손상의 역사를 가졌다는 것을 부정할 수 없다. 지금까지 교사 교육에 대한 논의가 활발하지 못했고 그에 따라 그에 대한 지적 기반 자체가 매우 빈약한 상태를 유지해 왔기 때문에 교사들이 그들의 전문성을 갖추는 데 있어 심각한 타격을 받을 수밖에 없었다. 나아가 아무나 교직에 발을 딛을 수 있으며 누구든지 교직을 수행할 수 있다는 것 등이 교직의 전문성 및 특수성에 심각한 타격을 주었다. 그리고 교직은 충분하지 못한 급료와 과도한 업무를 가진 직업이라는 인식이 교직 사회뿐만 아니라 사회 전반에 오랫동안 편만해 있었기에, 자질 있는 학생들이 교직에 대한 매력을 가질 수 없게 만들었다. 교직에 대한 적정한 물질적 보상은 무시하고 책임만 가중한 결과, 대학은 교사 교육을 위한 보다 유능한 학생들을 선발하는 데 어려움이 많았다. 교사는 그들이 가지고 있는 지식을 그들의 전문성 향상을 위해서 그리고 동료 교사들에게 도움을 주기 위해서 활용했어야 함에도 그들의 전문적인 지식을 사용할 기회를 가지지 못했다. 그리고 이런 전문적 지식을 갖추기 위한 외적 투자 역시 미비했다는 지적을 하지 않을 수 없다. 시대에 뒤떨어진 교육 환경 개선 특히 교사를 위한 복지 차원 환경을 구축하는데 별로 관심을 기울이지 않았다는 것 역시 교직 사회와 교사 교육의 발전을 가로막는 저해 요인으로 작용했다.

막중한 수업 부담과 업무 처리 등으로 교사들이 갖추어야 할 전문성은 교직의 외적 요인에 의해 자리를 비켜줌으로써 자신의 전문성 개발을 위한 시간과 물질적 투자는 엄두도 낼 수 없는 상황에서 사명감과 소명 의식을 가지고 교직 수행할 교사를 기대하기는 어렵다.

학교 현장에서 자신의 전문성 신장을 위한 기회를 박탈당한 교사들은 자신의 발전을 위한 투자에 관해서 관심이 없었기 때문에 심도 있는 연구를 위해 대학원에 입학한다든지 교수와의 협력체계를 구축하려는 어떠한 시도도 할 수 없었다. 자신의 위치에서 더 이상의 발전을 추구하지 않는 교사들에게 전문성을 기대하는 것조차 무리일 수밖에 없고 그런 교사들 밑에서 교육을 받는 학생들은 시대에 뒤 떨진 인생 낙오자의 삶을 살 수밖에 없을 것이다. 그래서 교사라는 직업에 혁명과 같은 사건이 일어나지 않으면 교직에 대한 매력뿐만 아니라 양질의 교사 교육 나아가 교육 전반의 발전을 기대할 수 없다. 이러한 이유로 홈즈 그룹의 교사 교육 개혁을 위한 보고서는 충분한 의미가 있다고 할 수 있다. 위기에 처한 교사들을 건져낼 교사 교육 개혁을 위한 방안은 무엇인가? 그에 앞서 교사 교육 개혁을 위해 필요한 전제 조건에는 어떤 것들이 있는가?

2. 교사 교육 개혁의 조건

시대가 변함에 따라 교사의 역할 역시 변해야 한다는 것은 의심의 여지가 없다. 교사들의 노력에 비해 보잘 것 없는 보상, 미약한 인센티브 제공, 그리고 성직자의 사명과 또 다른 책임 등의 강요를 한다면 손상된 교직을 회복시킬 어떠한 최상의 교육은 존재하지 않을 것이다. 따라서 교사 교육 개혁을 위해 요구되는 전제 조건들은 다음과 같다.

(1) 교사에 대한 충분한 보상제도

교사 교육을 개혁하기 위해서는 교직에 대해 최상의 마음을 가질 수 있도록 하는 이전과는 다른 충분한 보상 제도와 다른 사람들에게도 좋은 직업으로 인식될 수 있어야 한다. 무엇보다도 교직은 현장에서 교사 자신이 가지고 있는 역량을 최대한 발휘하고 수행할 수 있는 최고의 자리이어야 한다. 유능한 교사들이 그들의 교육학적 장점들을 최대한 살려서 다른 교직을 발전시키고, 그리고 학생들에게 수많은 혜택이 돌아갈 수 있는 방향으로 사용될 수 있는 직업으로서의 교직이다. 이것은 교사들이 교육과정의 개발, 교사 평가, 혹은 학교 경영과 같은 특수 분야에서 전문가가 되어야 한다는 의미에서의 직업이다. 이것은 동시에 교직 경력에 있어서 지도자 자격에 있는 교사들이 그 책임감을 최대한 펼칠 수 있어야 하고 그들만이 가지고 있는 전문성을 보상받을 수 있는 직업을 의미한다.

그러나 이러한 정도의 교직 수준을 가지고 있는 전문적 필수 요원의 수, 즉 경력 교사(Career Professional)는 소수일 수밖에 없다. 우리가 대충 평가해도 전체 교사의 1/5 정도이고 나머지 교사들은 중견 교사 혹은 전문 교사(Professional Teachers)다. 경력 교사는 일의 처리 면에서 능력을 인정받았을 뿐만 아니라, 엄격한 전문가 자격시험도 통과하고, 그리고 교육에 있어서 그들의 자질이 입증되었던 사람들이다. 이런 수준의 자격을 가지고 있는 교사는 지적으로 뛰어나고 높은 자질을 갖춘 사람들에게만 허용되고 경력 교사 수준에 이르기까지 계속해서 배우고 다른 사람들과 협동하고 경력 교사와의 협력을 바탕으로 자질을 향상해 도달할 수 있는 위치이다. 만약 현직에 있는 교사들이 충분한 재능을 가지고 있고 기꺼이 보다 나은 연구와 시험을 위해 시간을 투자하려고 한다면, 경력 교사(career professional)의 수준까지 나갈 수 있어야 할 것이다. 그러나 학교 현장 교사들은 초보 교사나 중견 교사의 수준에 머물러 있는 경우가 대부분이기 때문에 교사 교육의 새로운 개혁을 바탕으로 교사들의 자질을 계속으로 향상해야 할 것이다. 따라서 교사 교육 개혁을 위해서는 교사들 간의 차별화된 지위가 필요조건으로 중요 역할을 한다(Tomorrow's Teachers, 10-14).

(2) 차별화된 교사 자격

전통적인 교사 채용 방식, 교사 준비 과정에서 도달해야 할 기준 그리고 학교 교육 환경 등은 교수의 질을 향상하려는 노력에 방해가 되었다. 이러한 이유로 교직에 관한 관심이 줄어들고 급기야는 심각한 교사 부족 현상이 일어났으며, 그 결과 임시방편으로 교사 자격증들을 남발하게 되고 상식적으로도 신뢰할 수 없는 교사를 만들어 내기까지 되었다. 교사 수급에 관한 이런 일시적이고 미봉적 처방은 교실과 학교 그리고 교육의 문제를 해결하지 않은 채 그냥 덮어버리는 것과 효과적인 교수를 제공하는 것 사이에 있는 중요한 구분을 모호하게 만들어 버림으로써 모든 것들이 마치 아무런 문제 없이 성공적으로 수행되었고, 그리고 무엇이 참이고 거짓인지를 구분할 수 없는 환상을 만들어 내기까지 되었다(J. F. Soltis, 1987, 7).

결국 이런 전통과 규범들은 경력 패턴이 균등해야 한다는 것을 보여주며, 가르치는 데는 "경력이 필요 없다"라고 주장하였다. 그래서 홈즈 그룹은 전통적인 교사들의 경력 구조는 변화된 사회적 현실에 맞지 않는 장애를 가지기 때문에, 만약 교수와 교사 교육의 질이 향상되어야 한다면 전통적인 교사 경력 구조도 변화되어야 한다고 주장한다. 물론 이러한 위기 상황에 직면해서도 여전히 임시방편적인 자격증에 의존해 있었던 과거와 마찬가지로 아무런 반응을 하지 않는다면, 전례 없이 무자격의 교사들이 고용될 것은 틀림없다. 이상의 문제의 심각성을 염두에 두고 있는 홈즈 그룹은 교수 능력의 질, 참여도, 그리고 헌신 등을 촉진하기 위해서 차별화된 교사의 지위 개념을 제시한다.

차별화된 교사의 경력 개념은 다음과 같은 장점을 가진다(J. F. Soltis, 1987, 7-8). 첫째, 차별화된 교사들의 지위를 구별하는 것은 진정으로 자질 있는 교사의 능력을 이끌고 준비시키며 유지하기 위해서 지적으로도 능력 있는 교사들이 교실에 능숙하게 접근시키기 위해서이다. 그래서 우리는 교사 개혁에 대한 두려움을 가지고 있는 교사들에게 용기를 주어 교사 교육 개혁에 동참하도록 격려하기 위해서이다.

둘째, 교수 경력을 차별화하는 것은 개인이나, 공립학교 그리고 교육의 전문성 학교 모두에 장점으로 작용할 것이다. 또한 그것은 각 지역의 구(district)들이 한정된 재정적 인센티브를 극복하게 하고 교사들이 헌신적으로 도전하는 것을 가능하게 할 것이다. 물론 이런 것들은 교사들이 그들의 일터에 재투자하며 그들이 교실에 있을 때만이라도 그들의 지위에 대한 보장을 얻을 수 있도록 용기는 주는 데 매우 중요한 역할을 한다.

셋째, 직위를 차별화한다는 것은, 학교를 비롯한 각 공동체가 교사 공급과 수요의 불균형에 대한 불만을 해소할 수 있다. 전문성 교육, 경험 그리고 수행평가 등의 정도에 따른 책임성을 바탕으로 교사들을 분류하는 것은, 어떤 특정 분야에서의 일시적 부족 현상뿐만 아니라 일반화된 부족 현상을 전통적인 방법이 아니라 합리적인 방법을 동원하여 개개인의 자질을 보충시키고 바꾸어가면서 보다 적절하게 조절하는 것을 가능하게 할 것이다.

마지막으로, 홈즈 그룹이 교수와 교사 교육 사이의 상호연관성을 이해하기 때문에, 경력을 차별화한다는 것은 전문성 학교 교육을 강화하게 될 것이라고 주장한다. 교수에 있어서 경력의 기회를 주고 보상을 확대하는 것은 이미 졸업장을 가지고 있는 전문적으로 잘 훈련된 교사들을 위한 시장을 만들게 될 것이다.

따라서 홈즈 그룹은 이러한 차별화된 전문성으로 현장에서 실제로 활동하는 세 집단을 만들었다. 물론 이들 집단은 교사 자격을 취득하는 다음의 3단계를 거쳐야 할 것이다(Tomorrow's Teachers, 10-14).

1) 교사보(Instructor)[6]는 가르치는 데 있어 경력 의무를 지니지 않은 채 특정 과목을 가르치는 데 관심을 가지는 교육받은 성인을 가리킨다. 이들은 직업에 대한 소명 의식이 부족하며 오히려 부수적 직업으로서 아이들을 가르치는 것을 더 선호한다. 따라서 이들은 제한된 전문적 지식을 가지고 수업에 임하기 때문에 그들이 수행하는 수업에 대해서는 관리 감독을 받는다. 그러나 이들은 학교 정책을 입안한다든지 구상할 수도 없고, 교육과정에 대한 결정권도 없으며, 개개인 혹은 프로그램 등을 평가하지 못하는 등의 한계를 가지고 있다. 따라서 이들은 권리, 책임감의 보장뿐 아니라 자율성까지도 제한받고 보장도 받을 수 없다.

2) 중견 교사(Professional Teacher)는 전문 자격을 가지고 있는 첫 번째 교사이다. 이 자격은 교직에 관련된 석사 과정을 수료한 교사들에게만 주어진다. 그들이 가지고 있는 석사 학위는 지원자들의 전공 혹은 부전공 분야에서의 계속된 연구, 그리고 교육학과 인문학에 관한 연구, 아동과 함께하는 교실 활동, 그리고 다년간의 교직 경력 등을 포함할 것이다.

전문 교사 혹은 중견 교사(Professional Teacher)는 교사로서 가르칠 교과목 전공 시험을 통과해야 하며, 읽기와 쓰기 시험을 통과해야만 한다. 만일 이들이 교사로서 자격을 취득한 후 새로운 전공 혹은 부전공을 추가하기를 원한다면, 그것들을 위한 시험 역시 자격증에 앞서 통과해야 할 것이다. 그리고 그것

6) 우리나라 교육 현장에서 종종 논의되고 있는 수습교사제 같은 것이라 할 수 있다.

들은 전공 교과목과 동일하게 교육학과 인문학 시험에 통과해야만 한다.

이들은 교사보 와는 달리 충분한 자율성을 가진 실천가로서 자격을 가지고 있으며, 관리 감독 없이도 자신의 학급을 운영할 수 있는 자격을 가지고 있다. 이들은 자신의 전공과목과 교육학 양자 모두에 전문가적 식견을 가지고 있다. 또한 이들은 가르치는 과목의 핵심적인 내용을 이해하고 있으며 학생들이 겪게 되는 학습 문제들에 대해 교사들이 동원할 수 있는 다양한 방법을 사용하여 문제를 해결한다. 따라서 이들은 강의가 성공적으로 수행될 때 그 가치를 인정받기 때문에 훈련 과정, 창의성, 그리고 헌신 등이 이들을 교실로 나아가게 하는 최선의 길이라는 것을 안다.

3) 경력 교사(Career Professional)[7]는 교육 정책과 발전에 대단한 관심이 있으며 효율적인 학교 운영과 그에 따른 문제점에 대해서도 다른 경력 교사들과 협동하여 일을 처리하고자 애쓰는 교사들이다. 경력 교사들에게 많은 기회를 제공하는 것은 학교에서 다른 교사들의 교육적 효율성을 증진하는데 큰 도움이 될 것이다. 그래서 이들은 교사 교육, 교육과정 개정 작업, 그리고 시험과 평가 혹은 행위연구 등에 참여할 것이다. 물론 이들의 숫자는 전체 교사 수의 약 20%에 불과 하지만 교수의 전문성을 부활하는 데 있어서 핵심적인 역할을 하게 될 것이다.

이상의 교수 경력에 따라서 교사를 분류하고 있는 홈즈 그룹의 지도자들이 걱정하고 있는 것은 단순히 차이에 따른 분류에 있는 것이 아니라 그러한 분류가 비합법적으로, 비합리적으로 그리고 허위로 위조된 차별성에 근거하고 있다는 것을 알게 되었을 때이다(J. F. Soltis, 1987, 9). 따라서 정당성이 인정되고 합리적인 방법을 동원한 훈련, 권위 그리고 책임감 등에 근거한 차이에 따른 분류는 거대하고 다양한 제도 가운데 있는 교수·학습의 복잡성을 공평하게 반응하게 해 줄 것이다. 결국 문제는 교사들의 직위를 분류하는 것이 충분하게

7) 우리나라 수석교사제와 유사한 제도라 할 수 있다.

그 정당성이 인정되고 합리적인 구별에 근거하고 있는지에 달려 있다.

(3) 교수(Teaching)

홈즈 그룹은 예비 교사들의 준비 과정과 학교에서 수업의 본질을 변화시키기 위해서는 종래의 수업에 대해서 가지는 일반적 견해에 대해 비판적이며 도전적인 생각은 필수적이라고 주장한다. 대학에 들어가고 시험 치르는 것이 교육을 잘 받았다는 증거는 될 수 없지만 교사들은 자격을 취득하기 전에 그들이 가르쳐야 할 과목마다 구술시험을 통과해야만 한다. 이 시험은 학문의 기본 구조의 이해와 광범위한 교양교육의 기본을 이해하고 있는가에 대한 테스트이어야 한다. 그들은 덧붙여서 일반적인 읽기와 쓰기 능력 테스트와 교육학 기초 테스트를 통과해야 한다. 이러한 테스트는 특정 지식, 일반 정보 그리고 기억뿐만 아니라 추리력까지 평가할 것이다. 이 시험이 매우 어렵기 때문에 수많은 대학 졸업생이 통과하기가 쉽지 않다. 단순하게 머리만 영리한 교사들에 의한 교수는 학생들에게 일방적으로 전달하는 수업을 하기 싶다. 그래서 이러한 학습에 대한 부담은 전적으로 학생들에게 전가될 수밖에 없다. 이런 수업 방식에서 벗어나지 못하는 교사들은 단순히 학생들이 알아야 하고 해야 할 것을 기억하며 그것을 표현하기만 하면 수업이 끝난다고 생각하는 것이 그들의 의무라 한다(J. F. Soltis, 1987, p.10). 따라서 이런 수업 방식은 영리하고, 공부를 잘하는 학생들에게는 매력적일지 몰라도 그렇지 않은 학생들에게는 전혀 다른 결과를 가져다줄 수도 있다.

홈즈 그룹은 이런 일방적이고 직선적 수업 방식에 대해서 도전장을 던진다(Tomorrow's Teachers, 27-30). 그들은 교수 학습에 있어서 이전 것과는 근본적으로 대조를 이루는 상호작용적인 교수 학습 이론을 제시한다. 이런 교수 학습 방식을 따르는 교사들이 가지고 있는 전문적인 지식은 강력하고 일관성 있는 교양교육을 뛰어넘어서기 때문에, 단순히 상식 수준의 수업 방식을 통해서 가르칠 수 없다. 오히려 그것은 학생들의 학습을 증진 시킬 뿐만 아니라 학습에 애착을 가지도록 하는 방법으로 수업 내용과 학급에서의 사회적 관계를 다루는 것을 준비하는 학문적인 동시에 임상적 학습까지도 포함하고 있다. 따라서 이렇게 공유된 학습 과정의 상호작용적 견해 때문에 홈즈 그룹의 지도자들은 효과적인 교수에 본질적인 지식, 기능, 그리고 성향들은 광범위한 전문성 교육을 통해서만이 얻을 수 있다고 생각한다.

(4) 전문성 교육

교사 교육의 개혁은 자질 있는 교수법을 위한 기초지식을 분명하게 하는 작업에 참여하는 것과 그러한 교수법이 수업에 어떻게 효과적으로 수행되는지의 전략을 개발하는 것에 달려 있다. 전문성 교육과 관련된 프로그램이 없다는 것은, 학교와 대학 간의 상호연관성이 부족하다는 것이고 그에 따른 교육과정에 대한 개정 의사가 없는 것으로 볼 수밖에 없다. 또한 학교와 대학 상호 간의 조언과 같은 것은 별 효과 없이 끝나버리고 나아가 학생들을 방황하게 만드는 결과를 가져오기도 한다. 그러나 학문적으로 뿐만 아니라 현장 경험이 풍부한 연구를 바탕으로 한 점진적으로 성숙한 정신에 바탕을 두고 개발된 교사 교육에서의 전문성 연구 프로그램은 적어도 교사 교육 준비를 위한 포괄적인 계획으로 그 성격에는 다음의 다섯 가지 요소가 포함되어야 한다(J. F. Soltis, 1987, 11-12).

첫 번째는 학문적 영역으로서 교수와 학교 교육(schooling)에 관한 연구다. 이 연구는 학교 교육의 현 실상의 묘사와 설명, 즉 학교 교육의 목적, 발전 그리고 그것을 가능하게 하고 유지하는 거시적이면서 미시적 매카니즘을 제공하게 될 것이다.

두 번째는 내용학에 대한 교육학 지식체계이다. 이것은 다양한 종류의 학생들을 참여시키고 특별한 목표를 위한 가능한 교육과정들의 가치를 판단하는 데 꼭 필요한 비판적 논의를 강화하기 위해서 풍부한 내용적 지식을 재형성하는 능력이 필요로 한다. 이런 교육학적 전문성은 교수를 위한 개별적 이해와 능력에 다리를 놓아준다는 데 그 핵심적인 역할이 있다.

세 번째 구성 요소는 교실에서의 수업과 관련된 기능과 이해력에 의해 구성되어 있다. 그러한 환경을 구축한다는 것은 가치. 성향, 그리고 도덕적 책임감 같은 것을 요구하는 것이다.

네 번째 구성 요소는 교수를 위한 전문성 교육의 포괄적인 프로그램 개발에 있다. 대부분 틀에 박힌 교육대학에서 일반화된 학문적인 교육학적 연구는 그 대학에서 실시하고 있는 예비 교사 프로그램에서 교사들의 본질적인 전문성, 기능 그리고 성향 등을 개발하는 것과 교실 수업을 효과적으로 수행하는 데 필요한 전문적 질을 강화하는 것에도 실패하고 있다. 그래서 다섯 번째 제안이 임상적인 교육학적 연구 프로그램 개발이다. 다시 말하면, 많은 교육 개혁가가 주장한 바와 같이 보다 완벽한 교사 교육 프로그램 개발은 임상적인 기회를 많이 제공해 주어야 한다는 것이다.

그러나 홈즈 그룹은 전통적인 임상 경험의 혜택을 광범위하게 주장하는 것에 대해서는 회의적이다. 전통적 임상 경험으로서는 그 깊이가 깊지도 않고 그 넓이가 넓지도 않기 때문이다. 종종 대학과의 협력 체제를 가지고 있는 교사들 역시 어떤 뚜렷한 목적의식 없이 연구에 참여하게 되는 경우 그들 역시 그들의 전문적 지식을 강화하는 데 필요한 전문적 기술이 부족하다는 것을 느낀다. 또한 대학의 관리 감독 체제 역시 철저하지 못하기 때문에 관리도 소홀해지고, 많은 다양한 학교, 혹은 교실 수업, 그리고 교사들에게 이런 협력체계가 일어나는 것이 아니라 하나의 학교, 교실 그리고 한 명의 교사와 이루어지는 경향이 많다. 따라서 대학에서 개발한 이론을 다양한 현장에 적용하기가 쉽지 않다는 문제점도 대두된다. 결국 학교와 대학 간의 협력 체제를 구축하는 것이 교사 교육 개혁의 무엇보다 필요한 전제 조건이 된다.

(5) 협력 학교(Professional Development Schools)

홈즈 그룹의 지도자는 대학교수들과 협력관계를 위해 선발된 임상 스탭들이 명료하고 일관성 있는 교육과정을 통합적인 생각을 가지고 만들기 위해서는 현대의 전문적 교육학적 흐름 및 그 내용들을 재검토할 필요가 있다고 주장한다. 다시 말하면 그들은 가장 최근의 시대적 조류에 맞추어 다양한 자질, 동기부여 그리고 문화적 배경을 가지고 있는 다양한 방식의 임상적 경험을 지지한다. 학교와 대학과의 협력체계를 보다 확고히 하기 위해서는, 즉 전문적인 교사 교육을 위해서는 그런 전문성을 양성하고 개발하는 학교가 필요하다. 그래서 홈즈 그룹은 이것을 협력 학교(PDS)라고 부른다.

협력 학교는 교사 교육이 대학과 학교가 공동으로 짊어지고 가야 할 과업이라고 주장하면서 학교는 단지 현장 경험을 제공하는 수동적인 입장에서 벗어나 대학과의 동반자의 위치에 있다는 것을 강조하고 있다. 협력 학교의 목표를 살펴보면 다음과 같다(Tomorrow's Teachers, 56). 첫째, 학생들의 학습에 관련된 문제점들과 그 문제점들의 가능한 해결책에 관한 상호 심의. 둘째, 대학과 학교에서의 공유된 교수. 셋째, 교육적 실천 문제에 대한 협력적 노력 그리고 마지막으로 전도유망한 교사와 직원들의 협동적인 감독체제 구축 등이다. 이상의 목표를 통해서 협력 학교는 교사와 직원들에게는 그들의 전문성을 개발하는 데 영향을 미치게 하며, 교수들에게는 그들의 작업과의 전문적인 연관성을 증진하는 기회를 제공해 준다.

교수(teaching)와 교사 교육의 상호의존성을 이해한다는 것은 예비 교사 준비에 대한 전통적 입장과는 다른 새로운 실현 가능한 대안을 제시하는 것과 마찬가지로 매우 중요하다. 병원에서 의과대학 교육을 하는 것과 유사한 협력 학교는, 학생의 편에서 교수·학습을 증진하는 파트너십으로 대학의 교수와 함께 교사들과 직원들에게 실제적인 경험을 제공해 준다(J. F. Soltis, 1987, 13). 협력 학교는 교사들과 행정가들이 그들의 전문성을 개발하고, 대학교수들이 교사들과 행정가들과의 협력에 대한 전문적 연관성을 증진하는 데 수많은 기회를 제공함으로써 전통적인 학문의 테두리에서 벗어나지 못하고 있는 수많은 문제점을 광범위하게 극복하게 될 것이다. 또한 협력 학교는 교수를 개발하는 것이 전문적인 지식과 실제를 개발하는데 기여하고, 그들의 작업환경에 머물러 있지 않고 그것을 뛰어넘어 대학과의 연계성을 형성하고, 나아가 궁극적으로는 도덕적 책임감의 영역을 확대해 나가는 것처럼 지적 성숙의 기회를 교사들에게 제공하고자 하는 데 있다. 이러한 협력체계는 대학에 뿌리를 두고 있는 연구와 교육이 실천 속에서 강화되고 나아가 협력 학교의 활성화와 진실성을 유지하는 데 도움을 줄 것이다.

따라서 협력 학교는 교사 교육을 발전시키는 것뿐만 아니라 지식(이론)과 실제성(실천)을 강화하는 기회를 확대할 것이다. 결국, 협력 학교는 교사보, 전문교사, 그리고 경력 교사, 또한 행정가들 사이에서 새로운 유망하고 생산적인 구조적 연관성의 모델로서 역할을 함으로써 전문성을 강화할 것이다. 이러한 연관성을 개발, 증진하고, 이런 기회와 더불어 책임을 확대해 나간다는 것이 재능 있는 신입생들을 유인하고 헌신적이고 자질 있는 교사들을 임용하는 데 충분히 매력적인 활동 환경을 만들어 줄 것이다. 또한 이런 프로그램은 앞장서서 실천하고 있는 교사 교육자와 교사들의 관리 감독 아래 초보 교사를 위한 최적의 균형 잡힌 연구와 경험 등을 제공할 것이다. 따라서 협력 학교에서의 여러 프로그램은 교사들이 교직에 대해 애착을 가지고 교실을 육체적으로나 정신적으로 떠나지 않고 자신의 발전 수단으로 그들의 일을 향상하고자 하는 재능 있는 교사들에게 적절하게 제공될 것이다.

(6) 자격증(credentials)이 가지는 문제점

자신에게 주어진 일을 처리하는 것은 개인뿐만 아니라 제도와도 긴밀한 관계를 맺기 때문에 어떤 제도만을 개혁한다고 해서 그 문제가 해결되는 것이 아니다. 그렇다고 해서 개개인이 가지고 있는 어떤 신임할 만한 자격이 있다고 해서 문제가 해결되는 것도 아니다.

다시 말하면 새로운 자격증 역시 쉽게 악용될 수 있다는 것이다. 왜냐하면 자격증을 획득할 수 있는 기회가 모든 사람에게 공평하게 주어지지 않기 때문이다. 예를 들면, 시험이나 자격증에 경험이 없는 사람이나 소수인종의 경우, 자격을 획득하기 위한 기회가 배제되기 때문이다. 따라서 자격증이 가지는 문제점 중에는 개개인이 돈, 시간, 그리고 에너지를 낭비할 수 있고 또한 제도들 때문에 자원을 낭비할 수도 있다는 것이다(J. F. Soltis, 1987, 14). 한 번 획득한 자격증을 가지고서 더 이상 개혁의 주체가 되지 못한다면 자격증을 가지는 것이, 오히려 더 심각한 문제를 일으킬 수 있다.

자격증을 가지고 있다고 해서 교수의 지위가 높아지는 것이 아니라 아이들의 성취 단계를 높이고 학습에의 참여를 더 심도 있게 함으로써 교수 전문성의 지위를 높일 수 있는 것이다. 따라서 교사 교육의 전문적 지위는 최상의 기준을 마련하는 것과 동시에 가능한 가장 치밀한 준비를 반영하고 있는 진짜 자격증을 제공함으로써만 향상될 수 있다(J. F. Soltis, 1987, 14).

교수와 교사 교육을 부분적으로만 이해하고 자격증 우월주의에 빠져서 무차별적으로 자격증만을 남발하는 사이비-자격증 만능주의(pseudo-credentialism)의 덫인 무책임한 자격 만능주의의 형태들이 우리 주위에 많다. 사이비 자격증 만능주의는 자격증의 수준을 올리고 교육의 질을 향상하기 위해 노력하는 협력 학교 따위는 결코 필요로 하지 않는다. 따라서 홈즈 그룹의 보고서는 이런 자격증 만능주의가 기회주의를 조장하기 때문에 반드시 도전받아야 한다(J. F.

Soltis, 1987, 14)고 주장한다.

그렇다고 해서 자격증을 남용하는 부정적 입장이 교사의 전문성 교육과 자격증이 필요 없다는 것을 의미하는 것은 아니며, 더구나 무엇을 아는 사람들이라고 해서 모두 자동으로 가르칠 수 있다는 가정으로 대체될 수 있다는 것도 아니다. 교직을 모든 사람에게 개방해서 자격증을 주는 것이 자격증 남발의 꿈을 깨트리는 하나의 반응은 될 수 있을지언정 교사의 자질의 문제를 근본적으로 해소하지 못한다. 결국 규제 철폐(deregulation)와 같은 방법도 많은 아이의 어려운 학습 문제를 덜게 하지는 못한다. 따라서 자격증과 관련해서 홈즈 그룹의 지도자들은(J. F. Soltis, 1987, 15) 앞에서 언급한 무책임한 자격증 만능주의의 형태에 대해서 대안적인 합법적 전문성 교육과 자격증을 제안하고 있다.

3. 교사 교육 개혁을 위한 설계도

홈즈 그룹은 이상의 끊임없는 교사 교육 개혁을 위한 노력을 바탕으로 다음과 같은 교사 교육을 위한 설계도를 제시하고 있다(Tomorrow's Teachers, pp. 86-97쪽 참조). 이러한 설계도가 도덕과의 전문성을 갖춘 자질 있는 교사를 교육하기 위한 밑그림으로 사용할 수 있을 것이며, 이것을 바탕으로 도덕 교사 교육 개혁에의 시사점을 발견할 수 있을 것이다.

(1) 일반 목표

가. 교수에 대한 준비 상황과 직업 구조를 변화시키기 위해서이다. 높은 자질을 가진 사람은 짧게는 국가를 위해 길게는 전문적인 경력으로 가치 있는 투자로 보기 때문이다.

나. 교수를 위한 입학 기준의 변화를 위해서이다. 체계화되고 강력한 학문적 자

질을 가진 대학 졸업자만이 학교에서의 교수 자격이 허용된다.

다. 교수를 위한 선택 과정의 변화를 위해서이다. 교육에 있어 매우 적절한 준비를 한 재능 있는 대학 졸업자는 교사보로 5년간 일 할 수 있다.

라. 교수를 하나의 경력으로 수행하게 될 사람들을 위한 선택 과정과 역할 기대의 변화를 위해서이다. 특출한 자격을 가진 자만이 전문성을 가진 경력 교사의 등급을 채울 수 있다.

마. 전문성을 가진 경력 교사를 위한 보상 제도의 변화를 위해서이다.

바. 학교와 대학 간의 그리고 그들 상호 간의 작업 관계, 역할 그리고 책임감의 변화이다.

(2) 특수한 목표: 교사 교육을 위한 제도적 환경

가. 대학들은 교수-학습에 있어 다양한 투자를 통한 초등학교와 중등학교에 대한 그들의 열정에 대해 경의를 표한다.

나. 대학은 탁월한 교수에 대한 학생과 교직원의 학습을 위해서 모범적인 학교 지위를 만들기 위한 선택된 학교 구와의 협동 작업을 한다.

다. 대학은 교수와 관련된 학제 간 연구의 다양성, 깊이 그리고 연관성을 반영하고 있는 교사 교육에 있어서 학제 간 연구 분위기를 조장한다.

라. 대학은 대학에서의 교사 교육 프로그램이 확대되어 갈 수 있는 분위기를 기대하고 있다.

마. 대학은 대학생과 전문성 규정의 발전을 위해서 교사 교육 학생들을 위한 의미 있는 기회를 창출한다.

바. 대학은 교사 교육을 위한 책임성 있는 학문적 결합으로의 권리와 책임감을 보장해 준다.

사. 대학은 계속되는 연구, 계발 그리고 프로그램 개선을 위한 컨소시엄에의 참여와 교사 교육의 지속적인 개선을 지원한다.

(3) 교사 교육에 있어서 대학교수

가. 교수는 교사들 스스로 자질 있는 교사로 그리고 열성적인 교사로 준비하는 데 있어 책임이 있다.

나. 교수는 대학에 기초를 두고 있는 동시에 학교에도 적을 두고 있는 교수를 포함하고 있는 교사를 교육하는 데 있어 책임감을 가지고 있다.

다. 학구적인 교수는 나은 교수와 학생의 지식과 이해에 규칙적으로 기여하고 있는 교사 교육을 위한 책임감을 가지고 있다.

라. 강력한 교사-학자로서의 자질을 증명하고 있는 교사 교육 교수는 특별하고 주요한 능력을 인지하고 있다.

(4) 교사 교육에 있어서 학생

가. 경력 교사를 위해 요구되는 다양한 종류의 연구를 통해서 입학이 허가된 학생은 학문적으로 재능을 가지고 있으며 교수에 대해서도 열정을 가지고 있는 자이다.

나. 교사 교육으로 선발되고 입학한 학생 집단은 다문화적 사회에 대한 국가적 의무를 반영하고 있다.

다. 학생들은 그들의 전문적 경력 개발의 다양한 단계의 시험을 통해서 필수 불가결한 지식의 숙련된 모습들을 입증하고 있다.

라. 전문가에 의해 판단된 학생들은 그들의 인턴 기간의 성공적 완성에 앞서 적정한 윤리적 열정과 교수 능력을 입증하고 있다.

(5) 교사 교육에 있어서 교육과정

가. 전도유망한 경력 교사를 위한 교육과정은 학사 학위과정 동안의 교육과정을 허용하지 않는다. 대신, 학부 과정은 진지한 일반 교양 연구와 학교에서 도덕적으로 배우는 학문적 교과 기준을 추구한다.

나. 전도유망한 경력 교사를 위한 교육과정은 교육학 석사 학위를 요구하며 성공적인 지도자 과정이 필요하다.

나. 초등학교 경력 교사를 위한 교육과정은 교사들이 일반적 교수 권위와 책임성을 가정하고 있는 교과목에 집중된 다양한 영역에서의 연구를 요구하고 있다.

다. 중학교 경력 교사를 위한 교육과정은 그들이 가르칠 수 있는 모든 분야에 집중되어 있는 교수법 석사 연구 과정이 필요하다.

라. 모든 전도유망한 경력 교사를 위한 교육과정은 특별한 필요와 함께 학생을 교수하는 데 있어서의 적절한 실습과 정책과 관련된 본질적인 지식과 기능을 포함할 것이다. 경력 전문가의 역할을 위한 발전된 대학원 연구 과정이 필요하다.

마. 경력 전문가 위치의 교사가 성취해야 할 교육과정은 다른 성숙한 전문가들과의 교육에서의 전문화된 작업을 위한 보다 적절한 진보된 연구가 필요하다.

Ⅳ. 결론: 도덕과 교사 교육에의 시사점

교사교육과 교수를 향상하는 데 방해가 되는 잠재적 방해물에 대해서 말하려고 하고 그에 따라 예상되는 물음에 대해 답을 하고자 하는 것은 홈즈 그룹의 지도자들이 앞으로 수행해야 할 개혁의 과정을 이해하는 데 도움을 준다. 물론 홈즈 그룹의 협의 사항이 완벽한 것이 아니라 교사 교육 개혁을 위한 시작에 불과하기에 이것이 수행되는 과정에서는 분명히 수많은 오류, 잘못된 시도, 그리고 예상치 못한 문제들이 있기 마련이다. 홈즈 그룹은 그들이 제안한 비전과 제안들 가운데는 장단점이 있다는 것과 그 장단점이 드러날 때 어떻게 적용해야 할 것인가에 대한 필요성을 인식하고 있다. 따라서 홈즈 그룹 지도자들은 다양한 대안들을 가지고 상상력을 총동원해서 대응하고 홈즈 그룹의 모든 제도와 미국에서의 교수와 교사 교육을 증진하는 데 필수적 요소인 협력체계를 갖춘 기관과의 경험을 바탕으로 하는 지혜를 공유하는 데 최선의 헌신과 노력을 아끼지 않는다.

그러나 홈즈 그룹의 첫 번째 교사 교육 개혁 보고서인 Tomorrow's Teacher에도 몇 가지 역설적인 것이 있음을 부인할 수 없다.[8)]

첫째, 홈즈 그룹은 교사들이 그들의 일반적 교육과정을 날카롭게 개정하고, 예비적인 교사들이 만능인이 되는 것을 도와주며, 또한 그들이 전문가가 될 영역의 분야를 주의 깊게 연구하는 것을 지지할 것을 준비하는 대학을 원하고 있다. 다시 말하면 자기 분야의 전문가이면서 모든 분야에서의 만능인이 되어야 하는 것을 요구하기 때문에 이런 교사를 찾아보기가 쉽지 않다는 현실적인 문제점을 간과한 것 같다.

둘째, 홈즈 그룹에 의하면 모든 자격을 갖춘 교사들이 통과해야만 하는 교사 시험은 표준화가 되어야 한다. 그러나 역설적으로 표준화된 시험에 통과 한 교사들이 학생들에게는 표준화된 시험과는 무관한, 그리고 가변적인 현실적인 답변을 요구하고 있다는 것이다.

마지막으로, 홈즈 그룹이 밝힌 바와 같이 지금까지의 대부분 교사는 다른 교사들로부터 조차 고립되고, 학교 행정가들, 교과서 출판업자, 그리고 교사단체에 의한 압력에 의해 완전히 조정되고 있다는 것이 사실이다. 그래서 홈즈 그룹은 교사 자격증에 대한 세 가지 유형을 제공함으로써 이 문제를 최소화하려

8). M. Borrowman(1987), "Reaction to Tomorrow's Teacher in Reforming Teacher Education"(J.F., Soltis ed, *Teachers College*, Colombia University) pp.28-29참조

는 희망이 있다. 그러나 그럼에도 수많은 표준화된 압박이 우리를 비관주의자로 만들고 있다. 물론 표준화된 기대치를 만족시키고 그들이 가르치는 내용과 방법과 관계된 창조적이고 상상력이 풍부한 재능 있는 교사들이 있기는 하지만 이러한 좋은 의도를 가지고 있을지라도 대부분 교사는 실제로는 그렇지 못하다는 것이 사실이다.

이상의 교사 교육 개혁을 위한 필요성과 그 방안에 대한 설명을 바탕으로 우리는 우리나라 도덕과에 적용 가능성 및 도덕과를 담당하는 교사가 갖추어야 할 자질에 대한 시사점을 발견할 수 있다.

첫째, 도덕과를 담당하는 교사의 경우 지적으로 자질 있는 교사가 되어야 한다. 학부 과정의 교양과정뿐만 아니라 교육학 일반과 교수법 등을 심도 있게 연구하고 그것을 바탕으로 도덕과 교육의 내용학과 교수법에 대한 완벽한 지식을 갖추고 있어야 한다. 도덕과 전담 교사가 아니더라도 도덕과 수업을 담당하는 교사는 먼저 지적인 면에서 자질을 갖추어야 할 것이다. 도덕과에서 필요한 교사 자질에 관한 연구는, 사회과 교육 전국 협의회(NCSS)에서 요구하는 교사 자질에 관한 CBTE(Competence Based Teacher Education)연구[9]가 도덕과에서 활용할 수 있는 자료다. 먼저 예비 교사들이 사회(도덕)과 교사가 되기 위한 필요로 하는 세 가지 자질 영역과 각 영역에서 필요한 최소·최대 이수 학점 기준을 제시하고 있다. 교양교육(general studies)에서 인간 존재와 가치에 관련된 이해를 탐구하기 위한 교육을 25∽30% 정도로 학점을 이수해야 하며, 전공 지식(academic specialization)에서는 자신의 교과 내용학 지식에 전문적 연구를 하게 되는데 50∽60% 정도의 학점을 이수해야 하고 마지막으로 교육학

9) CBTE 연구는 1960년대부터 시작된 것으로써, 이것은 교사들의 기본 자질이 무엇인가 하는 것에 초점이 맞추어져 있다. 그 이후 슐만에 의해 교사자질은 교과교육학적 영역으로 수렴되어 현장에서의 맥락 속의 교사 자질을 강조하는 손(Schon)에 의해 새롭게 정리되었다. 교사 자질에 관한 구체적 연구에 대해서는 다음의 글을 참고하길 바람. 이종일(2000), 사회과 교사 자질에 대한 CBTC적 접근, 『사회과 교육』 제33집, 한국사회과교육연구학회. 이종일(2001), 『과정 중심의 사회과 교육』, 서울: 교육과학사.

(professional education) 분야에서는 교육학 일반에 관한 이론과 그에 따른 실제를 살펴보는 데 약 15∽25%의 이수학점이 필요하다 (이종일, 2001, 372-373). 여기서는 가장 강조되는 영역이 교과 내용적 지식으로 도덕과도 참고할 만한 부분이다.

둘째, 자질 있는 도덕 교사가 되기 위해서는 항상 연구하는 자세를 견지해야 할 것이다. 교사가 연구한다는 것은 단순히 대학의 교수가 연구한 이론을 현장에 교사가 적용하는 식의 흐름이 비판을 받게 되어 새로운 방향으로 입장을 선회하기 시작했다. 수동적인 이론 수용의 자세에서 벗어나 교사 자신이 이론의 연구자이면서 그 이론을 현장에서 실천하는 행위 당사자 연구(action researc h)[10]의 태도가 교사들에게 필요한 교사 자신에 의한 내재적 자질 개선의 움직임[11]이 일어나기 시작했다. 행위 당사자로서 반성적 실행가인 도덕 교사는 행위 중 앎(knowing-in-action), 행위 중 반성(reflecting-in-action) 그리고 실행 중 반성(reflecting-in-practice)의 과정을 통해 자기의 자질을 향상한다. 따라서 행위 당사자로서 반성적 실행가인 교사는 가르치고 그것을 개선하는 일이 즐거운 일이 되고, 아이들에게도 즐거움을 제공하며 연구의 결과까지도 아이들에게 즐거움을 제공해 준다 (조용기, 2003, 11).

도덕과 교사의 연구 활동에 대한 전문성 신장과 개선은 곧 도덕과의 전문성과 효과를 극대화할 수 있다. 전통적으로 현장 교사는 대학의 교수로부터의 이

10) 행위 당사자 연구에 대해서는 다음의 논문을 참고하길 바람. 길병휘(2001), 행위 당사자 연구와 교사의 전문성 신장(길병휘 외(2001),『교육 연구의 질적 접근』, 교육과학사) 396-399 참조

11) 이론가들이 이론을 만들고, 실행가는 그대로 현장에서 적용한다는 전통적 교사 교육에 관한 연구에 비판을 가한 학자가 손(Schon)이다. 그는 실행적 지식은 이론적 지식에 종속되어 있다는 종래의 입장을 비판하면서 교사는 이론적 지식에 종속되는 것이 아니라 그것과는 다른 차원의 지식으로 실행자의 끊임없는 연구를 통해서만 가능하다는 반성적 실행자(Reflective Practitioner)가 되어야 한다고 주장한다. 반성적 실행을 통한 교사 자질에 관해서는 다음의 논문을 참고 바람 (이종일(2003), 사회과 교사 자질 교육이론의 변천 - 교사 자질 형성 과정을 중심으로 -,『초등교육연구논총』 제18권 3호, 대구교육대학교 초등교육연구원, 17-38쪽 참조).

론적 연구를 현장에 그대로 적용하는 수동적 입장에서 벗어나 도덕 교사 자신이 자신의 담당 과목에 대한 전문적 지식을 바탕으로 교사 자신이 이론을 정립하고 또한 현장에서 직접 실천할 수 있는 교사 교육 개혁의 주체자임을 깨닫게 된다. 그리고 행위 당사자 연구자로서의 도덕 교사는 교사 교육의 개혁뿐만 아니라 학교와 대학의 협력 체제 구축을 위해서도 필수요건이다. 따라서 도덕과 담당 교사들은 교사 자질에 관한 연구를 통해서 교사 교육 개혁의 방향에 따라서 자신의 전문성을 개발하는 데 남다른 열정을 보여야 할 것이며, 대학과의 협력체계를 구축하는 데도 지도자의 입장에 서야 할 것이다.

셋째, 도덕과는 경력 교사가 필요하다. 물론 단순히 나이가 많다고 해서 그리고 경험이 많다고 해서 도덕과의 경력 교사가 되는 것은 아니지만 이런 요소들은 경력 교사가 되기 위한 하나의 필요조건은 될 수 있다. 도덕과 교사를 분류하는 합리적이고 효율적인 기준을 마련하여 보조교사, 중견 교사, 그리고 경력 교사 등으로 직위를 부여한다면 서로 간에 협조체계와 제도적 장치가 제대로 갖추어지고 동시에 교사의 자질을 향상하는 데도 일익을 담당할 것이다. 특히 도덕과의 경우, 학생들의 인성 및 도덕성 등을 체계적으로 가르쳐야 하므로, 단순한 도덕적 지식을 갖추었다고 해서 자질 있는 교사가 되는 것이 아니고 도덕적인 문제를 해소할 수 있는 것도 아니기 때문에 도덕적 문제를 해결하는 데 전문적인 교사의 도움이 절실할 때 교사 간의 협조체계가 필요하다.

예를 들면, 도덕과 대학원 입학 과정을 엄격하게 관리하여 대학원 입학 요건을 적어도 전문 교사의 경력 수준까지 끌어올리는 방법도 있다. 그리고 대학과 학교의 협력 체제를 구축하여 교육 현장 실습을 통해 실습생인 학부생과 경력 교사로서의 지도교사 그리고 지도교수로서의 교수 간의 상호 협력 체제를 구축하여 이론과 실제를 통합하는 제도적 뒷받침을 마련할 수도 있다.

넷째, 우리나라 도덕과의 경우, 특히 학부생들을 선발하는 과정과 교사의 임용 과정은 관 주도적인 행정 절차에 따라 진행되기 때문에 도덕적인 전문성이나 자질을 검증할 수 있는 절차가 생략된 채 선발 과정을 겪게 된다. 그러나 교육대와 사범대의 입시 제도와 임용고시제도 및 그 개선에 관한 작업은 도덕과에 한정된 것이 아니기 때문에 여기서는 더 이상의 논의를 할 수 없지만, 선발 및 임용 이후의 사후 관리에 있어서는 철저한 재 교육과정을 통해서 도덕과의 교수 학습 과정뿐만 아니라 교사로서 자질을 함양하는 데 최선의 노력을 다해야 할 것이다. 한편, 현재 우리나라 교육 상황을 고려해 본다면, 특히 대학원 과정의 초등 윤리나 도덕을 전공하는 대학원생들을 위한 교육과정을 재고하는 것과 대학원생 선발을 위한 제도 개선을 통해서 도덕과 교사로서 전문성과 자질을 함양하는 기회로 삼는 것도 고려해 볼 만하다.

그리고 실습을 통하든지 행위 당사자 연구를 통해서이든지 도덕과 담당 현장 교사들에게도 재교육이 병행되지 않는다면, 현재 상황의 교육 흐름에 대한 감각을 잃어버리게 될 것이며, 또한 대학이 현장의 소리에 귀를 기울이지 않는다면 대학에서 논의하고 있는 교육에 대한 논의는 맹목적인 수준에 머물 수밖에 없을 것이다. 전통적인 도덕교육의 형태를 벗어나지 못하고 있는 교사에게는 도덕교육의 새로운 방향을 접할 수 있는 대학과의 연계선 상에 있는 재교육이 무엇보다 필요할 것이다.

다섯째, 특히 도덕과의 경우 아무리 전문적인 지식을 소유하고 있다 하더라도 그 교사가 속해 있는 학교 환경과 자기의 행동이 자율적이지 못하다면 마음껏 자신의 역량을 발휘할 수 없을 것이다. 교사가 책임감을 가지고 자신에게 맡겨진 임무를 자율적으로 실행하는 환경을 만들어야 한다. 그리고 이러한 환경에서 학생과 교사 모두 도덕성을 함양이라는 도덕과의 목표를 달성하는 데 최선을 다해야 할 것이다.

참 고 문 헌

길병휘(2001), "행위 당사자 연구와 교사의 전문성 신장", 『교육 연구의 질적 접근』, 교육과학사.

길병휘 외(2001), 『교육 연구의 질적 접근』, 교육과학사.

김현숙(2000), "미국 교사 교육의 오늘: PDS를 중심으로", 『사회학교육연구』 제4호.

김현숙(1999) "교육실습 협력교사의 자질과 필수요건", 『사회과교육』 32호.

이종일(2003), "사회과 교사 자질 교육이론의 변천 - 교사 자질 형성 과정을 중심으로-", 『초등교육연구논총』 제18권 3호, 대구교육대학교 초등교육연구원, 17-38쪽

이종일(2001), 『과정 중심의 사회과 교육』, 교육과학사.

이종일(2000), "사회과 교사 자질에 대한 CBTC적 접근", 『사회과 교육』 제33집, 한국사회과 교육 연구학회.

조용기(2003), "교사와 교육자", 『초등교육연구논총』 제18권 3호, 대구교육대학교 초등교육연구원, 1-16.

Borrowman, M.(1987) "Reaction to Tomorrow's Teacher in Reforming Teacher Education" (J. F. Soltis ed, *Teachers College,* Colombia University, 1987) pp.28-29

Holmes Group(1986), 『Tomorrow's Teachers: A Report of The Holmes Group』, MI: East Lansing

Holmes Group(1995), 『Tomorrow's Schools:Principles for the Design of Professional Development Schools』, MI: East Lansing

Holmes Group(1995), 『Tomorrow's Schools of Education』, MI: East Lansing

Schon, D. A.(1987),『Educationing the reflective practitioner』, San Fransisco: Jossey-Bass

Schon, D. A.(1990) 『The reflective turn: case studies in and on educational practice』, New York: Teachers College Press

Schulman, L. S, (1987) "Knowledge and Teaching: Foundations of the new reform", 『Harvard Educational Review』, 57. pp.1-20

Chapter 08

예비 교사를 위한 도덕적 인문 정신 함양 방안

Ⅰ. 서론

Ⅱ. 인문학의 위기와 기회

Ⅲ. 대학생의 인문 정신

Ⅳ. 인문학 그리고 교양교육

Ⅴ. 인문 정신 함양 방안

Chapter

08 예비 교사를 위한 도덕적 인문 정신 함양 방안*

I. 서론

인간에 관한 학문, 즉 인문학을 다루는 학습자의 태도가 인간적이어야 한다. 즉 인간에 관한 것을 학습하는 학습자의 태도가 인간적이어야 한다. 그러한 인간적인 태도를 가진 자를 교양인이라 할 수 있고 이들이 곧 인문 정신을 소유한 자라 할 수 있다. 이러한 인문 정신을 소유한 교양인을 교육하는 것이 인문학적 교양교육이다. 인간을 그리고 인간에 관한 것에 그 주된 교육에 관심이 있는 예비 교사들이 갖추어야 할 인문 정신은 어떤 것들이 있는가?

인간 교육, 즉 인문학의 필요성과 중요성은 아무리 강조해도 지나치지 않다. 특히 인간에 관한 교육은 인간을 인간답게 교육하는 교육의 목적을 달성하기 위한 현장 교사와 예비 교사들에게는 그 필요성과 중요성은 선택의 여지가 없다. 인간을 교육하는 곳에서, 인간과 함께 삶을 나누게 될 예비 교사에게는 더 말할 것이 중요하다. 또한 인간에 관한 교육뿐 아니라 그러한 교육에 임하는

* 이 글은 초등교육연구논총 제33권 2호(대구교육대학교 초등교육연구소)의 논문을 수정 · 보완한 것임.

학습자의 태도가 인간적이어야 한다. 따라서 인문학은 그 내용에 있어서는 인간에 관한 교육이라 할 수 있고 동시에 그 형식은 인간에 관한 교육을 가르치고 배우는 교사와 학습자 역시 인간적이어야 한다. 이것은 인간에 관한 교육에 임하는 학습자와 교사가 인간적일 때 인간 교육은 그 목적을 충실히 달성할 수 있고, 그리고 인간에 관한 교육의 궁극적 목적이 인간에 관한 삶이라기보다는 인간적 삶이기 때문이다.[1] 결국 인간과 인간적 삶을 주제로 하는 인문학은 '인간'을 떠나서는 아무런 의미가 없다. 그 인간에 관한 그리고 인간적인 삶을 목적으로 하는 인문학은 우리 사회, 특히 대학에서는 어떠한가? 인간적인 삶을 살아가는 인간이 소유해야 할 인문 정신에 대한 예비 교사들의 태도는 어떠한가? 그러한 인문 정신을 함양하는 방안에는 어떤 것들이 있는가? 우리 대학에서 그리고 우리 사회에서 할 수 있는 것들은 무엇인가? 그 구체적인 내용과 대응 방안에 대해 살펴보고자 한다.

Ⅱ. 인문학의 위기와 기회

인문학, 인문학적 교양교육의 현실은 어떠한가? 인문학의 열풍은 식을 줄 모른다. 인문학의 위기, 인문학의 종언이라는 단어들이 회자되고, 그 위기에 빠진 인문학을 살리려는 입장들[2]이 봇물 터지듯 일어났던 때가 얼마 되지 않는다.

1) 조용기(2005), 『교육의 쓸모』, 교육과학사. 224쪽.

2) 인문학 선언은 1996년 11월 국공립대학 인문대 학장들의 '인문학 제주 선언'을 필두로 해서, 2001 국공립대 인문대학 협의회의 '2001 인문학 선언', 2006년 고려대학교 문과대학 교수들의 '인문학 선언'(출처 http://cafe.naver.com/secondculture.cafe?iframe_url=/ArticleRead.nhn%3Fart

위기에 처해 있었던 인문학이 현재는 오히려 열풍 혹은 홍수 수준이다. 인문학의 위기를 타개하려는 움직임들은 인문학의 대중화라는 열풍으로 이어졌다. 이러한 열풍은 교육부와 문화체육관광부가 적극 지원[3]함으로써 인문학 대중화의 길을 열었다. 인문학 대중화를 통해서 비로소 인문학이 새롭게 도약할 수 있는 절호의 기회를 가졌다고 할 수 있다. 2009년부터 전국적으로 실시하는 인문 주간 행사는 전국의 인문 도시에서 다양한 인문학 행사가 진행되고 있다.[4] 인문 정신의 근간인 관용, 성찰의 가치 덕목을 확산하고 공유하기 위해서 다음과 같은 주제로 물음으로 던지고 있다.[5] 첫째, 인문 관용과 성찰의 감수성을 함양하거나 회복하기 위한 해법이나 대안은 무엇인가? 이를 위해 인문학이 할 수 있는 역할은 구체적으로 무엇인가? 둘째, 치열한 경쟁으로 인한 구성원들의 불안과 분노를 해소하고 환대와 배려의 문화가 만개하는(활짝 피는, 만화방창하는, 중핵을 이루는, 중심이 되는) 사회로 만들기 위해 인문학은 어떻게 해야 하는가? 셋째, 사물 인터넷이나 인공지능과 같은 첨단 기술을 활용한 다양한 제품이나 서비스 등이 등장하게 될 4차 산업혁명 시대에는 관용과 성찰의 인문 정신이 더욱 절실할 것으로 보인다. 이에 대비하여 인문학이 할 수 있는 역할은 무엇이며 또 무엇을 준비해야 하는가? 등이다.

---

icleid=22), 이어 80여 개 대학 인문학 학장들이 '오늘의 인문학을 위한 우리의 제언'이 있었고, 2012년 취임한 박근혜 대통령의 인문 정신 부흥과 인문학 지원에 맞춰 '한국 인문학 위원회'와 '인문학 발전추진위원회'가 구성되었다.(신동순(2015), '한국의 인문학 위기와 인문학의 대중화 담론 일고', 『한중 인문학포럼 발표논문집』, 한중 인문학포럼, 274쪽 참조)

3) 교육부에서는 한국연구재단을 통해서 각 대학의 HK(Humanities Korea) 사업을 통해 10년간 지원하는 프로젝트를 지원하고 있으며, 2017년부터 2023년까지 7년 동안 약 360억 원을 지원하는 '인문 한국 플러스(HK+) 사업을 추진하기로 했으며, 또한 2016년부터는 CORE(initiative for COllege of humanities' Research and Education) 사업을 통해 대학 인문 역량 사업을 추진하고 있다. CORE 사업에 관해서는 한국연구재단의 홈페이지(https://www.nrf.re.kr/biz/info/info/view?biz_no=336) 참고 바람.

4) 인문 주간(10월 마지막 주간) 행사에 관해서는 홈페이지 한국연구재단 홈페이지 참고 바람. 2024년에는 '인공지능 시대의 인문학' 주제로 인문 주간 행사가 열렸다.

5) 인문 주간 홈페이지와 한국연구재단 인문 사회 연구본부 홈페이지를 참고 바람.

일반 대중들과 시민 속으로 깊게 들어 온 인문 강좌는 당연히 긍정적인 측면과 부정적인 측면이 있다.[6] 먼저, 긍정적인 의의를 찾는다면, 인문학의 대중화에 기여했다는 점과 문화적 격차를 해소했다는 점, 그리고 다양한 인문학 콘텐츠가 개발되어 인문학 고유의 주제에만 국한되는 것이 아니라 음악, 미술, 영화 등의 예술 분야뿐 아니라 타 학문 분야들과의 융합·통섭을 권장하고 있다는 점이다. 반면, 인문 강좌의 한계는, 학자 혹은 학문 후속세대로 이어지지 않았다는 것인데 이는 시민강좌에 참여한 시민들이 삶에 있어서는 인문학의 중요성에 대해서는 깨닫기는 했지만, 현실적인 문제에 직면해서는 인문학적 선택을 하지 못했다는 점과, 강의의 전문성이나 질보다는 흥행성, 성과 특히 청중의 수에 집착하는 경향을 보이는 점 등을 들 수 있다.

그러나 일반 대중들과 시민들을 위한 인문학은 어느 정도 그 위기에서 벗어나 있을지 모르지만, 대학에서의 인문학은 제자리 찾기가 쉽지 않다. 인문학 교육과 연구를 책임지는 대학의 사정은 어떠한가? 대학 밖과는 다르게 대학 안에서는 그 위기를 제대로 실감할 수 있다. 대학에서의 인문, 사회, 예술 관련 학과들의 폐과, 통합 그리고 감축 등으로 그 존립 자체가 위기에 봉착해 있다. 이는 대학 내의 평가 기준이 시장성과 효율성이라는 자본의 논리에 의해 정해지고 취업률이라는 잣대로 평가되기 때문에 인문학은 쓸모없는 공부로 인식되어 축소되거나 감축 혹은 폐과되는 것이 당연한 것으로 여겨지기 때문이다. 따라서 학문 후속세대들의 배출은 맥이 끊기게 되는 위기에 처해 있다. 이러한 대학에서 인문학을 홀대하는 근저에는 인간의 가치와 삶의 궁극적인 의미를 탐구하고 그 철학적 사유를 토대로 인간 중심의 사회적 발전을 위해 노력해야 할 대학들이 학문의 효용성과 실용성에 매달려 대학 본연의 모습을 잃어가고 있기 때문이다.[7] 인문학을 전공하는 대학생들이 졸업 후 90% 이상이 놀고 있

6) 진정일(2015), '인문학 대중화에 대한 비판적 고찰 -'시민 인문 강좌'를 중심으로- ', 『인문학 연구』101권, 충남대학교 인문과학연구소, 697-699쪽 참조.

다는 '인구론'이라는 단어가 씁쓸한 까닭은 대학에 몸 담고 있는 우리, 특히 인문학을 전공한 입장에서 인문학이 회복의 기회를 맞았다는 입장과 여전히 위기에서 벗어나지 못하고 있다는 혼돈 속에서 갈 길을 찾지 못하고 있는 현실에 살고 있기 때문이다.

인문학의 위기를 타개하기 위해서 대중 속으로 들어온 인문학이 열풍을 일으키고 있는 것은 사실이다. 이런 상황 속에서 인문학의 위기를 말하는 것은 무엇 때문인가? 위기에 처해 있다는 인문학은 도대체 무엇이며, 이런 인문학은 어떤 인문학인지, 호황을 누리고 있는 인문학은 어떤 것인지에 대한 논의가 뒤따라야 할 것이다. 첫째, 인문학의 위기를 타개하기 위해서 정부의 지원을 요구하고 정부가 지원해 주고 있지만 그 지원자의 요구에 응할 수밖에 없어 자신의 정체성을 잃어버리고 연구의 자율성을 박탈당하는 상황까지 이르게 된다. 둘째, 인문학 내부에서조차도 외부적인 현실에 대처할 수 있는 능력을 제대로 갖추고 있지 못하기 때문에 인문학 자체 내의 자립성을 구축하지 못하고 있다는 비판을 받고 있다. 셋째, 인문학의 위기에 대처하기 위해서는 학문으로서의 인문학을 넘어 대중과 소통하고 그들을 변화시킬 수 있는 인문학을 확립해야 하는데 그런 인문학을 확보하지 못하고 있다.[8]

이러한 위기에 처해 있는 인문학을 회복시킬 수 있는 길은 다른 어떤 불순물도 섞이지 않는 인간의 삶과 현실을 철학적으로 고민하는 학문으로서의 인문학으로 다시 돌아갈 때 위기에서 벗어나 기회로 나갈 수 있을 것이다. 기회를 제대로 잡으려면 위기에 대한 충분한 담론이 우선되어야 한다. 즉, 위기를 기회로 삼은 담론이 있어야 할 것이다.[9] 먼저, 인문학이 위기에 처해 있다는 것

---

7) 신동순(2015), '한국의 인문학 위기와 인문학의 대중화 담론 일고', 『한중 인문학포럼 발표논문집』, 한중인문학포럼, 273쪽.

8) 신동순(2015), 앞의 논문, 274-275쪽 참조.

9) 유초하(2003), '이 시대 인문학 무엇을 할 것인가?', 『사회 속의 인문학』, 이화여대 인문학연구소, 4-5 쪽 참조.

은 단지 인문학만의 위기가 아니라 우리 사회 문화 전반에 걸쳐 있는 총체적인 위기라고 할 수 있다. 그러나 이러한 위기는 오히려 인문학에 더 큰 과제를 해결할 기회를 제공하는 것이라 할 수 있다. 즉 현존하는 우리 사회 전반의 위기 근거를 밝히고 새로운 지평을 열어주는 사회적인 과업이 대두되게 되고 이러한 과업을 수행하기 위해서는 문제를 그 근저에서부터 살피는 인문학적 사유와 상상력이 필수적으로 요구된다. 나아가 이러한 문제 해결을 위해서는 무엇보다도 인문학자를 비롯한 인문 인들의 자각과 결단이 절실히 요구된다. 다시 말하면 위기의 문제를 인문학의 바깥에서 찾기보다는 인문학자 자신의 적극적인 사태 대응의 노력이 따를 때 위기를 적절하게 벗어날 수 있다. 국책사업에 선정되기 위해 전략적인 기술을 쫒는 것이 아닌, 행사나 사업으로서가 아닌 인문학 본연에 대한 사유와 연구, 그런 본연의 인문학의 확산과 주체적 인문학의 대중 소통을 위한 의식과 노력이 필요하고, 그러기 위해서는 인문학은 '불온한 의식을 가지고 있는 인문학과 싸우는 인문학'이 필요하다.[10)]

따라서 앞에서 언급한 위기의 인문학을 극복하기 위해서는 인문학 본연의 역할, 즉 인간에 관한 학문을 인간적으로 학습하고 교육할 수 있는 역할을 제대로 수행하는 연구와 노력이 뒤따라야 할 것이다. 이를 위해, 인문학 내부의 철저한 자기반성을 통해 현실을 직시하는 비판적인 지식인을 양성하고 인문학 발전을 위해 힘쓰는 동시에 그것의 실천력을 담보해야 하며, 인간에 관한 문제를 인간적으로 교육하는 것이 대학의 본질임을 잊지 말아야 할 것이다. 대학의 자발적 그리고 주도적으로 이끄는 인문 정신 함양을 위한 강좌는 대학에서 인문학 위기의 대안이 될 수 있을 것이다.[11)]

---

10) 최진석 외(2011), 『불온한 인문학-인문학과 싸우는 인문학』, ㈜휴머니스트 출판 그룹. (신동순(2015), 278쪽 재인용)

11) 그 중 대표적인 것이 계명대학교 목요 철학원에서 주관하고 있는 목요 철학 인문 포럼회라고 할 수 있다. 1980년 계명대학교 철학과에서 '목요 철학 세미나'로 시작하여 2011년 '철학의 대중화, 대중의 철학화'라는 모토로 목요 철학원을 열어 그 외연을 확장하여 '목요 철학 세미나'를 '계명 목요 철학원'으로 이름을 바꾸어 현재까지 이르고 있다. 이뿐 아니라, '목요

Ⅲ. 대학생의 인문 정신

대학에서 인문학의 위기는 대학생들의 인문학에 대한 의식에서 그대로 나타난다. 대학생들의 인문학에 대한 의식 정도는 어떠한지 살펴본다. 물론 예비 교사들에게도 동시에 적용될 수 있는지의 부분은 미지수이지만 예비 교사의 인문학 의식을 살피는 데 있어 충분한 근거 자료가 되리라 판단된다.[12] 이에 앞서 인문학과 인문학 교육 그리고 인문학 교양교육의 개념 정리를 하면 다음과 같다. 인문학은 인간 존재 또는 인간다움 내지 인간적 삶에 대하여 반성하고 연구하는 학문이라고 할 수 있다. 인문학 교육은 이러한 반성을 토대로 하여 인간다운 삶을 살아갈 수 있는 능력을 길러주는 교육이라 할 수 있으며, 인문학 교양교육은 교양교육 중에서 인문학 관련 전공 학생들을 포함해서 모든 대학생을 대상으로 하는 인문학 교육이라 할 수 있다.[13] 모든 대학생을 대상으로 하는 인문학 교양교육은 학생들로 하여금 깊이 있고 폭넓은 지적 탐색과 정서적 공감을 체험할 수 있는 기회를 제공함으로써 세계와 인간에 대한 건전한 이해를 찾게 하고 이를 바탕으로 도덕적 · 사회적 · 미적 가치관을 정립하고, 이에 따라서 스스로 행동을 결정할 수 있는 주체적 인간을 교육하는 것[14]을 목적으로 하고 있다. 따라서 인문학적 교양교육, 인문학 교육, 인문학 순으로 그

철학 콜로키움'과 청소년을 위한 '철학 인문학 교실'등이 있다. 대학생들과 일반인들 그리고 청소년에 이르기까지 인문학적 소양을 기르기 위한 노력을 계속하고 있다. 다음의 홈페이지 참조. https://www.academiaphilosophia.com/

12) 홍병선 외(2011), 『인문학 교육 실태 분석 및 진흥 방안 연구』, 교육과학기술부 정책연구보고서,

13) 홍병선 외(2011), 앞의 보고서, 116쪽.

14) 이상옥(2003), 『한국 인문교육 진단 모형과 정책대안의 종합적 · 단계적 추진 전략』, 인문사회연구회, 7쪽(홍병선 외(2011), 앞의 보고서, 116쪽 재인용)

외연이 확장되고, 인문학 교육은 인문학적 소양 혹은 인문 소양을 갖추기 위한 교육에 초점을 맞추고 있으며, 인문학을 배우는 모든 대학생을 그 대상으로 하고 있다. 따라서 본 연구는 인문학적 교양 혹은 교양교육과 그 인문학적 교양교육을 통한 인문학적 소양, 즉 인간적으로 대하는 태도인 인문 정신을 함양하는 데 초점이 맞추어진다.

먼저, 대학생들의 인문학 교양교육에 관한 실태를 살펴보면 다음과 같이 정리 할 수 있다.[15] 첫째, 인문학의 가치에 대하여 학생들은 긍정적으로 인식하고 있으며, 둘째, 인문학 강좌에 참여할 의향은 있으나 학점 관리 때문에 망설이고 있으며, 셋째, 인문학 강좌에 대한 안내가 부족하고 수업 만족도가 높지 않으며, 넷째, 인문학 강좌는 전문적이고 추상적이며 현실성이 떨어지는 경우가 많으며, 다섯째, 학생들의 준비 부족과 취업 준비로 인해 인문학 교양교육은 소홀하게 이루어지고 있다. 이는 대학생들을 위한 교양교육은 겉으로 보기에는 강화되었지만, 교양교육은 대부분 영어교육이나 글쓰기, 컴퓨터, AI 교육 등 실제 생활에 필요한 도구 과목에 집중되어 있다. 이에 반해 인간의 본질에 대하여 깊이 있게 성찰하고 바람직한 삶의 길을 모색하게 하는 인문학 교육을 필수로 채택하는 대학은 찾아보기 힘들다. 따라서 모든 대학생을 대상으로 하는 인문학 교양교육을 통해 교육적 효과를 기대하기는 쉽지 않는 상황에 있다.[16]

우리나라 대학에서의 인문학 교양교육의 문제점을 해소하는 방안을 예비 교사 양성 기관과 연계해서 살펴보면 다음과 같이 제시할 수 있다.[17] 첫째, 정부

15) 홍병선 외(2011), 앞의 보고서, 119쪽.

16) 홍병선 외(2011), 앞의 보고서, 120-121쪽 참조. 대학의 교양교육은 강화되었다고 할 수 있으나, 인문학 교양교육은 약화되었다고 할 수 있다. 다만 경희대학교에서 실시하고 있는 후마니타스 칼리지(Humaitas College)는 대학에서의 실용 위주의 그리고 단편적이고 단시간적인 인문학 교양교육에 대해서 인간과 세계에 대한 체계적이고 장기적인 교육을 제공한다는 취지에서 그 성과를 기대해 볼 만하다. 다음의 홈페이지 참조. http://hc.khu.ac.kr/v2/

17) 홍병선 외(2011), 앞의 보고서, 163쪽, 165-166쪽 참조.

차원이나 각 학교 차원의 인문학 교육을 위한 전담 기구를 구성할 필요가 있다. 전담 기구는 학제적 협동 강의뿐 아니라 인문학 프로그램의 전반을 주관한다. 교원 양성대학에서도 책임 있는 전담 부서를 마련하여 전반적이고 체계적인 예비 교사를 위한 인문 정신 함양 프로그램 개발과 지원을 해야 할 것이다. 교원대학에서 예비 교사를 위한 인문 정신 함양 프로그램은 필자가 재직 중인 교육대학의 도서관에서 집중적으로 실시하고 있다.[18)]

둘째, 인문학을 중심으로 협동 강의를 담당하는 교수들에 대한 지원을 강화해야 한다. 협동 강의 시간을 합리적인 수준에서 책임시수에 반영하여 적극적으로 참여할 수 있도록 유도해야 할 것이다. 협동 강의가 현실적으로 어려울 경우는 인문학 관련 교수들의 강의 기부 형식으로 학생들에게 양질의 교육을 제공하고, 이들 교수를 통한 콜로키움 형식의 토론 장을 마련하는 것도 고려해 볼 만하다. 셋째, 인문학 강좌 이수를 의무 할 필요가 있다. 인문학 교양과목 중 필수과목을 강화하는 방안도 필요하리라 본다. 넷째, 대학생들의 인문학에 대한 긍정적인 인식과 관심이 실제 강의 참여와 관련 교육활동으로 이어질 수 있도록 하는 방안이 마련되어야 한다. 다섯째, 대학의 인문학 수업이 학생들에게 충분히 안내되도록 하고 학점 경쟁의 부담으로부터 제약받지 않고 다양한 인문학 강좌와 교육활동을 경험할 수 있도록 하는 대책이 요구된다. 여섯째, 공신력 있는 외부 기관이나 연구 모임의 강의 수강을 일정 부분 학점으로 인정하는 등의 혁신적인 방안을 고려할 필요가 있다. 일곱째, 다양한 교수 학습 방법을 동원할 필요가 있다. 멀티미디어 활용과 현장 체험 활동 등을 통해서 학

18) 대구교육대학교 도서관에서는 '책과 함께 떠나는 인문학 기행'을 메년 실시하고 있으며 '인문학 독서 장학생 선발대회'를 개최하여 인문학 추천 도서 90권 중 2권을 읽고 2권을 서로 관련지어 독서 감상문을 작성하는 프로그램을 진행하며, '인문학 독서 토론 동아리 모집' 프로그램을 통해 인문 소양 함양 도서 20종 중 2종 이상을 4명의 동아리를 조직해 월 2회 이상 6개월 동안 정기적 독서 모임을 하고 난 후 최종 토론회 후 인문학 독서 토론 발표대회를 실시한다. 구체적인 내용은 다음의 대구교육대학교 도서관 홈페이지 참고 바람.
https://lib.dnue.ac.kr/lib/SlimaPlus.csp

생들이 인문학 수업에 쉽게 접근할 수 있도록 유도하는 것도 필요하다. 여덟째, 인문학의 정체성을 유지하되 대학생들의 진로 탐색과 취업 등에 도움을 줄 수 있는 유연하고 실용적인 교육 내용을 선정하고 그에 따른 교수 방법을 마련할 필요가 있다. 인문학 관련 강좌는 특히 도덕과 수업과 국어과 수업에서 실제로 활용하기가 쉽다. 교과 교육을 통해서 인문학적 소양을 함양시키는 방안도 구체적으로 활용할 필요가 있다.

Ⅳ. 인문학 그리고 교양교육

인문학의 개념 정의와 인문학적 교양교육의 의미를 파악하기 위해서는 인문학에 관한 역사적 추적을 통한 의미 파악이 중요하다.[19] 인문학이란 무엇인가? 인문학의 용어[20]의 내포와 외연은 다양하다. 인문과학, 정신과학, 그리고 문화과학 등과 같은 의미로 혹은 구분되면서 역사적으로 사용되었다. 인류의 지성사를 살펴보면 인문학 혹은 인문과학, 정신과학과 자연과학과의 관계 설정에 있어서 이들 간의 구분에 대한 논쟁이 오랫동안 진행되었다. 특히 이들 학문 간의 연구 방법의 차이점들이 논란의 중심에 있었다.

이런 구분은 철학자 딜타이가 "자연은 설명하는 데 반해 영혼적 삶은 이해한다"라고 주장하는 것에서 학문 간의 구분 및 그 연구 방법의 차이점을 대변하

19) 인문학의 개념 정의와 간략한 역사에 관해서는 다음의 논문을 참고 바람. 최신일(2016), '도덕교육의 인문학적 함의', 『초등도덕교육』제51호, 초등도덕교육학회, 382-385 쪽 참조.

20) 인문학은 인문과학, 정신과학 등으로 사용된다. 대체로 인문학이라는 용어로 사용하지만, 문맥에 따라서는 인문과학 혹은 정신과학으로 표기하기도 한다.

고 있다. 여기서 자연은 자연과학, 영혼적 삶은 인문과학을 지칭하는 것으로서, 즉 자연과학과 인문(과)학은 자연과 인간 삶의 해명 방법에 있어서 구분된다. 그렇다면 인문학이란 도대체 어떤 학문이고 다른 학문과는 어떤 관계에 있는가?

먼저 인문학의 개략적인 역사를 살펴보자. 먼저 고전적 인문학은 그리스어 파이데이아(paideia)와 라틴어 휴마니타스(humanitas)에 기원을 두고 있다. 시세로(Cicero)가 일종의 교육 프로그램을 작성할 때 원칙으로 삼은 라틴어 「휴마니타스」(humanity 또는 humaneness)에서 발생했으며 그 후에 겔리우스(A. Gellius)가 이 용어를 일반 교양교육(general and liberal education)의 의미와 동일시하여 사용하였다.[21] 이 시기의 인문학은 인간 이성의 관조와 사색에 바탕을 두고 궁극적 존재의 본질을 찾아가는 데 초점을 맞추는 형이상학으로 나아가는 초월적 성격을 가지고 있었다.

그 후 중세에서는 이성의 관조적이고 사색적인 능력은 무력해지고 이성은 절대자에 의존할 수밖에 없었고 따라서 철학을 비롯한 인문학은 신학에 예속될 수밖에 없었다. 중세 암흑시대를 지나 시세로의 전통을 계승시킨 르네상스의 인문학은 초월적 형이상학의 세계에서 구체적인 삶의 세계에 관계하면서 논리학보다는 수사학에 관심을 가지게 되었다. 이것은 르네상스 인문학의 주된 대상이 도덕철학과 수사학이라는 점과 무관하지 않다. 이 당시의 인문학은 그리스의 고전을 통해서 절대자의 힘을 빌리기보다는 자신으로부터 사물을 이해하고 지혜를 얻고자 하였고 이것은 결국 지적으로나 도덕적으로 인간 자신의 위대함을 강조하기 위함이었다.[22]

베이컨과 데카르트에서 시작된 근대 인문학은 더 이상 전통을 담고 있는 고

21) [네이버 지식백과] 인문학 [人文學, humanities](교육학용어사전, 1995. 6. 29., 하우동설)

22) 김석수(2008), '21세기 사회, '소통'인문학의 길을 찾아', 『서강 인문 논총』 제23집, 서강대학교 인문과학연구소, 84-86 쪽 참조.

전이나 현란한 수사학적 작업에 관심을 가지기보다는 오히려 이것들은 진리에 이르는데 방해가 되는 것으로 보았고, 르네상스 인문학에 내재 되어 있는 인간 자신의 위대함에만 치중하여 공동체보다는 개인의 자기의식을 강조하게 되었다. 특히 데카르트는 도덕적 문제보다는 수학의 확실성과 명증성에 바탕을 두어 객관적으로 확실한 진리에 이르고자 한 입장을 강조함으로써 학문은 보편성과 필연성을 갖춘 하나의 체계학문으로 자리를 잡게 되었다. 근대 인문학은 신학의 그늘에서 벗어나기 위해 수학이나 기하학과 같은 자연과학과 연대하여 인간의 권리와 자유를 마련하는 길로 나아가게 함으로써 자연과학과 대립 관계에 놓여 있기보다는 과학적 정신을 학문적 토대로서 공유하게 되었다. 이것은 인문학의 명칭에 따른 논란에서도 찾아볼 수 있다. 독일어의 정신과학(Geisteswissenschaften)이라는 표현과는 달리, 라틴어 계통의 moral science, humanities, 혹은 sciences humanies 등의 용어의 의미를 이해하기 위해서는 그 문화적 배경을 살펴보면 분명하게 알 수 있다. humanities, 혹은 sciences humanies 등의 용어는 어원상 라틴어의 humanitas와 humaniora에서 유래되었고 르네상스 휴머니즘에 그 사상적 뿌리를 두고 있다. 따라서 라틴어 계통의 인문학 혹은 인문과학은 고대의 언어, 문학, 예술, 문화 일반을 연구하고 부활시켜 육성함으로써 중세 스콜라 철학과 가톨릭교회의 정신적인 지배를 타파하고 고대를 모범으로 하여 교회의 권위로부터 독립적이고 지식과 이성에 근거를 둔 세계상과 인간상을 창조하려는 르네상스 휴머니스트들 의지의 표현으로 볼 수 있기에 이성을 중시하는 인간중심주의에 초점을 맞추고 있다. 다시 말하면 르네상스에서 19세기 중엽까지는 휴머니즘을 추구한 인문과학은 자연과학을 그 자체에서 적대적인 것으로 보지 않았다. 왜냐하면, 인문과학자들은 자연과학 혹은 기술의 발달을 휴머니즘의 승리로, 신에 대한 인간 주체의 해방으로 또 인류의 문명화 과정으로 간주했기 때문이다.[23]. 이런 입장은 프랑스와 영국

23) 최종욱(2001), '인문학의 위기에 대한 시론(1)', 『어문학 논총』 제20집, 국민대학교 어문학연

의 자유주의의 기본적 입장이다. 결국 이러한 과정은 인문학의 위기를 초래하게 되었는데, 그 위기는 신학에 있는 것이 아니라 자연과학과 기술에 있게 되었다.

근대 인문학은 객관주의, 실증주의, 보편주의가 만연하면서 인간의 삶과 생명은 위기를 맞이하게 되었고, 이에 대해 새롭게 삶과 생명을 고민하고 있는 생 철학, 실존철학, 해석학 등이 출현하게 되었다. 이들은 과학화되고 객관화되며 실증화되는 것에서 또 다른 위기감을 가지게 되었고 따라서 이들은 인간 존재와 그 존재가 함께 하는 삶의 공간을 '설명'의 대상이 아닌 '이해'의 주체임을 강조하게 되었다. 이러한 인간과 인간의 삶을 이해하려는 입장은 독일에서 활발하게 일어났다. 독일에서는 인문학 혹은 인문과학이라는 명칭 대신에 정신과학(Geisteswissenschaften)이라는 명칭을 사용하게 되는데 이것은 독일의 보수적 성향과 밀접한 관련성을 가지고 있다. 19세기의 독일의 보수주의자들은 자연과학 혹은 기술이 인문학을 소외시켰다고 보고 있다. 이는 그 당시 프랑스와 영국에 비해 물질적으로 뒤떨어져 있었지만 정신 문화적으로는 이들 나라보다 뒤떨어져 있지 않거나 오히려 앞서 있다고 보고 있다. 영국과 프랑스에서는 통합적인 의미인 문명이라는 개념이 독일에서는 물질문명과 정신문화라는 두 개념으로 분리되어 있다고 본다. 그래서 19세기 말 니이체와 딜타이 그리고 20세기 초 후설과 하이데거 등은 프랑스와 영국의 물질문명이 독일에 침투해 들어와 독일의 정신문화를 위기에 빠트렸고, 이를 극복하기 위해서는 자연과학적 실증주의로부터 인문학의 재건이 필요하다고 보았다.[24)]

독일에서의 신인문주의가 근본정신을 함축하고 있는 단어가 곧 Bildung이다.[25)] 이것은 단지 교육학적인 의미를 넘어 형이상학적 존재론적 의미를 내포

구소, 502쪽.

24) 최종욱(2001), 앞의 논문, 503-504쪽 참조.

25) 이언주(2016), 『인문학을 활용한 도덕과 교육 개선 방안 연구』, 서울대학교 대학원 윤리교육과 박사학위논문, 48-59쪽 참조. bilung의 의미를 철학적, 역사적으로 명료하게 규명하고 있다.

하기 때문에 정확한 우리말로 번역하기는 쉽지 않다. 이 단어는 '교육', '도야', '교양' 등으로 번역이 되고 있지만 독일어에 담긴 본질적인 의미를 담아내기가 쉽지 않기 때문에 Bildung이란 단어로 그대로 사용되기도 하지만 여기서는 본 연구의 주제와 예비 교사와의 관련성을 염두에 둔다면 교양이라는 표현이 적절하다고 판단하여 '교양'이라고 부르기로 한다. 교양에 관해서는 독일 해석학자인 가다머(H. G. Gadamer)의 해석을 참고할 만하다.

가다머는 그의 저서『진리와 방법』에서 Bildung 개념을 육성(kultur, culture)의 개념으로 설명하는데[26], 이는 인간의 자기 자신의 자연적 소질과 능력을 개발하는 인간의 독특한 방식으로 규정하면서, 헤르더, 칸트 그리고 헤겔, 훔볼트 등에 의해 이와 같은 개념으로 정리할 수 있다고 한다.[27] 이들에 의해 규정될 수 있는 교양의 의미는, 단순히 인간의 자연적인 소질과 재능을 계발하는 것을 넘어서서 궁극적으로는 보편적인 인간의 인식 방식이자 존재 방식으로 설명할 수 있다. 다시 말하면 교양은 인간의 진정한 의미를 파악하는 인식의 방식인 동시에 인간의 인간답게 하는 존재 방식이라 할 수 있다. 가다머는 교양 있는 사람 혹은 도야 된 사람을 자신의 사적인 이해관계와 관심의 협소한 범위를 뛰어넘어 자신이 속해 있는 공동체의 관심사를 자신의 것처럼 받아들이는 자를 말한다.[28] 이러한 교양의 보편성이란 자기 자신과의 거리를 두고 타자를 주시하는 것을 의미하는 것이기 때문에, 이러한 교양은 개인 차원을 넘어 공동체적이고 시민적인 차원을 포괄하는 것으로 볼 수 있다.[29] 따라서 교양인으로서의

---

26) H.G.Gadamer(1960), *Warheit und Methode*, J. C. B. Mohr, 7 -16쪽 참조.

27) 이언주(2016), 앞의 논문, 49쪽

28) Georgia Warnke(1987), *Gadamer: Hermeneutics, Tradition and Reason*, Stanford University Press.(이한우 역(1993),『가다머의 철학적 해석학』, 사상사, 254족)

29) 이언주(2016), 앞의 논문, 54쪽 참조. 르네상스 시대로부터 이어온 교양의 개념은 이탈리아에서는 궁정인(cortwgian), 프랑스에서는 궁정 풍의 사교인 오네톰(honnete homme), 영국에서는 귀족적이면서 시민적인 신사(gentleman), 그리고 독일에서는 학자라는 개념으로 인문주의적이고 실천적인 교양인의 모습으로 발전해 갔다.

도덕적이고 사회적인 선행을 실천하는 삶을 살아가는 사람을 사회적 교양인이라 할 수 있다. 이는 대학에서의 지식 자체를 목적으로 하는 대학에서의 자유과목 (artes liberales, liberal arts)을 통한 지식인이라기보다는 사물에 대한 지적 관심을 넘어서 삶에 관한 것, 그리고 새로운 것에 대한 자유로운 사상에 관련된 것으로 보는 아널드의 견해와 일치한다고 할 수 있다. 따라서 인간이 교양을 갖기 위해서는, 사람이 인문학적 교양인이 되기 위해서는 그리고 진정한 의미에서 인간의 완성을 위해서는 고립된 개인으로서는 불가능하고 다른 사람들과의 협력을 바탕으로 최선을 다하는 모습을 갖추어야 하는 동시에 교양인으로서 삶을 살아가기 위해서는 인간의 경험, 즉 종교뿐 아니라 예술, 시, 철학, 역사 등, 인문학을 강조할 수밖에 없다는 것이다. [30)]

이상에서 서양 전통에서 인문학의 의미 규정을 통해서 인문학의 현대적 의미를 찾아본다면, 첫째, 인문학은 인간 삶의 질, 즉 행복하고 좋은 삶을 지향하는 학문이며, 둘째, 인문학은 오늘날 자율적이고 능동적인 시민성을 길러내는데 핵심적인 역할을 하는 학문이며, 셋째, 인문학은 인문학적 창의성을 바탕으로 궁극적으로는 창의성을 갖추도록 하는데 기여하는 학문이라 할 수 있다.[31)] 따라서 인문학 교육 특히 인문학적 교양 육을 통해서 인문학적 소양과 정신을 소유한 교양인으로서의 인문인을 양성하는 것이 교원 양성대학에서는 필수 조건이라 할 수 있다.

30) 이언주(2016), 앞의 논문, 56-58 쪽 참조.

31) 이언주(2016), 앞의 논문, 59쪽

V. 인문 정신 함양 방안

교양 있는 사람, 즉 인문학적 소양을 가진 사람은 앞에서 살펴본 바와 같이, 인문학 교양교육은 학생들로 하여금 깊이 있고 폭넓은 지적 탐색과 정서적 공감을 체험할 수 있는 기회를 제공함으로써 세계와 인간에 대한 건전한 이해를 찾게 하고 이를 바탕으로 도덕적 · 사회적 · 미적 가치관을 정립하고, 이에 따라서 스스로 행동을 결정할 수 있는 주체적 인간을 교육하는 것이라 할 수 있다면, 인간 삶에 진정한 가치를 두는 동시에 자신의 주체적 삶에 대해서 끊임없이 반성하고 나아가 다른 사람과의 협력을 통해서 그들이 속해 있는 공동체를 가치 있게 만들어 가는 사람이라 할 수 있다. 예비 교사를 양성하는 대학에서의 인문학적 소양, 즉 인간적인 교육을 위한 방안에는 어떤 것들이 있는가? 예비 교사들이 갖추어야 할 인문 정신은 교사가 되어서 학교 현장에서 학생들과의 관계에서 구체적으로 활용할 수 있고 이를 위해 교원 양성대학과 예비 교사가 힘써 갖추어야 할 부분에 대해서 살펴보고자 한다.

1. 인문 정신과 독서 교육

현실적으로 보면, 예비 교사가 제아무리 능력이 있다고 하더라도 혹은 인문학적 소양을 가지고 있더라도 임용고사라는 턱을 넘지 못하면 교사가 될 수 없다. 임용고사와 관련해서 대구광역시 교육청은 예비 교사의 인문 정신 함양을 위해 임용고사 인문학적 소양 시험을 2016학년도 임용고사부터 심층 면접에서 실시했지만, 지금은 중단된 상태다. 독서, 특히 고전을 읽는 것이 과연 인문 정신을 함양하는 데 도움을 될 수 있을까? 일차적으로 도움이 된다. 항존주의 교육철학자들은 교육의 중심 과제를 인간, 정신, 본질로 되돌리자는 취지에서 교육은 궁극적으로 인간을 인간으로 만드는 도덕적 과정이라는 전제하에 교육 현장에서 최우선으로 가르쳐야 할 내용은 인간 그 자체라는 점을 강조하고 있다. 이는 서양의 교양교육의 근간이 된 7 자유 교과(seven liberal arts)와 같은 오랜 전통에서 알 수 있듯이, 인간의 정신을 자유롭게 하기 위한 최선의 방법은 자유로운 교과와 주제들을 제시하여 이에 관해서 자유롭게 토론하도록 하는 것이다. 고전을 둘러싼 질의응답, 대화, 토론, 비판의 방법, 즉 소크라테스의 방법이 인간의 정신을 자유롭게 하는 가장 오래된 방법 가운데 하나다.[32] 고전 읽기, 독서 교육, 인문 고전교육을 통해서 제기될 수 있는 몇 가지 근본 문제는 다음과 같다.[33] 첫째, 왜 다시 고전인가 하는 문제이다. 단편적이고 근시안적 그리고 단시간 교육에 맞서 있는 인문 고전교육은 자신의 주체성을 지킬 수 있는 자율적 인간, 자기와 더불어 살아가는 타인과 함께 살아갈 수 있는 공동체적 인간, 더 나아가 자기와 자기 주변의 사람뿐 아니라 이 땅에서 소외되고 억압받는 사람들에 관한 관심과 배려를 보일 수 있는 연대적 인간, 그리하여 결국 지구상의 생명과 우주의 만물에까지 생각이 미칠 수 있는 지혜로운 인간을 기르는 초석을 놓을 수 있기 때문이다.

둘째, 어떤 고전을 다룰 것인가 하는 문제이다. 고전교육의 목적은 과거와 현재의 적극적인 대화에서 그 의의를 찾을 수 있다. 죽은 과거의 유산이 아니라 생생한 현재의 가치와 미래에 대한 전망을 찾는 수단으로 고전의 의미를 살릴 필요가 있다. 그 중의 방법이 연대기적 방법이다. 사고의 궤적이 발생의 순서대로 추적해 나가는 방식은 학습자로 하여금 고전에 대한 접근을 쉽게 할 뿐

32) 손승남(2013), "'위대한 저서(The Great Books)' 프로그램을 토대로 본 우리나라 대학 인문 고전교육의 방향 탐색", 『교양 교육 연구』 제7권 4호, 한국 교양 교육학회, 454쪽

33) 손승남(2013), 앞의 논문, 462-467 쪽 참조.

아니라 학습의 순서에 따라 고전의 기초를 다질 수 있기 때문이다. 각 시대를 관통하는 핵심적인 주제를 찾아 고전의 내용을 다루면서 지금, 여기 학습자의 삶에 의미를 부여할 수 있도록 내용을 구성해야 한다. 이와 관련된 주제들을 살펴보면, 생명, 환경, 교육, 평등 등의 주제를 과거와 현재 그리고 미래로 연결하면서 그 의미를 찾아보는 것이다.

셋째, 고전을 어떻게 읽을 것인가 하는 문제이다. 독서, 대화, 토의, 토론, 작문 등 고전을 읽고 말과 글로 표현하는 기술과 방법을 포괄적으로 다루어야 한다. 이는 학습자의 자발성과 자기 주도성에 근거를 두어야 하는데 프로그램 구상 단계부터 학습자의 요구를 충분히 반영해야 할 필요가 있다.

마지막으로, 텍스트로서의 고전을 어떻게 읽어야 하는가 하는 문제이다. 저서가 어떤 의도로 쓰였는지, 저술 당시 사회적 정치적 역사적 학문적 배경은 어떠한지에 관한 것, 즉 저서를 둘러싼 다양한 맥락을 살펴야 한다. 저자의 개인적 혹은 시대적 한계로 발생한 오류는 현재의 관점에서 비판적으로 읽어야 한다. 일련의 해석과 이해의 과업은 궁극적으로 지금, 여기를 살아가는 독자 자신의 삶을 더 잘 이해하고자 하는 데 있다. 보이지 않는 텍스트와의 대화를 통해 대화상대자, 즉 텍스트 저자의 생각을 알 수 있고, 저자와 독자의 대화를 이해의 지평이 확대 · 심화 되는 것을 알게 된다.

이상의 고전 일기와 토론 등은 예비 교사의 인문 정신을 함양하는 데는 일익을 담당하고 있다. 예비 교사들의 인문 정신 함양을 위한 독서와 독서 토론에 관련 있는 노력이 교원 양성대학에서 필요하리라 본다.[34)]

34) 앞에서 언급한 대구교육대학교 도서관에서 주관하는 인문학 독서 토론 동아리 프로그램의 토론 대상 도서는 다음과 같다. 논어, 에밀, 명심보감, 데미안, 열하일기, 목민심서, 백범일지, 삼국유사, 간디 자서전, 삼국사기, 도덕경, 그리스 로마신화, 자유론, 이방인, 소크라테스의 변명, 역사(헤로도토스), 문화의 수수께끼(마빈 해리스), 갈매기의 꿈, 어린 왕자 등이다.

2. 인문 정신과 인문 치유 및 상담

예비 교사들의 인문 정신 함양을 위한 방안으로 교사와 학습자 간의 상담에서, 교사는 학생들의 고민 등의 문제들을 상담이라는 방식으로 해소할 수 있다. 상담자로서의 교사와 내담자로서의 학생 간의 상담을 통해 학생들의 정신적 문제들을 해소해 줄 수 있다. 상담자로서의 그리고 치료자로서 교사의 자질이 필요하다.

인문학의 대표적인 영역인 철학, 문학, 역사는 인간의 정신적 문제뿐 아니라 사회적 문제들을 예방하고 치료하는 인문 치유의 역할을 하고 있다. 인문학은 인류 역사와 함께하며 인간의 정신 문제에 대해서 깊이 관여하고 있다. 다시 말하면, 인문학은 독서, 글쓰기, 인문 강좌 그리고 사유하기 등의 방법으로 인간들에게 치유를 베풀어 왔다. 따라서 인문학의 치유적 의미는 문학, 역사, 철학으로 대변되는 인문학으로 사람들 개인의 문제인 정신적, 정서적 문제와 사회적 문제들을 예방하고 치유하는 것[35]이라 할 수 있다. 인문학의 치유적 의미를 찾아보면 다음과 같다.[36] 첫째, 인문학 치유의 기능은 인류의 역사와 함께 치유의 문제에 대해서 끊임없이 고민하고 해결하려는 노력을 계속해 왔다. 원시시대와 고대에 이르기까지 인간의 문제를 신적인 관계 속에서 해결하고자 노력해 왔고, 경험적이고 과학적인 의학이 성립한 근대에 와서도 초자연적인 치유에 의존하고자 하는 경향은 여전히 중요한 대안으로서 역할을 했다. 그 가운데 독서가 인간의 영혼을 치유한다는 사실을 고대로부터 찾을 수 있다.[37]

둘째, 인문학의 치유적 기능은 인간 주체에 대한 반성적 기능에서 찾아볼 수 있다. 인문학은 인간 존재에 대한 반성을 통해서 인간 자신의 이해를 심화시켜

35) 엄찬호(2010), "인문학의 치유적 의미에 대하여", 『인문과학 연구』 25, 강원대학교 인문과학연구소, 423 쪽

36) 엄찬호(2010), 앞의 논문, 423 - 428쪽 참조

37) 엄찬호(2010), 앞의 논문, 424쪽

가면서 치유의 기능을 하고 있다. 다시 말하면, 인문학이야말로 인간의, 인간에 의한, 인간을 위한 학문이고 따라서 인간 주체를 반성하고 이해하는 학문이라 할 수 있다.

셋째, 인문학은 정신분석학이나 심리학에서 규명되지 않은 치유의 의미가 있다. 설명의 방식이 아니라 이해의 방식으로 인간의 고통을 치유할 수 있다. 인간의 육체적인 고통이야 인과법칙에 따른 치료 방식, 즉 설명의 방식으로 치료가 가능하겠지만, 인간의 존재론적 고통 혹은 가치론적 고통의 문제는 당사자들을 만나 대화하면서 공감해 가는 과정을 통한 이해의 방식으로서만 가능하기 때문이다. 즉 의사가 환자를 치료 대상의 환자로 대하는 태도와 인간의 고민을 토로하는 인간을 나와 똑같은 인간 주체로 대하는 태도는 다를 수밖에 없다. 이와 관련해서 인문학적 상담은 내담자를 인간 주체로 인정하고 그와의 존재론적, 가치론적 그리고 인식론적 문제 전반 관련해서 내담자가 겪고 있는 문제에 관해 대화를 통해 스스로 논쟁과 갈등의 원인을 찾아내고 거기에 대해서 해답을 스스로 찾아가도록 도와주는 소통의 역할을 적극적으로 수행하는 것이 바로 인문학적 치유 목적이며 인문학적 상담의 본질이라 할 수 있다.[38] 인문학적 치유와 상담이 다른 영역의 치료와 다른 점은 결국 내담자 자신, 즉 인간 주체 자신이 자신의 문제를 스스로 파악하고 해결하는 과정에 중점을 두고 있다는 점이다.

넷째, 인문학은 개인의 문제뿐 아니라 사회 문제와도 밀접한 관계가 있다. 인문학은 인간의 사유와 의식, 인간 간의 관계, 생활과 존재 기반 그리고 이런 것의 역사와 변화 과정을 탐구하는 종합학문의 역할 때문에 사회비판과 비판적 문제의식을 촉구하는데 기여를 해야 할 것이다, 사회적인 문제와 관련해서 그 문제를 해결하기 위한 사회적 공감대를 형성하는 것 역시 인문학적 치유의 역할이라 할 수 있다. 특히 인문학 치유와 관련해서 철학적 치유는 인간에 대

38) 엄찬호(2010), 앞의 논문, 427쪽 참조.

한 이해로부터 시작하며, 이 이해는 고통과도 관련 있는 해석학적이고 윤리적인 이해이며, 상대방에게 열린 마음으로 상대방의 이야기를 들어주고 희망을 심어주는 공감적 방식이다.[39] 인간이 당하고 있는 고통은 육체적인 병일 수 있고, 개인적인 정신적인 병일 수도 있으며, 나아가 사회집단의 질환일 수도 있다.[40] 특히 인간의 정신적 고통과 사회집단의 질환일 경우에는, 병을 앓고 있는 사람의 가치관이나 세계관에 깊이 관련이 될 수도 있기에 객관적으로 대상화될 수 있는 것이라기보다는 주관적이고 사적인 것이 될 수 있다. 따라서 이런 고통은 설명의 방식에 의존하고 있는 의료과학적인 방법보다는 인간을 이해하는 방식으로 치료하는 인문학적 태도가 요구되는 것이다.[41]

인문학이 인간과 인간 삶의 가치와 그와 관련된 것과 인간 문제를 다루고 있고, 인간의 인간 됨(Human Being)이 탐구의 주제이며 연구 대상이다. 따라서 인간과 인간의 삶과 밀접한 관계가 있다. 이런 인간의 삶이란 의미와 가치와 관련되어 있고 이들이 바라보는 세계 역시 그 세계를 바라보고 있는 사람들과 의미 연관 혹은 가치 연관으로 상호 연결되어 있다. 그렇다면 인간은 어떤 세계관을 가지고서 세계를 파악할 수 있는가? 자연과학적 세계관으로는 의미와 가치 관계인 인간의 삶을 제대로 담아낼 수 없다. '설명'의 방식으로 세계를 탐구하는 과학적인 세계관이 아닌 그와는 다른 세계관과 방식이 필요한데, 즉 '이해'의 방식으로 인간의 삶을 연구하는 것이다[42] 그래서 인문학의 경우에는 자연과학적 설명의 방식으로는 그 대상을 충분히 파악할 수 없으므로 인간의 삶의 문제를 인문과학 혹은 정신과학의 방법론인 이해의 해석학이 필요하다.[43]

---

39) 엄찬호(2010), 앞의 논문, 431쪽

40) 인간의 고통과 그 치유에 관해서는 다음의 논문을 참고 바람, 김석수(2006), '철학, 고통 그리고 치료', 『철학 연구』 제100집, 대한철학회.

41) 김석수(2006), 앞의 논문, 186쪽

42) 최신일(2016), ' 도덕교육의 인문학적 함의', 『초등 도덕 교육』제51집, 한국 초등 도덕 교육학회, 390-392쪽 참조.

43) 최신일(2001), '학의 방법론으로서의 해석학적 이해', 『범한 철학』제25집, 범한 철학회, 95-98

이해의 해석학은 대화의 상대자. 즉 타자를 이해하는 방식에 있어서는 사물화된 너로 파악하는 자연과학적인 설명의 방식이 아니라 타자에 대해서 개방적인 대화의 상대자로서의 타인을 말한다. 따라서 해석학적 이해의 방식으로 상대방을 이해하려는 태도는 인문학적 치유의 방법으로서도 매우 유익한 치유 방법이 될 수 있을 것이다. 언어를 통해 성립하는 대화는 과학적인 설명의 방식으로 하는 도구적 언어가 아니라 인간의 구체적인 삶을 살아가는 인간과 관계 맺으면서 서로를 인정하고 받아들이는 일상 언어로서의 모습을 가지고 있다. 그러기 때문에 대화는 인간의 고통을 치유하는 데 근원적인 기반이 되는 것이다. 따라서 인간 고통의 문제를 치유하는 데 있어서 자연과학의 영역에 속하는 의학, 신경 정신학, 심리학의 차원이 아닌 철학 혹은 인문학이 영역이다.[44] 그래서 여기서는 소위 철학적 상담이 필요한데, 이것은 모든 사람을 질병화하는 것이 아니라 인간에 대한 이해로부터 시작하는 상대방의 고통을 개방적으로 들어주고 희망을 제공해 주는 해석학적이고 윤리적인 이해를 바탕으로 하는 상담이라 할 수 있다.[45]

따라서 인문학 혹은 철학 상담의 특징은 다음과 같이 규정 할 수 있다.[46] 첫째, 철학 상담자와 피상담자 사이의 진지한 의사소통은 '방법을 넘어선' 방법에 기초한다. 둘째, 대화가 중요하다. 바로 이 대화는 피상담자가 자신의 존재에 대해서 생기를 갖게 하고, 또한 자신의 존재로부터 흘러나오게 하는 것이 되어야 한다. 셋째, 해석이 중요하다. 이 해석은 상담사가 문제와 하나가 되는 과정에서 설명을 찾는 것이지만, 이것은 상담사가 그 문제에 대해서 자기가 이해한 방식을 개입시키지 않고, 피상담자가 스스로 자신에 대해서 설명하도록 신선한

쪽 참조

44) 김석수(2006), 앞의 논문, 188쪽.

45) 김석수(2006), 앞의 논문, 191쪽. 본 논문에서는 철학 상담과 인문학 상담이라는 용어를 같은 의미로 사용하고 혼용해서 사용하기로 한다.

46) https://en.wikipedia.org/wiki/Philosophical_counseling#Goals_and_methods. http://www.geocities.com/centersophon/press/meaning.html. 김석수(2006), 앞의 논문, 192쪽 재인용

충격을 줌으로써 이루어져야 한다. 넷째, 대화에 있어서 혁신적인 요소, 즉 경이로움의 요소가 중요하다. 이것은 고정된 관점이나 표준적인 태도를, 더 이상 문제가 되지 않는 완전한 해결을 허용하지 않는다. 비합리적이라고 해서 문제가 있는 것으로 단정해서는 안 된다. 이것은 예비 교사로서 혹은 교사로서 학생들의 정신적인 문제를 상담할 때, 학생들을 바라보는 교사가 기본적으로 갖추어야 할 자세이다.

3. 소외계층을 위한 인문 정신 함양

예비 교사 혹은 교사가 갖추어야 할 전문성 중 하나는 인간 존재, 즉 학습자의 삶을 열정적이고 주도면밀하게 살펴보는 것이다. 수업을 잘하는 것 역시 교사에게 주어진 중요한 임무이고 그것을 위해 노력하는 것이 전문성 함양을 위한 것이다. 그러나 여기서 머물러서는 안 된다. 교사의 전문성은 학습자들의 존재 즉 삶에 초점이 맞추어져 있어야 한다. 학습자들의 삶에 집중하고 그들이 어떤 삶을 살고 있는지, 어떤 고민을 하고 있는지 등의 그들의 삶에 대해 열정을 가지고 살펴보아야 한다. 다시 말하면, 교사는 학습자들이 학습에 있어 소외되지 않도록 각별한 주의를 해야 한다. 혹 소외받는 학생들이 있다면 그들의 소외에서 해방 시킬 수 있는 교사의 자질을 키워나가야 할 것이다. 인문학은 소외계층에까지 그 영역을 확대하여야 한다. 인문학은 소외계층과 함께 할 때 인문학의 인식을 변화시키는 계기가 된다. 즉 인문학은 소외계층과의 관계 설정은 인문학을 통한 성찰과 치유의 가능성을 고찰하는 기본적 토대가 되기 때문이다.[47]

47) 김장원(2010), "인문학을 통한 성찰과 치유의 가능성 -소외계층과 함께하는 인문학 과정을 중심으로 -", 『문학치료 연구』제17호, 한국문학치료학회, 134쪽.

현재 학교에서 대표적인 소외계층은 이주 배경을 가진 다문화가정 자녀들이다. 이들을 위한 다문화 이해 교육이 우선되어야 할 것이며 이런 준비가 선행되어야 현장에서 이들에 대한 편견 및 인종차별의 요소를 준비가 없이 현장에 나서게 될 것이다. 우리 모두는 이주민이다. 먼저 이 땅에 이주해 온 사람들이고, 결혼이주여성 등은 우리보다 조금 늦게 이 땅에 이주해 온 사람들일 뿐이다. 프랑스의 철학자인 자크 아탈리(Jacques Attali)는 인간을 '호모 노마드'(Homo Nomad), 즉 유목적 존재라고 하는 것처럼, 먼저 이 땅에 이주해 사람들이 나중에 이주해 온 사람들에게 관심과 배려를 베풀어주어야 그들과 함께 다문화사회를 이끌어갈 수 있다. 그들에게 먼저 말을 건네줌으로써 그들을 대화의 파트너로 인정하고 그들의 삶을 있는 그대로 받아들이려는 '이해'의 방식이 다문화가정 자녀를 향한 예비 교사의 의식 속에 자리 잡아야 한다.

예비 교사로서 다문화가정 자녀들과 함께하는 다문화 멘토링 제도 – 예비 교사가 멘토로 다문화 가정 자녀가 멘티로 연결되는 - 는 우리 안에 이미 존재하는 다른 문화를 이해하고 포용하며 관용할 줄 아는 사람 기르는 활동으로서 매우 중요하다. 예비 교사 자신 삶의 방식이 존중받고 싶을수록 타인의 삶의 방식과 문화를 이해하고 배려하는 것이 인문 정신, 즉 인간에 관한 학문을 바탕으로 인간적인 마음의 자세로 다문화가정의 자녀들을 이해하려는 인문 정신을 함양시킬 수 있을 것이다.

4. 다양한 인문학적 경험: 여행의 인문학

예비 교사의 인문 정신은 학교에서, 책에서만 얻을 수는 없다. 학교를 벗어나고 고전에서 벗어나, 다양한 경험을 할 수 있는 삶의 현장으로 나가야 한다. 그곳에는 다양한 인간의 삶이 있다. 그곳에서 그들과 만나 대화하고 호흡하기 위해서는 여행이 필수적이다. 여행은 관광과는 다르다.[48] 관광은 상업적, 산업적 의미가 강하기 때문에 인문학적 관점과는 벗어나 있지만, 여행은 그 태생이 인간의 삶과 죽음에 관한 일련의 연장에 있는 이유로 인문학적 관점의 이해가 필요한 동시에 인문학적 콘텐츠의 유통과 보급을 담당한 여행자 관점에서는 인문학적 소양이 필요한 이유이다. 여행이 인문학과 관계가 있는 것은 여행을 통해서 인간 삶의 의미를 찾는 것이라 할 수 있는데 이는 여행이 인간의 삶에 지속적인 생기를 불어넣어 주는 역할을 하기 때문이다. 여행과 인문학의 관계는 이제 우리 삶의 깊숙한 곳에 들어와 우리 삶의 일상이 되었다. 그래서 감히 여행 인문학이라 말할 수 있다. 여행 인문학은 인간의 삶을 스토리텔링의 형식을 가지고 있으므로 인문학과 관계가 있을 수밖에 없고, 따라서 여행이 단순한 휴식을 제공하는 것뿐 아니라, 여행의 융·복합에 인문학이 크게 기여하고 있다는 사실이다.[49] 인문학이 인간과 관계있고 인간적이어야 한다는 전제하에서 보면 결국 인문학과 여행의 관계는, 첫째 나는 누구인가 하는 문제와 관련해서 여행을 통해 우리는 자기 자신을 성찰하는 시간을 가질 수 있다는 것과, 둘째, 나는 어떻게 살 것인 가의 문제는 여행을 통해 만나는 사람들과의 대화를 통해 삶의 진정성을 찾게 되고 나아가 인생의 소중함을 깨닫게 되고 결국 삶의 의미를 찾게 된다는 것과, 마지막으로 어떻게 죽을 것인가 하는 문제에 대해서는 여행을 통해 어떻게 죽을 것인가? 에 관한 고민보다는 이렇게도 죽을 수 있구나? 하는 생각에 항상 죽음을 염두에 두고 하루하루를 열심히 성실하게 살아갈 수 있다는 것을 의미한다.[50]

여행을 통해서, 우리는 서로 다른 문화를 접하게 되고, 다른 문화 속에서 살고 있는 사람을 만나게 되고, 우리를 둘러싸고 있는 자연과의 만남을 통해 그

48) 이웅규(2016), "인문학의 관점에서 본 여행의 본질 연구", 『관광 연구 저널』제30권, 한국 관광 연구학회. 99쪽.

49) 이웅규(2016), 앞의 논문, 102쪽.

50) 이웅규(2016), 앞의 논문, 103-104쪽 참조.

들의 존재와 삶을 있는 그대로의 방식, 즉 이해의 방식으로 인정하는 과정을 통해 나는 어떤 존재이며, 내가 살아갈 방법을 찾고 나아가 어떻게 하면 나의 인생을 성실하게 열심히 그리고 의미 있게 살다가 마감할 수 있는가? 라는 인간 삶의 전 여정을 살펴볼 수 있고 자연과의 관계 속에서 환경의 소중함도 인식할 수 있다.

예비 교사는 자신의 삶을 돌아보고 미래의 삶을 계획하는데, 특히 학교, 교실이라는 삶의 현장 속에서 만나게 되는 학습자들의 존재와 삶을 이해하려고 하는 태도에는 여행이 중요한 역할을 한다는 사실을 기억해야 할 것이다. 여행은 인간에 관한 것을 진실하게 인간적으로 접근하는 태도를 길러주는 데 필수적이라 할 수 있다.

Ⅵ. 결론: 도덕적 인문 정신으로 살아가기

예비 교사는 전을 읽고 인문학적 치유 상담을 하며 교실 혹은 학교에서 소외된 자에게 말을 건네고 여행을 통해 다양한 문화와 사람을 만나면서 자신의 삶을 되돌아보는 등의 일련의 과정을 통해 인간에 관한 학문을 바탕으로 인간적인 접근을 하는 인문 정신을 함양할 수 있다. 이는 교사가 되었을 때 인문학적 언어를 가지고 수업함으로써 교실 및 학교 분위기가 인문학적 정신이 깔린 분위기를 만들자는 것이고, 또한 학생들이 교사와 상담을 할 경우에도 인문학적 정신을 바탕으로 대화가 이루어질 때 교실과 학교의 분위기가 달라질 것이라는 희망이다. 따라서 인문 언어를 학교에서 그리고 교실에서 사용하게 될 때 그 학교와 교실은 인문 정신이 배어 있는 곳으로 변화될 것이다.

우리는 앞에서 인간에 관한 학문을 인간적으로 접근해야 할 부분에 대해 살펴보았다. 예비 교사가 제아무리 좋은 인문 정신의 소프트웨어를 가지고 있을지라도 이런 인문 정신을 활기차고 할 수 있는 제도적인 장치가 마련되어야 할 것이다. 다음과 같은 인프라가 구축되어야 예비 교사들의 인문 정신을 실질적으로 함양시킬 수 있다.[51] 인문학 진흥을 위한 대학의 융합 과정 및 학제 간 연구 지원, 인문학 육성을 위한 교육 기초교육 강화, 학과 이기주의를 넘어서 조정하고 종합적이고 체계적인 교육 과정을 개발하고 교육 방법 및 교재의 개발, 인문학 육성을 위한 전담 교원 인력 양성, 교수 인력풀 활용, 인문학 교양 교육 전담 교수제 도입 등이다. 인문학 교육 과정의 확대 개편. 인문학 교양과목의 이수 학점 상향 조정, 등. 그리고 세분화한 분과학문 체계를 극복하기 위해 유사한 성격의 학과 및 교과목의 통합 필요성, 다양한 특성화 프로그램 개발(후마니타스 칼리지 등) 대학 실정에 맞는 인문학 융합 교과목 개설. 학교 실정에 맞게 융합 교육 유형을 확정 적용하되 그 핵심에는 인문학적 소양 함양(통섭 및 지식 창출 능력 등)을 위한 교과목 개발 등에 초점을 맞출 필요가 있다.

인문학이 도덕교육과 연관되는 부분이 인간과의 관련이다. 인문학이 인간을 위한 학문이라는 점에서는 이견이 없다. 그리고 도덕교육 역시 인간 관련 학문이라는 점에서도 이견이 없다. 그리고 인문학과 도덕교육의 방법론 역시 인간적이어야 할 것이다. 인간의 본질적 삶에 초점을 두고 있는 인문학과 도덕교육이 예비 교사의 인문 정신을 함양하는데도 동일한 목표를 가지고 있다고 해도 지나친 말이 아니다. 학생들의 인성 혹은 도덕성 함양을 위해 인문학적 사유와 정신을 바탕으로 대화를 통한 도덕교육을 수행할 때 비로소 교실이 대화공동체가 될 수 있고, 대화공동체가 될 때만이 도덕공동체가 될 수 있다. 대화공동체와 도덕공동체가 곧 도덕적 인문 정신을 함양할 수 있는 토대가 될 수 있다.

51) 홍병선 외(2011), 앞의 보고서, 167-170쪽 참조.

참 고 문 헌

김석수(2006), “철학, 고통 그리고 치료”, 『철학연구』 제100집, 대한철학회.

김석수(2008), “21세기 사회, '소통'인문학의 길을 찾아”, 『서강인문논총』 제23집, 서강대학교 인문과학연구소.

김장원(2010), “인문학을 통한 성찰과 치유의 가능성 -소외계층과 함께하는 인문학과정을 중심으로-”, 『문학치료 연구』제17호, 한국문학치료학회.

손승남(2013), “‘위대한 저서(The Great Books)’ 프로그램을 토대로 본 우리나라 대학 인문고전교육의 방향 탐색”, 『교양교육연구』 제7권 4호, 한국교양교육학회.

신동순(2015), “한국의 인문학 위기와 인문학의 대중화 담론 일고”, 『한중인문학포럼 발표논문집』, 한중인문학포럼.

엄찬호(2010), ‘인문학의 치유적 의미에 대하여’, 『인문과학연구』 25, 강원대학교 인문과학 연구소.

유초하(2003), “이 시대 인문학 무엇을 할 것인가”, 『사회 속의 인문학』, 이화여대인문학연구소.

이상옥(2003), 『한국 인문교육 진담모형과 정책대안의 종합적 · 단계적 추진전략』, 인문사회연구회.

이언주(2016), 『인문학을 활용한 도덕과 교육 개선방안 연구』, 서울대학교 대학원 윤리교육과 박사학위논문.

이웅규(2016), ‘인문학의 관점에서 본 여행의 본질 연구’, 『관광연구저널』제30권, 한국관광연구학회.

조용기(2005), 『교육의 쓸모』, 교육과학사.

진정일(2015), “인문학 대중화에 대한 비판적 고찰 -‘시민인문강좌’를 중심으로- ”, 『인문학 연구』 101권, 충남대학교 인문과학연구소.

최신일(2001), “학의 방법론으로서의 해석학적 이해”, 『범한철학』제25집, 범한 철학회.

최신일(2016), “도덕교육의 인문학적 함의”, 『초등도덕교육』제51호, 초등도덕교육학회.

최종욱(2001), “문학의 위기에 대한 시론(1)”, 『어문학논총』 제20집, 국민대학교 어문학

연구소.

최진석 외(2011), 『불온한 인문학-인문학과 싸우는 인문학』, ㈜휴머니스트 출판그룹.

홍병선 외(2011), 『인문학 교육 실태 분석 및 진흥 방안 연구』, 교육과학기술부 정책연구보고서.

H.G.Gadamer(1960), *Warheit und Methode*, J.C.B.Mohr.

Georgia Warnke(1987), *Gadamer: Hermeneutics, Tradition and Reason*,Stanford University Press.(이한우 역(1993), 『가다머의 철학적 해석학』, 사상사)

http://cafe.naver.com/secondculture.cafe?iframe_url=/ArticleRead.nhn%3Farticleid=22

https://www.nrf.re.kr/biz/info/info /view?biz_no=336

www.dge.go.kr

https://en.wikipedia.org/wiki/Philosophical_counseling#Goals_and_methods.

http://www.geocities.com/centersophon/press/meaning.html.

http://slima.dnue.ac.kr/

https://www.academiaphilosophia.com/

http://hc.khu.ac.kr/v2/

Chapter 09

도덕과 질적 연구의 철학적 배경

Ⅰ. 서론
Ⅱ. 질적 연구의 이론적 배경
Ⅲ. 질적 연구의 철학적 함의
Ⅳ. 결론: 질적 연구의 도덕 교육적 함의

Chapter 09

도덕과 질적 연구의 철학적 배경*

Ⅰ. 서론

질적 연구와 양적 연구의 구분은 연구 논리의 문제에 따른 분류이다. 전통적으로 양자 간의 인식론적 차이에는 건널 수 없는 학문적 거리가 있기 때문이다. 질적 연구의 철학적 근거를 제공해 줄 수 있는 이론이 현상학, 해석학, 실존주의라 할 수 있다.[1] 물론 여기서의 이론적 혹은 철학적 근거는 하나의 패러다임적 성격 때문에 어떤 절대적이고 고정 불변적 의미의 토대(foundation)를 말하는 것은 아니다. 실존주의, 해석학, 현상학이 전통적 철학적인 패러다임을 극복할 수 있는 하나의 대안적 패러다임으로 출현하게 된 것은 다음과 같은 공통된 견해 때문이다. 이들은 인식의 문제를 진리와 방법에 대한 직선적 관점에

---

* 이 글은 초등교육연구논총 제 17집 2호(대구교육대학교 초등교육연구소)에 실린 논문을 수정 · 보완 한 것임.

1) 질적 연구는 여러 학문 세계 속에 그 학문적 · 인식론적 배경이 있다. 철학에서는 현상학, 해석학, 실존주의가 있으며, 사회학에서는 베버(M.Weber)의 이해 사회학과 그 전통을 이어받은 미드 (G.H.Mead)와 블루머(H.Blumer)의 상징적 상호작용론, 고프만의 연극사회론, 가핑클의 민속방법론이 질적 연구의 인식론적 배경을 이루고 있으며, 인류학에서 문화상대주의와 참여관찰 역시 인식론의 이론적 근거를 제시해 주고 있다(조용환(1999), 『질적 연구 방법과 사례』, 교육 과학사, 17쪽 참조)

서 논의하려고 하는 실증주의적 관점에 대해서 비판적이다. 그리고 이들은 인간 주체의 모든 표현을 학문 활동의 근본으로 받아들이고 그들이 이미 누리고 있는 그들의 삶을 학문적 작업 속에 함께 넣어 고려하고 있다는 데에도 공통된 특징을 가지고 있다. 그래서 이들은 인간 사회의 삶 자체를 이중의 방식, 즉 학문의 전제이자 동시에 학문의 대상으로 삼고 있다. 다시 말하면 실증주의자들이 주관적 감정은 결코 학문의 대상이 될 수 없다고 주장하고 있는 것과는 달리 우리가 해석학자, 현상학자, 구성주의자 등으로 부르는 자들은 그들이 이미 일정한 삶을 누리고 있다는 사실을 학문적 작업 속에 함께 고려해 놓고 있다고 할 수 있다. 이상의 논의를 통해 도출할 수 있는 것은 연구자로서의 해석학자, 구성주의자, 현상학자들은 그들의 연구 대상과 끊임없는 대화를 통해 그들의 연구 및 학문적 작업을 계속해 간다는 것이다. 이런 관점에서 이들은 질적 연구의 이론적 근거를 제시해 줄 수 있는 정당성을 가지고 있다.

이상에서 논의된 학문 연구 논리 및 방법에 대한 실증주의자들의 주장과 그것에 반대하고 있는 자들 사이의 방법론적 논쟁(Methodenstreit)은 19세기 후반과 20세기 초에 걸쳐 독일의 경제학자, 역사가들, 그리고 사회학자들 사이에서 일어났던 일련의 논쟁으로 거슬러 올라간다. 이 논쟁은 실증주의적 자연과학을 옹호하는 사람과 정신과학(인문과학과 사회과학을 포함, Geisteswissenschaften)에 대한 해석학적 주장하는 사람들[2] 사이에서 일어났다. 실증주의자들은 자연

2) 정신과학과 자연과학을 체계적으로 구분한 철학자 중 대표적인 자가 딜타이라 할 수 있다. 그는 '자연은 설명하는 것이고 정신은 이해하는 것'이라고 주장하면서, 더 나아가 자연과학 역시 정신의 역사적 산물이며 정신의 역사적 현상이기 때문에 자연도 정신과학의 하나의 대상이 될 수 있다고 주장한다. 그는 자연과학의 대상을 정신에 대해서는 "타자"라고 생각했다. 왜냐하면, 자연과학은 그 대상을 외부로부터 관찰하고 그 현상의 외부적인 상호관계를 통해서 파악하기 때문에 그 자체를 안으로부터 즉 그 자체의 본질에서 이해할 수 없기 때문이다. 반면에 정신과학은 그 대상을 "있는 그대로" 파악하려는 것이다. 이렇게 있는 그대로 대상을 이해하는 수단과 방법을 개발하려는 작업이 딜타이에서의 해석학이고, 이것은 모든 과학의 기초학문으로서의 정신과학을 위한 해석학이다. 여기서의 주제는 삶이 이해의 대상이고 삶이 학문 연구의 주체에 있다. 즉 우리의 삶이 그리고 나의 삶이 탐구의 대상이고 탐구의 주체가 되는 것이다.(이규호(1999), 『대화의 철학』, 시공사, 155-162 쪽 참조)

과학과 정신과학은 본질적으로 차이가 없으므로 정신과학도 자연과학의 방법론을 적용해야 한다고 주장한다. 이에 반해 정신과학의 주된 관심은 대상의 수량적 취급보다는 오히려 본질적으로 수량적 취급에 저항하는 기술(記述)에 있으므로, 그 대상이 사물이 아니라 사람이다. 다시 말하면 정신과학은 인간의 문화 현상과 사회현상이며 무엇보다 양보다는 질이나 의미가 문제가 되며, 수량이라는 일원적인 조작으로는 환원될 수 없는 다원적이며 다의적 공간을 그 대상으로 하고 있다. 그래서 정신 과학자들은 정신과학은 자연과학과 질적으로 다르므로 자연과학의 방법론과는 다른 방법론이 필요하다고 주장한다. 정신과학의 방법론은 사전에 설정된 보편성 혹은 진리와 그것을 향해 나아가는 과정 자체도 이미 정해져 있다고 주장하는 실증주의적 방법과 다르다. 그것은 본질적으로 인식의 다양한 주체성을 인정하고 창조적인 다양성을 허용하여 고유한 주체성에서 출발하여 스스로 행위를 보편성의 방향으로 개척하고 구성해 나가는 과정이기 때문에 인간의 문화 활동 전반의 바람직한 자세에 대한 근본적인 문제를 제기해 나가고 있으며 상황에 따라 새로운 과정을 계속 창출해 가는 과정이라고 할 수 있다.

이와 같은 실증 과학적 방법론 적용에 반대한 입장으로, 사회과학에서는 지식사회학[3]의 입장이, 인문과학에서는 현상학과 해석학적 입장이 같은 맥락의 선상에 놓여 있으며 그 연장선상에서 지금까지 논의가 계속되고 있다.

---

3) 지식사회학은 실증주의적 사회과학에 대한 비판과 그 대안적 관점에서 성립한 사회과학의 하위 분야 혹은 중추적 역할을 하는 특수 분야는, 마르크스(K.Marks), 콩트(Auguste Comte), 뒤르켐(Durkheim), 베버(M. Weber)이며 더 거슬러 올라가면 만하임(K.Mannheim)에 이르러 그 체계적인 모습을 갖추게 된다. 반실증주의적 관점을 가지고 있는 자들이 지식사회학을 옹호하고 있는 것은, 실증주의자들이 계몽주의적 입장에서 벗어나지 못하고 있다는 데 그 원인을 찾을 수 있다. 계몽주의자들이 주장하는 것처럼 객관적이고 과학적인 지식이 모든 역사적·문화적 왜곡을 배제한 것이라면, 그러한 지식은 사회과학과 적합하지 않다는 것이 반실증주의자들의 주장이다. 따라서 반실증주의 입장에 서있는 지식사회학자들은, 진리는 전적으로 '과학적 방법'을 통해서 얻어지고 자연과학은 객관적 진리를 확보할 수 있는 권리를 갖고 있다는 실증주의자의 인식론에 반기를 들고 있다.(Susan J. Hekman, 『해석학과 지식사회학』, 윤병희 옮김(1993), 교육과학사, 9-21쪽 참조)

따라서 본 연구는 반실증주의적 방법론의 입장을 견지하고 있는 인문과학적 입장의 관점에서 논의의 중심을 이끌어갈 것이다. 물론 여기서의 인문과학은 철학적 입장이라고 해도 무방할 것이며, 그 흐름은 현상학, 해석학, 실존주의 등으로 이어지고 있다.

Ⅱ. 질적 연구의 이론적 배경

1. 현상학과 질적 연구

앎과 삶이 괴리되어 왔던 것이 지금까지의 학문 세계의 일반적 상황이었다. 안다는 것과 산다는 것이 분리된 그런 세계 속에서 우리는 살아왔다고 해도 과언이 아니다. 앎과 삶의 철저한 괴리 관계의 밑바닥에는 실증주의적 방법론에 근거한 학문이 자리 잡고 있다는 점에는 이론의 여지가 없다. 이러한 방법론에서는 삶과 앎의 괴리가 극복될 수 없을 것이고 그것을 극복할 수 있는 또 다른 대안적 방법론이 필요하게 된 것은 시대적 요청이 아닐 수 없다. 철학 역시 마찬가지이다. 철학 한다는 것은, 산다는 것이고 산다는 것은, 철학 하는 것이라 할 수 있다. 따라서 철학 하면서 살기 위해서는 '어떻게 사는가?' 하는 것이 중요하다. 이 말은 학문을 하든 살아가든 그리고 학적인 삶을 살아가든 그 방법론이 중요하다는 것이다. 그래서 흔히 철학에서는 현상학(Phenomenology)과 해석학(Hermeneutics)이 철학의 방법론이라고 한다. 물론 이것은 과학적 의미에서의 방법론이 아니다. 그래서 우리가 비판하고자 하는 것도 과학이 아니라

'과학주의'다. 과학주의는 과학 만능이 신봉되었던 시대에 과학의 기본 개념과 기초방법론이 절대화되어, 철학을 억눌러서 제구실을 하지 못하게 만드는 실증주의의 또 다른 표현이다. 이런 방법론은 기계를 돌리는 방법을 알면 언제든지 기계를 돌릴 수 있는 그런 방법론이다. 실증주의적 방법 지상주의를 통해 철학은 위기를 맞이하게 되었고, 철학의 위기를 통해 삶의 위기까지 자초하게 되었다. 다시 말하면, 인간은 인간의 삶이 지닌 의미와 가치 그리고 목적을 가능케 하는 구체적 삶의 세계를 기술(技術)에 의해 지배된 세계와 추상적이고 의미가 결핍된 세계로 대체시키면서, 인간의 소외와 참된 세계의 상실을 겪게 되었고 바로 거기에 현대 사회의 위기가 자리 잡고 있다.

이상의 위기 상황을 극복하려는 철학적 움직임에 현상학과 해석학이 자리 잡고 있다. 따라서 현상학과 해석학은 실증주의적 방법론에서 야기된 문제점들을 해결하는 대안적 철학을 이해하는 데 있어 기초를 제공해 준다는 의미에서의 방법론으로 이해할 수도 있을 것이다. 먼저, 현상학에서 실증주의적 방법론에 대한 대안적 방법을 찾아보고자 한다.

현상학이라고 해서 철학의 확실하고 고정적인 한 방법론은 물론 아니다. 현상학의 창시자라 할 수 있는 후설(E.Husserl)은 고정적이고 일관된 방법론을 주장하지 않는다. 이런 입장은 하이데거(M.Heidegger), 사르트르(Jean-Paul Sartre), 메를로-퐁티(M.Merleau-Ponty) 등으로 이어지고 있으며 이들 역시 고정되고 확실한 방법만을 고집하지 않는다. 이들의 학문 세계에서 탐구의 대상으로 삼고 있는 것은, 우리 인간의 삶의 문제이고, 이런 인간의 삶이 위기에 직면해 있다는 것과 그런 위기에서 벗어나야 한다는 연대 의식이 이들의 의식 밑바탕에 자리 잡고 있다. 현상학자들이 주장하는 현상학적 방법이란 우리 인간 삶의 세계를 일상적 상황의 전체적 해석을 통해 직접 이해하고자 하는 방법을 가리키는 것이기 때문에, 그들은 그들의 삶 속에서 체험하고 있는 인간의 위기와 학문의 위기를 체험하고 있고, 그리고 그런 바탕 위에서 자신의 학문적 작업을 위해 그들이 겪고 있는 일상적 체험을 적극 활용하고 있다. 따라서 현상학자들이 걸어가고 있는 철학의 길은, 과학이라는 이름 아래 있는 과학주의의 잔재를 철저히 해부하고, 해체하려는 시도이다. 현상학자들은 이러한 현상학의 길을 가야만, 인간의 육체, 생활 태도, 환경의 질, 사회적 관계나 제도, 문화와 같은 우리의 삶의 여러 측면에 깊숙이 내재 된 위기와 불안의식을 극복할 수 있다고 주장한다. 대표적인 현상학자인 후설의 현상학을 살펴보자.

후설은 현대학문, 특히 유럽 학문의 위기에 대한 현상학적 위기의식이 그의 현상학을 출발시켰으며, 구체적으로 그의 최초 논문이라 할 수 있는 '산술의 철학'(Philosophie der Arithmetik)에서 시작한다고 주장한다. 이것은 산술의 모범에 따라서 모든 주체적인 요소와 주관적인 요소를 과학의 영역에서 배제하고, 객관화하는 데서 시작한 위기 상황에 관한 철저하고 성실한 회의를 말한다. 이러한 위기 상황은 모든 과학과 학문이 산술화되면서 보편화되었고, 사회과학과 인문과학까지 과학화를 위해 산술화되었을 때, 그 절정에 도달하게 되었다(이규호, 1999: 83). 다시 말하면, 이런 경향도 자연의 수학화를 초래하여 자연 인식의 힘을 증가시키는 데는 도움을 주었지만, 구체적이고 역사적인 인간의 삶까지도 추상화시키는 결과를 초래하게 되었다.

후설의 현상학적 방법은 처음부터 완벽하고 철저한 방법론으로 출발했다기보다는 그 당시 유럽이 과학주의적 사고방식으로 인해 정신적인 위기에 처해 있는 철저한 위기의식으로부터 시작했다. 그리고 그러한 위기의식을 극복하려는 시도는 그의 학문 세계에서 지향성의 개념을 낳게 되었고 그것을 통해서 자연과학적 방법으로는 불가능했던 인식의 대상과 주체를 연결하고, 그 전체를 파악할 수 있게 되었다. 지향성의 관점에서 본다면, 의식하는 인식의 주체는 지향성의 원리, 즉 '본질 직관'에 따라 대상을 '나타난 그대로' 또는 '지향된 그대로'의 현상으로 파악하게 된다. 다시 말하면, 후설에서의 지향은 의식이 대상을 대상으로서 성립하게 하는 의식 작용, 즉 대상의 인식이라는 진리의 이념을 목표로 하는 지향작용이다. 그래서 그의 현상학은 심적 현상을 심리학적으로 분류 기술하는 경험 심리학이 아니라 인식론적 견지에서 대상을 형성하는 의식의 지향작용을 분석하고 기술하기 때문에 기술적 현상학(descriptive phenomenology)이라고도 부른다. 여기서 의식은 선험적 주관의 성격을 띠게 되는데, 이것은 선천적이라는 의미, 즉 단순한 표상 작용이라기보다는 인식을 가능하게 하는, 대상을 형성하는 지향작용으로서의 생산적 기능을 가지고 있다.

그렇다면 선험적 주관에서 대상은 어떻게 형성되는가, 즉 인식은 어떻게 이루어지는가? 먼저 주관이 대상을 형성하는 작용을 후설은 노에시스(noesis)라고 부르는데, 이것은 감성적으로 받아들여진 질료(hyle)에 의미를 부여하는 작용이다. 그리고 그 결과 이루어진 의미형성체를 노에마(noema)라고 부른다. 이렇게 노에시스가 노에마를 형성하는 과정을 후설은 구성(konstruktion)이라고 부른다. 따라서 모든 대상 혹은 존재는 주관에 의해 구성된 의미로서만 그 존재 타당성을 가지게 된다. 그러나 여기서 선험적 주관의 능동적인 대상 구성 작용(noesis)에 앞서서 수동적으로 주어져 있는 질료를 인정하지 않을 수 없는데, 이 질료는 그 자체의 질서 있는 구조를 지니고 있고, 그것대로의 역사가 있다. 그렇다면 후설의 구성 작용에는 질료의 선 구조의 제약성을 인정하지 않을 수 없다. 이러한 세계는 신체적 주관에 의해 직접 체험되는 세계로서 후설은 이것을 생활세계(lebenswelt)라고 부른다. 이 세계는 우리가 일상생활에서 자연과학주의에 물들기 이전에 직접 체험할 수 있는 것이다. 넓은 의미로 이 세계는 역사적, 현실적 세계로서 나 개인에게 나타나는 세계인 동시에 타인도 가지고 있는, 즉 상호주관성에 의한 역사적 공동성으로서의 세계이다. 이러한 세계가 위기에 처하게 된 것은 자연과학적 방법의 영향이며 그런 세계에서 벗어나고 그 위기를 극복하려는 시도가 후설 현상학을 형성시키는 계기가 되었다.

실증주의가 일으킨 학문의 위기 그리고 인간 소외 현상을 극복하려는 후설 현상학은 우리를 둘러싸고 있는 생활세계와 그 안에 있는 사물과 타자에 대해서 우리의 인식이 더 근원적이고 본질적이기 위해서 어떤 태도를 가져야 하는가의 문제이며, 우리는 어떻게 하면 선입견과 편견 없이 사상 혹은 현상 그 자체로 돌아갈 수 있는가? 하는 인식론적 물음으로 귀착된다. 따라서 후설은 그의 인식론을 통해서 본다면, 확고한 아르키메데스적 기점에 근거해서 객관적으로 쌓아 올린 과학주의적 인식론은 실패했다고 주장한다. 이런 후설의 현상학은 하이데거에는 해석학적 현상학으로, 사르트르는 현상학적 존재론으로, 그리고 메를로-퐁티의 신체 현상학으로 이어진다. 이들이 공유하고 있는 현상학의 공통적 특징은 '현상'이라는 말의 의미를 살펴보면 두드러진다 (이규호, 1999). 이 말은 사물을 관찰하는 데 있어 자연주의적 태도를 극복하자는 의미인데, 여기서는 실증 과학적 방법론의 도그마를 극복하자는 의미이다. 물론 여기서의 현상은 주관적인 의식 자체도 아니며, 객관적인 실체 자체도 아닌 주관과 객관의 대립을 극복한 관계 개념으로 드러난 현상을 가리킨다. 여기에는 자연 현상뿐 아니라 인간의 삶의 모든 영역이 속한다. 이러한 개념으로부터 우리는 철학의 원래 모습을 되찾아 주는 것뿐만 아니라 전혀 다른 성격을 가진 철학, 혹은 타 학문과 대화 가능성도 제공해 주고 있다.

2. 해석학과 질적 연구

우리는 현상학을 통해서 우리의 삶을 있는 그대로 그리고 직접적으로 파악할 수 있는 학문적 방법의 근거를 제시하였다. 현상학자들 역시 체험 가능한 삶의 상황을 바로 자신들이 기술할 대상으로 삼고 있다. 이러한 현상학적 방법을 설명하는 가운데 우리는 '해석학'이라는 의미를 이미 사용하고 있었다. 언제나 이미 존재하는 우리의 삶 상황을 있는 그대로 이해하여 파악한다는 말속에 그 의미가 내포되어 있다. 해석학자인 딜타이는 그가 이해하려는 대상이 삶이고 이해하는 주체 역시 정신과학으로서의 삶이라고 주장한다. 딜타이가 정신과학 방법론의 근거로 삼는 것은 삶의 세 가지 범주인 체험과 표현 그리고 이해이다. 역사적으로 삶을 체계적으로 이해하려는 정신과학은 삶의 내용을 역사로부터 직접 받아들이는 체험과 체험된 내용을 다시 역사적 사실로 환원시키는 표현과 체험된 내용을 자기반성의 결과로써 이해하는 체험, 표현 그리고 이해의 상호연관구조, 즉 해석학적 순환구조(Dielthey, 1973: 311)를 가지고 있다.

그리고 이러한 정신과학의 방법론을 해석학이라고 주장한다. 그러나 여기서 딜타이의 철학은 이율배반에 빠지게 된다. 한편에서는 일체 추상과 사변을 배제하고 역사적 세계, 즉 인간의 삶을 파악한다고 하면서, 다른 한편에서는 보편 타당성을 보장하는 학문성을 정신과학이라는 이름으로 요구했다. 딜타이는 평생 이 문제를 해결하기 위하여 고민했다.

딜타이는 자연과학과 정신과학을 구별하여, '자연은 설명하고 정신은 이해하는 것'이라고 주장하면서 이해를 지향하는 방법이 해석학이라고 생각했다. 더 나아가 딜타이는 자연과학 역시 정신의 역사적 산물이며 정신의 역사적 현상이기 때문에 자연도 정신과학의 한 대상이라고 주장한다. 고전적 과학 패러다임의 관점에 서있는 자연과학은 그 대상을 외부로부터 관찰하기 때문에 대상 그 자체의 본질을 이해할 수 없을 뿐만 아니라 그것의 대상을 계량화하고 수학적으로 정리하여 파악하고 있을 뿐이라고 주장한다. 물론 딜타이는 자연과학이 이룩한 성과나 과학자들의 업적 자체를 문제 삼지 않고 있다는 점과, 이런 학문 배후에 숨겨진, 혹은 이런 과학적 성과를 그르쳐 형이상학적 체계로 만든 어떤 전제를 비판하려고 하는 것에서는 후설과 다르지 않다. 결국 딜타이가 주장하는 해석학으로서 정신과학은 역사 혹은 삶의 외부에 서서 사태를 객관적 입장에서 관찰하는 방관자의 입장, 즉 외부 실재를 인과적 적용 방식으로 설명하는 귀납적 방법의 추상화 작용이 아니라, 불가피하게 정신 운동에 참여하여 관찰하는 참여자가 되는 것이며, 이것이 해석학적 이해의 본질이라 할 수 있다.

후설과 딜타이는 이러한 자연과학적 사고방식이 지배하고 있는 시대적 분위기에 의해 영향을 받게 된 학문적 경향에 대해서 진단을 해 본 결과 거기에는 위기가 있음을 인식하게 되었다. 이들은 이러한 위기의 원인을 생활세계의 생각과 삶의 연관성이 왜곡된 것으로 보고 그것에 새롭게 주목하여 왜곡 이전의 세계로 돌아감으로써 그런 위기를 극복하려는데 학문의 축적을 가진다. 그리고 이런 일의 모색에는 새로운 방법적 접근이 필요하게 되었고, 그것이 현상학과 해석학이다.

이 입장은 하이데거에서 "현존재의 현상학" 혹은 "현상학적 해석학"이라는 이름으로 확대된다. 이것은 현상학과 해석학을 연결해 주는 철학의 새로운 길을 보여준다(이규호, 1999: 163). 하이데거 철학의 근본 목표는 존재의 이해이며, 여기서 이해하는 주체는 인간 현존재이기 때문에, 이러한 현존재를 통한 존재해명을 기초존재론이라고 한다. 그리고 이러한 존재 해명은 현존재의 본질인 실존을 통해 그 의미를 밝히고자 한다.

또한 하이데거에서 현상학이란 존재의 진리를 묻는 방법론이며, 이것은 스스로 현전(現前)해 있는 존재 자체를 존재가 현전해 있는 존재의 편에서 드러나게 하는 것이다. 세계 내 존재로서의 인간 현존재는 그 의미가 개인과 상황의 교류에서 발견되며, 개인은 상황에 의해 구성되며 또한 상황은 개인을 구성한다. 따라서 인간 존재와 세계는 서로 분리될 수 없는 상호 관계에 따라 함께 존재한다. 여기서는 주체와 객관, 이론과 실천, 앎과 삶의 분리가 극복된다. 즉 인식이 곧 행동이며 그렇게 안다는 것이 곧 그렇게 산다는 것이 된다. 이런 삶의 현실성을 존재 근거로 보고 있는 철학자가 가다머이다. 이런 점에서 가다머는 하이데거의 입장을 긍정적으로 수용하고 있다.

가다머는 해석학의 출발점을 인간적 삶의 표현에 대한 이해에다 두고, 이해는 언어와 대화라는 기초적인 토대를 가정해야만 가능하다고 주장함으로써, 언어를 통하여 세계 경험의 통로가 열리며 이해가 성취된다고 주장한다. 인간의 현실적 삶을 철저히 왜곡시킨 전통적 언어관에서 벗어난 가다머는 과학적 방법이 삶의 경험을 왜곡하고 있었던 시대에 하이데거를 만나게 되었고, 하이데거를 통해서 해석학적 근본 경험의 토대로서 이해의 개념을 획득하게 되었다. 특히 언어의 대화적 구조를 부각하고 있는 가다머는, 누구든지 진정으로 대화하려고 하고 대화를 통해서 서로 합의하려고 애쓴다면 어떤 편견이나 선입관도 극복할 수 있으며 참된 진리의 길은 대화를 통해서 얻을 수 있고, 대화 속에서 만나게 되는 타자는 자신의 어딘가 붙들려 있음과 자신의 협소함을 노출하고 해소하도록 만든다고 주장한다. 그리고 이 대화는 의미의 교환과 합의에 도달할 때까지 계속된다. 대화한다는 것은 자신을 뛰어넘는 것이며 타자와 함께 생각한다는 것을 의미하기 때문에 서로 다른 지평이 융합하는 새로운 세계로의 길을 모색해 준다.

가다머에서 이해(verstehen) 개념은 딜타이의 해석학 전통에 따른 "문자로 고정된 삶의 표현에 대한 이해"라는 개념에서 출발하지만, 그의 해석학의 범위를 확장해 인간과 인간의 관계 나아가 세계와의 관계까지 포괄하고 있다. 독일어의 이해(verstehen)란 단어가 사태를 인지적으로 안다는 것만 아니라 "무엇에 대해 양해한다(verstaendnis)"라는 의미를 함축하고 있듯이 인간적인 관계 양식으로까지 확대되는 것으로 보기 때문에, 여기서 이해는 상호적 대화까지도 포함되고 있는 것으로 보아야 한다. 다시 말하면 인간이 산출한 모든 삶의 표현에 대한 이해는, 언어와 대화라는 기본적 토대를 상정할 때 가능하며, 그런 의미에서 해석학은 보편성을 가지고 있다. 독일 관념론 이후 여전히 방법 의식이 뿌리내리고 있던 철학적 상황에서 가다머가 그의 철학적 해석학의 주제인 이해의 개념을 얻게 된 것은 전적으로 하이데거의 도움 때문이다. 가다머는 이해의 개념을 방법 의식에서 파악한 것이 아니라 실존 범주, 즉 인간 현존의 범주적 근본 규정으로 심화시킨 하이데거를 만남으로 방법 의식에 얽매이지 않고 예술 경험과 역사 경험을 해석학적 고찰의 대상으로 삼게 되었다.

가다머가 비판하고 있는 실증주의적 방법 의식이라는 것은, 지금까지 서구 문명을 밑받침하고 있는 "진리"와 그 진리를 "방법"을 통해서만 달성될 수 있다는 것이었다. 과학주의 인식론에 맹종하고 있는 전통적 인식론은 주체와 객체가 엄밀히 분리되었다. 그리고 다른 그 무엇에 의해서도 좌우되지 않는 부동의 지주로서의 주체와 그 주체와는 독립적으로 존재하는 객체를 연결하는 수단을 방법이라고 하며, 이 방법이 확립되면 다른 사람들 역시 진리로 인도할 수 있다는 것이다. 가다머는 이러한 주객 이원론과 객관화의 문제를 예술작품의 경험 혹은 이해로부터 해명하고 있다. 예술작품과 독자의 관계는 분리된 주체와 객체와의 관계에서 이루어질 수 없으며, 또한 양자 사이에는 방법이라는 것이 존재하지 않는다고 주장한다. 결국 예술작품과 그것을 이해하려는 독자의 관계는 개성적이며 그 작품이 때로는 우리를 당황하게 만들기도 하고, 우리의 낡은 관점과 입장을 동요시키기도 한다. 이와 같이 이해의 대상이 우리를 당황하게 만드는 것을 가다머는 해석학적 경험이라고 말한다. 물론 여기서의 경험은 근대 경험과학에서의 '경험'을 말하는 것이 아니라, 예술적 종교적 체험을 포함한 일상생활 전체 영역에서의 경험을 말하는 것이다. 가다머가 강조하고 있는 경험이란, 그런 경험으로 지금까지의 관점이 동요되고 입장이 바뀐다는 의미이다. 따라서 해석학적 경험이란 자신의 유한성에 대한 경험이며 자기 세계관의 불완전성에 대한 경험을 말한다. 그리고 이러한 경험의 장을 가다머는 대화에서 찾고 있다. 그러므로 가다머에서 이해란 이런 의미의 경험에 의한 것이며, 이러한 경험이 일어나는 장이 바로 대화이다.

가다머가 대화를 강조하고, 그리고 그런 대화를 위해 필요한 것은 우리가 타자의 생각을 이해하고, 타자가 그런 생각을 가져온 관점과 입장을 승인하고, 타자를 이해하기 위해 그의 위치, 즉 그의 생각을 낳게 한 지평과 선입견 속으로 들어가는 것이 중요하다. 그래서 가다머 해석학에서 중요한 개념들이란, 사람의 생각과 입장과 관점을 좌우할 수 있는 사회적 역사적 문화적 지평, 인간의 생각을 이끌어 가는 선입견, 이해의 역사성을 고려한 전통의 의미들이 중요하다. 그렇다면 이상의 개념을 중심으로 해석학의 일반적 특징을 살펴보면 다음과 같다.

첫째, 해석학은 인간 주체가 살아있는 철학이다. 물론 여기서 주체는 근대적 의미의 의식이나 이성의 주체가 아니라 "세계 내 존재"로서의 주체를 가리킨다. 해석학이 출발점으로 삼고 있는 주체는 전인적 존재이며 역사와 사회 안에서 살아가는 삶의 주체로서의 인간이다. 이러한 인간 존재의 삶은 인간과 인간의 만남, 예술의 아름다움과 종교의 성스러움을 이해하고, 이것들을 작품과 창작으로 표현하는 삶을 살아간다. 또한 여기서 인간 주체는 해석학의 종착점과 그 과정에서도 중요한 역할을 한다. 자기 가신을 만들고 자기 자신을 변화시키고 자기 자신을 수련해 가는 것을 목표로 삼고 있는 존재이다. 결국 인간 주체는 언제나 살아 움직이고 있다.

둘째, 해석학은 이해의 철학이다. 종래의 객관주의 인식론적 입장에서의 협의의 이해보다는 더 넓은 의미를 가지는 해석학적 이해 개념은 삶의 범주로써 삶에 접근하기 위해서 더 근원적인 인식을 지향하고 있다. 해석학적 이해는 단지 사태나 사물을 아는 것에 그치지 않고 사물을 인지하고 있는 현존재자 자체를 이해하는 데까지 나아간다. 객관주의 인식론에서 인식의 주체는 절차와 방법에 따라 객관적 대상을 파악하고 나면 더 이상의 존재가치를 가지지 못하지만, 해석학적 이해 주체는 자신의 정확하게 이해하게 되고 나아가 자신의 유한성을 부정할 수 있는 데까지 나아간다. 그래서 해석학적 이해의 개념은 합리주의적 인식이 배제해 버린 가치나 의미의 영역도 관심을 기울인다. 따라서 자연을 설명하는 것과 정신을 이해한다는 것이 각각 구별된 별도의 방법이 아니라 모두 더 근원적인 인식의 형태로서 이해에 속하는 것이다. 다시 말하면, 해석학적 이해의 개념은 자연과학의 성격을 변화시켰을 뿐만 아니라 정신과학의 기반을 마련해 줌으로써 인간 존재의 새로운 변화를 지향한다.

셋째, 해석학은 역사성의 철학이다. 해석학에서는 인간의 이해와 그 이해를 가져오는 해석이 언제나 역사적 지평에 의존해 있고 역사적 전승에 따라 유도된다는 것은 하나의 보편적 사실이 되었다. 해석학에서는 세계와 삶을 구체적이고 개별적인 사건과 행위에 따라 충족되며 새로운 변화를 겪는 데서 그 본래성을 가지기 때문에, 그 세계와 삶은 인식으로 파악할 수 있는 고정된 존재 자체가 아니라 형성과 소멸의 형태로 나타나는 삶의 과정이고 흐름이다. 이것이 후설의 세계이고 딜타이의 삶의 연관성이다. 물론 가다머는 역사의식을 강조하기는 하지만 역사주의로 치우치는 것은 반대한다. 이것은 우리의 이해가 공동의 이해라 할지라도 사회적 제도나 권력 그리고 전통 혹은 어떤 절대적인 힘으로 결정되어서는 안 된다는 말과 통한다. 따라서 해석학은 언제나 모든 사태를 현재화할 수 있는 힘을 가지고 있고, 과거와 현재의 지평을 융합할 수 있다. 그래서 우리는 '독자가 텍스트를 저자보다 훨씬 더 잘 이해할 수 있다.', 혹은 '독자는 텍스트를 저자와는 다르게 이해할 수 있다'라는 해석학적 명제가 자연스럽다.

넷째, 해석학은 언어의 철학이다. 전통적 언어관에 의하면, 언어는 객관적인 사물을 표현하고 전달하는 단순한 도구에 불과하지만, '언어학적 전환'을 이룩한 언어관은 언어는 사물을 형성하고 특수하게 만들어 가고 특수하게 단장해 간다는 것이다. 언어를 매개로 해서 객관적인 대상과 주관적인 의식을 연결할 수 있으며, 언어가 매개해 주는 대로 세계를 알 수 있다.

다섯째, 해석학은 대화의 철학이다. 해석학의 해석은 해석 주체인 인간과 해석 대상인 텍스트와의 대화이며, 지평 융합을 위한 저자의 지평과 독자의 지평 간의 대화이며, 언어를 통한 자아와 타자의 대화이며, 연구자와 연구 대상자와의 대화이다. 따라서 역사와 세계에 대한 해석의 다양성과 해석 주체의 제한성을 인정할 수밖에 없으면서도 대화를 통한 상호 주관적 차원에서 합의된 진리에 접근하려는 것이 해석학의 과제이다. 여기서 해석학적 순환을 통해 역사와 세계와 인간 주체를 더 깊이 이해하려는 대화에서는 나선형적 순환의 원리가 작용한다.

Ⅲ. 질적 연구의 철학적 함의

이상에서 현상학과 해석학에서 다루어진 주된 개념의 의미를 교육 현장 특히 질적 연구와 연관시켜 살펴보면 다음과 같은 시사점을 얻을 수 있다.

첫째, 현상학이나 해석학적 방법에서 언급되고 있는 "사태 그 자체로 돌아가라"라는 의미이다. 이 말은 우리 연구자가 어떤 사물이나 경험의 의미를 들여다볼 때 그 사물이나 사태 자체를 있는 그대로 보기보다는 그것들의 축소된 변형물 혹은 추상화된 부분을 연구의 대상으로 삼기가 쉽다는 것이다. 다시 말하면 질적 연구는 사람이나 사태 혹은 사물에 수량화나 범주화가 가해지기 이전의 상태, 즉 '있는 그대로'의 상태에 최대한 접근하고자 한다. 현상학과 해석학의 연구에서 주장하는 것은, 교육 연구에 있어서 어떤 현상들을 쉽게 분류해버리는 것을 지양하고 사물이나 사태를 그의 전후 관계나 상황을 통해서 파악하는 사물 자체의 맥락적 연구를 강조하고 있다.

둘째, 현상학과 해석학은 우리의 일상적이고 현실적인 삶의 문제를 그 연구의 출발점으로 삼고 있다. 이것은 삶의 실재성으로부터 시작해야 한다는 딜타이의 주장과 사태로부터 출발해야 한다는 후설의 입장이다. 우리가 너무나 당연하게 받아들이는 우리의 일상적 삶의 모습들이 우리의 연구 대상에서 배제된 교육 연구의 현실을 지적했다고 할 수 있다. 학문의 세계가 앎의 영역에 머물러 있는 경우, 그 앎의 토대인 삶의 구체적인 모습을 간과하기 쉽다. 질적 연구 역시 삶의 구체적 영역을 그들의 연구 대상으로 생각한다.

셋째, 현상학과 해석학은 대화의 힘을 얻어 우리가 느끼고 생각하고 경험한 세계를 상대방에게 상호 주관적인 기술의 형태로 그 의미를 전달해 줌으로써 서로가 공유하고 있는 세계를 이해하고 승인할 수 있게 해준다. 현상학과 해석학에서의 주된 방법으로서의 대화가 가지는 적절성이란, 사물 대상의 성격에 일방적으로 의존하기보다는 인식주체와의 삶의 연관성 속에서 파악할 수 있는 것이다. 여기에 개별화와 전체적 삶의 해석학적 순환을 주장하는 딜타이와 상호주관성을 주장하는 후설의 입장이 있다. 따라서 질적 연구는 연구자, 즉 연구 주체와 연구 대상 사이의 부단한 대화의 과정에서 이루어지는 것이라 할 수 있다.

넷째, 현상학과 해석학은 어떤 사태나 사물을 파악할 때 그것을 객관적인 상태에서 관찰하기보다는 그들의 상호 주관적인 의식과 입장을 인정하고 그들의 관점에서 경험을 기술하는 일이 우선되어야 한다고 주장한다. 이것은 주관과 객관의 이원론적 태도에서 사물을 인식하려는 전통적 실증주의적 관점에 대한 비판적 견해로서 이런 현상은 연구 과정에서 연구자와 연구 대상자가 소외되는 경우를 종종 볼 수 있다. 연구자들이 자신의 현지 적응에만 주로 관심을 기울이기 때문에, 연구 대상자들이 연구자들에 어떻게 적응해 가는지의 문제는 등한시되었다. 이것은 연구 대상자를 연구의 객체로 취급할 때 발생하게 된다. 그리고 연구자 자신을 소외하는 경우가 있다. 연구 주체와 연구 대상이 철저히 소외된 연구 과정에서는 조사의 절차를 최대한 객관화함으로써 연구의 과정에 객관적인 연구자만이 존재할 뿐 연구 주체자로서의 사람이 배제된 경우가 종종 발생한다.

다섯째, 현상학과 해석학은 인간의 일상적 삶의 맥락에서 출발한다. 하지만 이들 양자 간에는 인간의 선입견 문제에 있어 다소 차이가 있다. 현상학은 사태 그 자체를 생생하게 보기 위해 일체 선입견을 배제해야 하지만, 해석학은 선입견을 통한 해석학적 이해를 중요시한다. 즉 해석학에서 선입견은 대상과의 상호 작용을 통해서 충분히 수정되고 보완될 수 있는 생산적 선입견이라 할 수 있다. 각자의 삶의 맥락이 다르다고 해서 단지 사적이거나 개인적인 것으로 판단해서는 안 된다. 질적 연구에서는 사람들의 눈과 마음이 다를 수 있다는 전제에서 출발한다. 여기서 서로 다른 눈과 마음을 맞추어 가는 해석학적 대화가 확보될 수 있다. 따라서 질적 연구는 보편타당한 진리보다는 합의의 과정을 통한 진리의 확보에 관심을 기울인다.

여섯째, 현상학과 해석학은 이해와 해석의 과정이 생생하고, 직접적이고 즉각적인 체험을 공유하고 있다. 이것은 진리를 입증하기보다는 의미를 구성하고, 앎보다는 느낌을 강조하며, 과학적 엄밀성보다는 공감을 선호한다. 물론 여기서는 주관성이 강조되는 듯하지만 단지 주관성에 머물지 않는다. 누가 보아도 그렇게 볼 수밖에 없는 것이 아니라 내가 본 것을 타인도 보고 공감할 수 있는 형태로 구성해 가는 대화의 창구를 열어갈 때 일반성이 확보될 수 있다. 다시 말해서 맥락 속에서 그 의미를 충분히 파악할 수 없는 자료를 양적으로만 늘려 가는 것이 곧 일반화의 길이라고 볼 수 없다는 것이 질적 연구자의 견해이다.

일곱째, 현상학과 해석학은 전통 철학에 대한 하나의 대안적 패러다임이다. 이것은 전통 철학 혹은 학문 그리고 삶의 위기의식으로부터 발생하게 되었다. 즉 삶의 세계에 대한 망각에서 해석학이 출발하였고 삶의 세계에 대한 방법적 전환에서 현상학이 출발하였다. 마찬가지로 질적 연구 역시 양적 연구에 대한 대안적 형태로써, 하나의 고정된 방법론이나 테크닉이라기보다는 하나의 대안적 패러다임으로 발생하게 되었다.

Ⅳ. 결론: 질적 연구의 도덕 교육적 함의

질적 방법론의 대표적 이론이라 할 수 있는 해석학과 현상학 그리고 이 둘을 결합한 현상학적 해석학은 도덕교육의 이론적인 토대를 마련하는데 적절한 방법론이라 할 수 있다. 현상학적 해석학의 방법에서 강조하는 개념들, 즉 이해, 해석, 삶의 맥락, 상호 주관적 의식, 대화, 존재 그 자체 등이 핵심적이다.

이러한 질적 연구는 도덕교육과 어떤 연에서 어떠한 연관성을 가지는가? 도덕교육은 타 교과와는 달리 도덕적 가치 혹은 덕목을 중요시한다는 점에서 앞에서 언급한 개념들과 밀접한 연관이 있다. 따라서 질적 연구는 도덕교육과 밀접한 연관성을 가지고 있다. 도덕성 혹은 인성의 문제는 과학적 실증주의 방법론으로는 접근하기가 힘들기 때문에, 질적 연구 방법으로 접근하는 것이 타당하다.

교사가 학생의 삶을 연구하려면, 학생과의 다면적이고 실제적인 경험을 통해 이루어져야만 하는데, 양적 연구를 바탕으로 하는 학생과의 연구는, 구체적이고 실제적인 연구와는 거리가 멀기에 생생한 학생들의 삶을 솔직하게 담아 내기 어렵다. 따라서 도덕교육이 학생의 도덕성과 인성을 함양하는 것을 목표로 하고 있다면, 인성과 도덕성의 문제를 학생들 삶 그 자체를 그 삶의 맥락적 입장에서 이해하고 해석하며 대화를 통해서 생생하게 그려갈 때만 그 정당성과 도덕적 가치를 확보할 수 있을 것이다.

참 고 문 헌

백승균 외(1996). 『해석학과 현대철학』. 철학과 현실사.

소광희 외(1999). 『하이데거와 철학자들』. 철학과 현실사

오인탁, 최종욱 외(1996). 『해석학과 정신 과학적 교육학』. (주)사회평론

이규호(1999). 『대화의 철학』, 시공사

조용환(1999). 『질적 연구의 방법과 사례』, 교육과학사

최신일(1998). "해석학과 구성주의". 『초등교육연구논총』12집, 대구교육대학교 초등교육연구원,

최신일(1995). "이해의 학으로서의 해석학", 『박사학위논문』, 부산대학교 대학원.

한국해석학 편(1999). 『해석학의 역사와 전망』, 철학과 현실사.

허숙, 유혜령 편(1997), 『교육현상의 재개념화 - 현상학, 해석학, 탈현대주의적 이해 -』, 교육과학사.

Dilthey, W.(1973) *Der Aufbau der Geschichtlichen Welt in Den Geisteswissenscaften.*. In W. Dilthey Gesammelte Schriften Ⅶ. Goetingen: Vandenhoeck & Ruprecht.

Gadamer, Hans-Georg. (이길우 외 옮김(2000). 『진리와 방법 I 』, 문학동네.

Hekman, Susan J.(윤병희 옮김(1993), 『해석학과 지식사회학』, 교육과학사.

Chapter 10

학생활동 중심의 도덕교육을 위한 구성주의적 접근

Ⅰ. 시대정신으로서 구성주의
Ⅱ. 앎과 삶 그리고 구성주의
Ⅲ. 급진적 구성주의와 사회적 구성주의
Ⅳ. 왜 학생활동 중심이어야 하는가?
Ⅴ. 학생활동 중심의 도덕 교육적 시사점

Chapter 10

학생활동 중심의 도덕교육을 위한 구성주의적 접근*

Ⅰ. 시대정신으로서 구성주의

도덕과 교육 과정의 성격, 목표 그리고 내용을 살펴보면 뚜렷하게 제기되는 개념이 학생 혹은 학습자 활동 중심이다. 이 개념을 제시하기 위해서는 반드시 그에 따른 이론적 혹은 사상적 근거가 있기 마련이다. 또한 그 교육학적 혹은 철학적 근거를 살펴보아야만 그 현상을 정확하게 파악할 수 있을 것이다. 다시 말하면, 현상의 근거 혹은 토대인 맥락을 정확하게 이해해야 그 개념의 의미를 정확하게 파악할 수 있기 때문이다. 이에 따른 작업은 단순하지 않다. 우리의 교육 현장에서 발생하는 문제점들이야 복잡하고 다양하지만, 그에 따른 해결 방안은 너무나 단순하고 현상적 처방에 머물러 있다는 우려의 목소리에 기울어야 한다. 이런 현상은 우리나라 교육 과정 변천의 역사를 살펴보면, 교육 과정 개정의 필요성이 너무나 현실적 변화의 측면에 대응하는 데 치우쳐있다는 느낌을 배제할 수 없다. 교육 과정의 개정과 마찬가지로 교육의 문제점들을 해소하는 방향은 드러나 있는 현실적인 측면과 동시에 그것들을 방향 지우는 이

* 이 글은 초등도덕교육 제8집 (초등도덕교육학회, 2002)에 실린 논문을 수정 · 보완 한 것임

론적 측면 역시 병행되어야 한다는 것이다.

이에 따라서 학생의 활동이 강조되어야 하는 근거와 중심이라는 의미를 정확하게 규정할 필요가 있고, 이것이 곧 교육의 문제점들을 해결할 수 있는 실마리가 된다. 어느 시대를 막론하고 그 시대를 이끄는 시대정신이 있다. 특히 다양성과 복잡성 그리고 다원성을 그 특징으로 하는 오늘날의 시대정신을 포스트모더니즘으로 규정하기도 한다. 그러나 이 포스트모더니즘이 하나의 시대정신인가 아니면 하나의 유행에 불과한가 하는 논의는 다음에 논하기로 하고 여기서는 오늘날의 시대정신을 포스트모더니즘으로 규정하기로 하고, 이것을 교육과 인식론적 관점에 연관시켜서 모더니즘과 포스트모더니즘을 구분 지울 수 있다면, 전자는 객관주의 인식론으로 후자는 구성주의로 구분할 수 있을 것이다. 따라서 여기서는 객관적 인식론의 대안으로서 구성주의를 중심으로 논의를 펼쳐감으로써 오늘날 교육의 제 현상과 특히 초등 도덕교육의 새로운 지평을 열게 될 그 이론적 근거를 제시하고, 이것을 바탕으로 초등 도덕교육에의 시사점을 제공하고자 한다.

Ⅱ. 앎과 삶 그리고 구성주의

1. 앎과 삶 그리고 구성

구성주의는 전통적이며 근대적인 인식론에 대한 새로운 대안적 패러다임으로 발생한 것이기 때문에 그것의 발생 배경을 밝히는 것이, 구성주의를 이해하는 데 최우선의 작업이 되어야 한다. 다시 말하면 구성주의가 철학과 어떤 연관성을 가지고 있으며, 어떤 철학적 근거 및 역사를 가지는지를 살펴보는 것이 무엇보다 해결되어야 할 우선 과제이다.

구성주의의 배경을 어디에서부터 시작할 것인가? 라는 물음에 직면하게 될 때, 그것은 흔히 철학적으로는 인식론적 입장에서, 심리학에서는 피아제를 중심으로 시작할 수 있으며, 그리고 사회, 문화적으로 접근했을 경우는 '포스트모더니즘'과 만나게 된다. 또한 현재의 정보 통신 기술과 연관시키면 정보화라는 개념과 연결된다. 이처럼 구성주의는 다양한 분야에서 다양한 형태의 용어로 사용되고 있으며 이 이론 간의 상호관련성은 구성주의 이해의 폭을 넓게 해주며, 결국은 교육 현장에서는 '구성주의'라는 실체로서 완성된다고 할 수 있다.[1)]

이상의 다양한 배경을 바탕으로 해서 볼 때, 구성주의는 한마디로 표현하자면, "지식은 발견되기보다는 구성된다"라는 명제로 압축할 수 있다. 다시 말하면 구성주의자들은 앎(knowing) 혹은 지식(knowledge)의 문제를 구성의 문제[2)]로 보고 있지만, 여기서 구성은 지식보다는 이해로서의 '앎'이라는 개념과 더 깊게 연관되어 있다. 그래서 구성적 앎이라는 것은 단순한 지식을 획득하는 것이라기보다는 해석과 이해의 문제이며 따라서 의미구성의 문제이다. 물론 더 나아가 구성주의는 이러한 앎의 능동적 구성만을 강조하고 있다면 기존의 다

---

1) 강인애(1998), "문제 중심학습(Problem-Based Learning): 또 하나의 구성주의적 교수-학습 모형", 『구성주의 교육학』(서울: 교육과학사) 211쪽

2) Goodman과 Elgin은 이를 지식(knowledge)과 이해(understanding)의 두 가지로 나누어 구분하고 있다. 지식은 확실한 진리로부터 출발하여 정확하고 포괄적인 '실재'를 설명하기 위한 수단으로서 관찰 그리고 실험 등이 사용된다. 다시 말하면, 토대는 아마도 견고하고, 그 방법은 규정되어 있고 그 목적은 초월적 진리인 것을 가리킨다. 반면에 이해는 통합하고 조직하고, 짜 나가고 보충하기 위해 현재 채택되고 진행되는 것에서 출발하여 이미 완성된 진리에 도달하기 위해서가 아니라 무언가 옳은 것을 만들기 위한 것 - 즉 새로운 사례들을 조절하고 보다 점진적인 탐구와 발견을 보충하는 어떤 것을 구성하는 과정이다. 요약한다면, 전자는 목적, 한정된 주제 혹은 목표, 그리고 진리로서의 지식이고, 후자는 행위 혹은 과정 그리고 "작용하는 어떤 것"으로서의 지식이다. Bauersfeld, H "The Structuring of the Structures: Development and Function of Mathematizing as a Social Practice"(L.P. Steffe & J. Gale, eds., *Constructivism in Education*, Hillsdale, NJ: Lawrence Erlbaum Associates, Publishers), p. 143

른 이론과의 차별이 없는 이론에 불과할 수 있다. 그래서 구성주의의 더 중요한 요소를 지식의 맥락성(contextuality, situatedness)과 적합성(viability, fit 혹은 adaptability)[3]에서 찾는 이유가 여기에 있다. 지식의 맥락성과 적합성을 강조한다는 것은, 역사성, 문화성, 시간적 제약을 초월하여 정형화되고 정체된 지식을 바탕으로 현실에 대한 통제와 예측을 궁극적 목표로 하는 객관주의의 입장을 부정하고, 대신에 현실 세계를 복잡하고, 불확실하며, 불안정한 것으로 규정하며, 인식주체인 인간을 자신의 역사적, 문화적, 사회적 '맥락'(context)이 반영된 시각으로 이해하고 그 안에서 의미를 찾는다. 이러한 구성주의 사상가로는, 피아제(J. Piaget), 비코(G. Vico), 가다머(H. G. Gadamer)를 비롯한 해석주의자, 미국의 듀이(J. Dewey), 그리고 최근에 와서는 로티(R. Rorty)와 굿맨(N. Goodman) 등이 있다. 구성주의 사상가들은 약간의 차이는 있기는 하지만 지식을 우리의 시·공간적 삶을 초월한 실재를 객관적으로 정확하게 표상해 내는 것이 아니라, 특수한 시·공적 맥락에 비추어 구성해 낸 것이라는 점에서는 거의 같은 생각을 가진다.

따라서 구성주의자들에게는 지식의 구성 문제가 맥락을 떠나서는 생각할 수 없다. 어떠한 이론적 지식과 실제적 지식이라도 이론적 맥락 혹은 실제적 맥락을 벗어날 수 없는 것과 마찬가지다. 여기서 우리가 강조할 단어는 맥락적으로 구성되는 "지식"이 아니라 그런 구성을 가능하게 하는 "맥락"이라는 단어이다. 여기서 맥락은 곧 '삶'을 가리킨다. 이것은 모든 지식이 삶에 그 토대를 두고 있다는 것이고 삶에서 배태되어 나오고 다시 삶으로 되돌아올 때만 그 의미가 있다. 결국 이 말은 지식의 탈맥락적 확실성을 강조하기보다는 맥락적 실용

3) 조용기(1998), "구성주의 교육의 구성", 『구성주의 교육학』,(서울: 교육과학사) 133쪽. von Glasersfeld는 구성주의와 객관주의에서 사용되는 용어를 대비시키고 있다. 그는 객관주의의 "진리"(truth)에 해당하는 말을 "타당성"(viability)이란 용어로, "일치"(match)라는 개념 대신에는 "적합성"(fit)이라는 용어를 사용하여 구성주의 인식론을 설명하고 있다.(강인애(1997), 『왜 구성주의인가?, -정보화시대와 학습자 중심의 교육환경-』(서울: 문음사) 134~135 쪽 참조)

성[4]을 강조하기 때문이다.

이상에서 살펴본 바와 같이, 구성주의자들이 주장하는 인식의 문제는 지식의 문제보다는 지식의 구성과정과 그런 지식을 구성하는 맥락으로서 삶의 성격을 강조하고 있다. 즉 이러한 인식 활동은 인식 활동 이전의 삶이라는 의미에서의 맥락성을 강조하고 있고, 따라서 인식론적 맥락보다는 존재론적 맥락을 강조하게 된다. 그러기 때문에 구성주의는 인식론적이라기보다는 존재론적이라는 말이 설득력 있다. 그리고 인식론적 구성주의와 존재론적 구성주의의 구분이 구성주의의 중요한 구분이 될 수 있다. 구성주의에서 '인식론적'이라는 의미는 지식의 구성과정을 염두에 두고 한 것이기 때문에 항상 상대주의 인식론이라는 비난을 받기도 한다. 그러나 '존재론적'이라는 의미는 지식의 구성과정뿐 아니라 지식구성 이전의 현존재의 삶의 맥락성을 강조하고 있기에 인식론적 의미에서 받게 되는 비난도 극복할 수 있다. 구성주의의 존재론적 입장은 전통 철학에 대한 새로운 패러다임 중 하나인 해석학이 그 철학적, 이론적 뒷받침을 하고 있다.[5] 이러한 구분을 바탕으로 하여 먼저 구성주의의 종류를 그 역사적 흐름을 통해서 살펴보자.

4) 여기서 "실용성"이라는 말은 일상적 의미의 '실용'과는 다르다. 구성주의에서 말하는 실용성이란 지식이 일상적 생활편의나 경제성과 연결된 "실제적인" 무엇이라는 것을 의미하기보다는 그것이 그 사람의 관심사란 맥락에 "의미있다"는 것이다. 따라서 실용성은 지식의 경제성 문제라기보다는 그 의미성의 문제이다. 다시 말하면 그것이 실제적으로 도움이 된다는 의미에서라기보다는 맥락적이라는 의미에서 실용적이다.(조용기, "구성주의 교육의 구성", 『구성주의 교육학』(서울: 교육과학사) 135 쪽 참조)

5) 최신일(1998), "해석학과 구성주의", 『구성주의 교육학』(서울: 교육과학사), 30~33 쪽 참조. 그리고 본 논문에서 언급되는 구성주의의 철학적 근거는 해석학, 특히 가다머의 철학적 해석학의 영향에 힘입은 바 크다.

Ⅲ. 급진적 구성주의와 사회적 구성주의

1980년대에 들어와서 구성주의는 기존의 객관주의나 표상주의에 대한 대안적 패러다임으로 자리를 잡게 되면서 객관주의와의 논쟁에서 벗어나 구성주의 자체 내의 논쟁을 불러일으키게 되었다. 이러한 논쟁들은 오늘날 급진적 구성주의, 사회적 구성주의, 인지적 구성주의, 물리적 구성주의, 진화적 구성주의, 사회 문화주의, 심리적 구성주의, 포스트 모던적 구성주의, 정보처리 구성주의, 사이버네틱 구성주의 등의 다양한 모습들로 나타나기에 이르렀다. 본 장에서는 급진적 구성주의, 사회적 구성주의를 중심으로 구성주의의 성격을 규정하고 서로 간의 차이점을 살펴보면서, 동시에 그 연결점을 도출하고자 한다.

1. 급진적 구성주의

(1) 피아제의 구성주의

피아제는 전통적인 인식론의 물음인 "지식이란 무엇인가?" "우리는 어떻게 알 수 있는가?" 등과 같은 물음에 대하여 "지식이라는 이름 아래 아동은 어떻게 지식을 획득해 가는가?"에 대해 관심을 가졌다. 그는 어린이는 그냥 어른들의 지식 전체를 단순히 삼켜버리는 것이 아니라 그것을 구성해야 한다는 확신을 가졌다. 그래서 피아제는 다음의 주장에 대해서 반대한다.[6] 첫째로, 정신을

6) Kneller. G. F, *Movements of Thought in Modern Education*(안인희 옮김(1987), 『현대교육사상』 서울: 서광사) 123쪽

형식적으로 정보를 구조화함이 없이 받아들이는 백지로 보는 이론, 둘째로, 정신은 생득적 관념으로 경험을 구성한다는 이론, 셋째로, 양적 실험에 의존하는 실증주의자의 이론, 마지막으로, 정신을 이해하는 최선의 방법은 정신이 무엇을 하는가 하는 것을 관찰하는 기능주의자의 이론 등이다.

이러한 피아제의 전통적 사고방식을 깨뜨리는 생각에서 급진적(radical)이라 할 수 있다.[7] 물론 이 말은 변화를 추구하는 속도가 빠르다는 의미도 포함하고 있지만 근본적이라는 의미도 포함하고 있다. 따라서 급진적 구성주의는 표상주의의 세계관을 뿌리채 흔들어 놓는다는 의미에서 철저한 구성주의라고 할 수 있다. 이것은 구성주의가 단순히 지식의 습득 과정을 가르치는 것이 아니라 그 지식의 성격 자체를 새롭게 그리고 근본적으로 규정하겠다는 의미로 받아 들어야 한다.

인지 이론가의 한 사람인 피아제는 생물 유기체적 평형 유지 속성을 재발견하고, 평형 유지를 위한 적응의 두 유형 즉 동화(assimilation)와 조절(accommodation)을 그 자신이 주장하는 구성주의의 이론적 근거로 제시하였다.[8] 이러한 지적인 적응은 인식주체와 인식 대상 간의 상호 작용의 과정이다. 따라서 유기체의 환경에 대한 표상이나 세상에 대한 지식은 인지적 활동의 결과에 달려 있다. 그래서 그의 주장을 발생학적 인식론, 구성주의적 구조주의[9]라고 부른다. 다시

---

7) von Glasersfeld(1998), "Why constructivism must be radical"(M. Larochelle, N. Bednarz, & J. Garrison Eds, *Constructivism and education*, Cambridge: Cambridge University Press) p.23

8) von Glasersfeld(1995), *Radical Constructivism, A Way of Knowing and Learning*(London: The Palmer Press) pp. 53~75 참조

9) 삐아제에 있어서 '구조'라는 말은 두 가지 의미로써 설명되어 진다. 삐아제는 방법론적 의미에서는 직관주의 방법 또는 내성적인 방법을 평가절하하고 반면에 조작주의 방법, 변증법적 방법, 통시론적 연구와 공시론적 연구의 종합 등을 권유한다. 다른 한 편으로는 구체적인 연구대상인 한에서 구조의 의미이다. 이런 의미에서 그의 발생학적 인식론은 '인식은 전체성의 구조'라고 할 수 있다. 따라서 그의 구조주의는 하나의 방법론이면서 동시에 모든 것을 구조 개념으로 환원시키는 일종의 환원주의라고 할 수 있다.(문장수(1998), "장 삐아제의 발생학적 인식론의 관점에서 해명된 인식 의미와 철학 이념"(대동철학회,『대동철학』, 창간호) 1~3 쪽 참조)

말하면 피아제 이론에 있어서 인지 발달은 개인이 환경에의 적응을 통하여 새로운 인지 구조를 형성해 가는 과정이라 할 수 있다. 이러한 적응은 동화와 조절의 기능에 의하며 이 두 기능의 상보적 진전에 의한 평형화 과정에 따라 이전의 구조와는 질적으로 다른 새로운 인지 구조가 형성되는 것이다.[10] 그래서 피아제의 인지 발달 이론은 단순히 지식을 수용하거나 표상하는 데 있는 것이 아니라 조작(동화와 조절)을 통해 인지를 하기에 다분히 구성적 성격을 지닌다고 할 수 있다.

그러나 피아제는 개별적 경험에 의한 지식의 구성 자체에 관심을 가지기보다는 인간의 인지 발달의 보편성을 찾는 데 기본적인 관심을 두고 있다. 피아제에 있어서 개별적인 경험은 존재론적 의미에서 그 자체로서 중요한 것이 아니라, 이러한 인간의 개별적 경험은 동화와 조절을 통해 인간에게 내재 된 보편적 발달 법칙이 발현되도록 하기에 중요하고 그렇게 하기 위해 구성적 개념인 동화와 조절의 개념을 설정하고 있다.

(2) 글라저스펠트의 급진적 구성주의

피아제로부터 시작되고 비코에 의해 훨씬 앞당겨진 급진적 구성주의는 클라저스펠트(Glasersfeld)에 의해서 그 임무를 가장 잘 수행한다.[11] 그는 교사들이 충분한 이론적 기초 없이 수행해 왔던 일부 노력에 대한 견실한 이론적 뒷받침을 제공해 주어야 한다는 의도를 가지고 임무를 수행했다.

10) 피아제적 구성주의는 세상을 우리에게 맞추는 동화 과정과 우리를 세상에 맞추는 조절과정을 통하여 인간의 인지과정을 설명하고 있다. 실제로 본 논문에서 새로운 교실 혹은 학교 문화를 창조하자는 것은 피아제식의 구성주의를 동화로 보기보다는 조절로 보자는 데 그 의도가 있다. 교실과 학교 문화를 개혁하기 위해서 도입한 구성주의는 기존의 이해 틀을 강화(동화)하기보다는 그것을 바꾸어 놓기(조절) 위해서이다. (조용기(1998), "구성주의 교육의 조절", 『구성주의 교육학』, (서울: 교육과학사) 1~2 쪽)

11) Ernest, P, "The One and the Many"(Steffe. L. P, Gale. J eds(1995), *Constructivism in Education* :,New Jersey. Lawrence Erlbaum Associates, Publisher) p.473

글라저스펠트는 피아제의 이론을 따라 생물 유기체적 평형 유지 속성을 인간 이해에서 재발견하였다. 그는 지식을 지금까지 주장되어 온 어떤 독립적인 세계를 나타낸다는 표상주의 혹은 객관주의적인(물리학적 세계관에 의존하는) 것으로 보는 지식관을 포기하고, 지식을 인간이 경험 세계 속에서 하나의 유기체로서 적응에 필요한 유용성(viability)의 개념(생물학적 세계관에 의존하는)으로 대체하였다.[12] 그는 이러한 전제를 바탕으로 유기체는 그의 환경에서 생존하려고 노력하는 한 살아 있을 수 있다고 말하면서, 구성주의자의 지식은 이러한 유기체의 생물학적 평형 유지를 위한 유용성의 산물이고, 동시에 지식은 삶의 과정이며 인간의 삶 자체의 적응적 과정이라고 한다. 그러나 글라저스펠트는 피아제의 동화와 조절의 개념을 구성의 과정으로 설명하기 때문에, 이를 구성주의적 가정에 적극적으로 수용하여 다음과 같이 재해석 혹은 재구성하였다.

세계를 객관적으로 이해하는 혹은 표상하는 방법으로써 가르쳐왔던 다양한 지식은 개인의 삶의 맥락이라는 측면에서 재해석되어 가르쳐야 할 것이다. 지식은 삶에 있어서 탈맥락적으로 존재하고 있고 그렇게 발견되는 것이 아니라 맥락적으로 구성된다. 따라서 교육의 내용은 학습자 자신이 자신 삶의 맥락에서 구성할 수 있는 것이 되어야 하고, 그렇게 구성한 지식은 자신 삶에 대한 의미성도 지닐 수 있다.

또한 교육에 있어서 이론과 실천 역시 학습자의 맥락 속에서 연구되고 실천되어야 할 것이다. 교육 현상에 대한 설명이 학습자의 삶이나 학습의 맥락에서 벗어나 있을 때는 교육 현상을 제대로 설명할 수 없다. 즉 교육 현상에 대한 이해는 교육 현상과 탈맥락적으로 존재하는 보편성에 의존하는 것이 아니라 교육 현상의 맥락에 대한 해석에 의존한다.

---

12) von Glasersfeld(1995), "A Constructivist approach to Teaching", (Steffe. L. P, Gale. J eds, *Constructivism in Education,* New Jersey: Lawrence Erlbaum Associates, Publisher) p. 7

2. 사회적 구성주의: 비고츠키의 구성주의

피아제나 글라저스펠트와 같은 급진적 구성주의자들은 인지 문제를 조절과 동화를 통한 구성과정으로서의 반응적 적응 활동에 초점을 맞추었지만, 인간의 경험을 지나치게 강조했다는 결과를 가져왔다. 이러한 흐름은 그 이후 지식을 사회적 맥락 속에서 파악하려는 사회문화주의자들의 반발을 초래하였다. 더 나아가 이러한 지식 사회학적 영향은 비고츠키(Vygotsky) 등에 의해 인간 개별보다는 인간의 상호 작용 자체가 지식을 만드는 출발점으로 파악하고 있는 사회적 구성주의를 낳게 되었다. 결국 피아제의 구성주의 심리학은 글라저스펠트로 연결되어 급진적 구성주의로, 비고츠키의 구성주의 심리학은 월취(James V. Wertsch), 코일(Cole), 콥(Cobb) 등에 의해 사회적 구성주의의 이론적 근거를 제시하고, 이들에 의해 교육학에 도입되었다.

비고츠키의 구성주의 심리학은 사회적 구성주의의 이론적 토대를 형성하게 하는 지적 배경으로는 내적인 요인(인지 심리학 내)과 외적 요인(심리학 밖)으로 나눌 수 있다. 그는 전자의 경우에는 비판 혹은 비판적 수용의 자세를 가지고 있는 반면에 후자인 외적 요인(지식사회학, 사회학주의, 상호작용론)에는 적극적으로 수용하고 이를 근거로 해서 전자를 비판하고 자신의 독특한 학문적 체계를 세우고 있다. 그렇다면 비고츠키의 이론을 중심으로 사회적 구성주의의 입장을 살펴보면 다음과 같이 요약할 수 있다.[13)]

첫째, 인간이 다른 동물들과 구별되는 것은 인간이 사회를 만들어 그 속에서 상호 작용하면서 살아가기 때문이다. 이 상호 작용 과정에서 인간은 다른 동물들과 달리 자신의 유의미한 행동을 다른 구성원들에게 전달할 수 있다. 둘째, 인간은 다른 동물들과 달리 기호, 상징 혹은 언어 등을 창조하여 사용하기 때

13) 이종일(1999), "사회적 구성주의"(대구교육대학교 초등교육연구소, 『초등교육연구논총』, 제13집) 15-16쪽 참조

문에 인간은 개체적 차원을 넘어 사회적 존재가 된다. 셋째, 자신의 체험에 의한 지식이 아닌 상호 작용을 통해서 확보된 타인의 지식이 어떻게 자신의 지식으로 구성되는가 하는 문제가 생긴다. 이에 대해 비고츠키는 '외적 구성의 내적 재구성'이라는 말을 사용함으로써, 개인의 지식구성 과정을 처음에는 지식구성이 사회적으로 나타나고 다음에는 개인의 영역으로 전환되는 과정을 '내면화'의 과정으로 설명한다. 넷째, 비고츠키는 인간에서 발달과 학습이란 별개의 영역이기는 하지만, 상호 작용하고 그러한 과정에서 학습이 발달을 촉진한다고 한다. 즉 아동기에 있어서 학습 수준을 아동이 남의 도움 없이 스스로 어떤 문제를 해결할 수 있는 능력인 실제적 발달 수준과 성인의 안내나 능력 있는 또래들과 협동하여 문제를 해결할 수 있는 능력인 잠재적 발단 수준을 구분하고 있다. 그리고 잠재적 발달 수준에서 실제적 발달 수준을 뺀 영역을 근접발달영역(Zone of Proximal Development)[14]이라고 한다. 또한 이 근접발달 영역 범위 내에서만 인간은 이전 시기보다 나은 수준의 판단 형성이 가능하다고 한다. 이를 근거로 해서 그는 발달이 학습보다 우선이라는 피아제의 전제를 비판하고 인간의 실제 생활 속에서는 학습이 발달을 오히려 자극한다고 주장한다. 다섯째, 그는 인간이 타인과의 상호작용을 통해 보다 고등한 지식의 형성 가능성을 근접 발달 이론으로 설명하고 있다. 이러한 비고츠키의 근접 발달 이론은 사회적 구성주의 학습 모형의 원형을 제공해 준다.

급진적 구성주의와 사회적 구성주의의 차이점에도 불구하고 양 입장은 반실재론의 입장이 있다. 그리고 학습에 대한 사회적 성격을 인식함과 동시에 학습

14) Vygotsky, L. S, *Mind in Society -The Development of Higher Psychological Processes-* (Cambridge: Hazard University Press) pp. 84-92 참조. 비고츠키는 근접발달 영역 이론에서 인간과 동물의 차이점을 설명하고, 이를 바탕으로 인간에서 협동 학습의 필요성을 제시하고 있다. 즉 학습자의 학습을 전문적 지식과 기술을 가진 사람이 도와 줄 경우 학습자 개인이 스스로 도달할 수 있는 인지적 발달 수준보다 더 나은 수준에 도달할 수 있다는 것이다. 도움을 주는 사람은 교사나 부모 그리고 동료 학생들로서 이들은 일방적 지식을 전달하는 자가 아니라 "안내자/조언자"(guidance/scoffoder)이다(강인애, 앞의 책, 74쪽 참조)

자의 능동적 참여의 필요를 강조하고 있다. 마음의 발달적 개념의 구성이라는 점에서는 둘 다 다음과 같은 공통적인 견해를 가지고 있다.[15] 첫째, 이들은 마음을 능동적이라고 보고 있으며, 환경과의 상호 작용에 의한 사고의 변형을 강조하고 있다. 이러한 변형은 대상에 대한 사고의 변형과 사고에 대한 대상의 적응을 통하여 이루어진다. 이러한 관점에서 이들은 동화의 원리(피아제의 동화적)와 환경적 상대성(비고츠키의 관계적 환경)의 관점을 취하고 있다. 둘째, 이들은 발달의 변증법적 개념을 채택하고 있으며 구조와 기능의 상호의존성을 주장하고 있다. 셋째, 조직화는 위계적이고 체계적(질적 양상은 수준에 따라 다양)이라는 견해를 가지고 있으며, 환경의 인식은 의미-구성(meaning-making) 행동이라 하여 의미구성에 있어서 공통점을 가진다. 마지막으로, 이들은 근본적으로 지식의 상호-구성을 포함한 간 주관적인 임상적 연구 방법을 채택한다.

이상의 구성주의적 관점을 바탕으로 할 때, 도덕과 교육 과정에서 강조하고 있는 학생활동 중심과 어떤 연관이 있는가 하는 작업이 뒤따라야 할 것이다.

15) 이명숙(1998), “구성주의의 심리학적 근저”, 『구성주의 교육학』, (서울: 교육과학사), 38쪽

Ⅳ. 왜 학생활동 중심이어야 하는가?

1. 구성주의 교육관의 교수-학습 모형에의 시사점

이상의 구성주의적 입장이 구체적으로 교수-학습에 어떤 영향을 미치는지 살펴보면 다음과 같다.[16] 구성주의의 양 축이라 할 수 있는 급진적 구성주의와 사회적 구성주의를 따로 구분하여 설명하는 것은 별 의미가 없다. 그래서 급진적 구성주의와 사회적 구성주의 간에 일어나는 논쟁점에 대해 어떻게 그 타협점을 찾아가는지 살펴보자

저겐(Gergen)과 같은 사회적 구성주의자들은 인식의 문제를 대화와 상호작용을 통한 구성과정에 초점을 맞추고 있는 반면에, 피아제나 글라저스펠트와 같은 급진적 구성주의자들은 인식의 문제를 조절과 동화를 통한 구성과정으로서의 적응 활동(adaptive activity)에 초점을 맞춘다. 저겐은 "타인의 마음을 아는 문제"에서 양자의 입장이 서로 다르게 출발한다고 주장한다. 저겐은 '타인의 마음을 알 수 있는 유일한 방법'은 언어와 상호작용 행위를 통해서만 가능하기에 언어의 의미는 둘 이상 사람들 간의 조율 활동으로 성취되는 것이며, 내가 하는 말은 상대방이 그 의미를 인정해 주지 않는 한 아무 의미가 없고 그 역도 마찬가지라고 주장한다. 이것이 언어의 주관적 의미를 강조하고 언어를 행동 조율의 도구로 보고 있는 급진적 구성주의와 반대되는 이유다. 이처럼 지식을 개인적인 것이 아닌 사회적인 것으로 보는 저겐에 의하면 언어의 의미는 대화와 상호 작용으로 성취될 수밖에 없다.

16) 최신일(1995), "새로운 학교와 교실 문화 개혁을 위한 해석학적, 구성주의적 접근", 『철학 연구』, 대한철학회, 93-96쪽 참조

이상의 급진적 구성주의와 사회적 구성주의 간의 언어에 관한 논쟁을 통해서 스테페(steffe)는 타협점을 찾는다. 스테페는 만일 언어의 의미가 주관적이라는 것을 부정한다면, 오히려 개인의 중요한 권리와 생각을 침해할 수 있다는 문제가 제기된다. 따라서 스테페는 '조절'이라는 급진적 구성주의자들의 생각을 받아들임으로써 한 언어에 대한 어떤 사람의 사용이 다른 사람의 사용에 적합하기에 구성적 과정에 있어서는 이 조절이라는 개념이 사회적 구성주의를 파기하기보다는 오히려 강화할 수 있다고 주장한다. 따라서 그는 우리의 삶 속에서는 조절과 상호 작용은 같은 맥락에서 이해하기 때문에 둘 이상의 사람들 사이의 대화나 사회적 상호 작용은 '조절' 활동의 중요한 원천이 된다고 주장한다.[17)]

급진적 구성주의에서의 세계는 인간 내면이 구성한 세계이며 타인 역시 타인과의 조절 활동을 통해 주관의 내면이 구성한 타인이라 할 수 있다. 반면에 사회적 구성주의 입장에서, 특히 저겐 입장에서 세계와 타인은 대화와 상호작용적 활동을 통해서 사회적으로 구성된 존재라고 주장한다.[18)] 따라서 사회적 구성주의자는 개인 안에 일어나는 구성적 과정으로서의 상호 작용도 중요하지만, 개인과 타인과의 상호 작용이 사회 문화 활동의 원동력이 된다고 주장한다.

17) Steffe, L.P. " Alternative Epistemologies: An Educator's Perspective", (L.P. Steffe & J. Gale, eds., *Construcivism in Education,*: Hillsdale, NJ, Lawrence Erlbaum Associates, Publishers,) pp. 490 - 492 참조

18) 김종문(1998), "도덕과의 구성주의적 대화 학습 이론과 실제" ,『구성주의 교육학』,(서울: 교육출판사), 271쪽

2. 활동의 의미

구성주의에서 구성이라는 의미가 대화와 상호작용적 활동을 통해서 이루어진다는 점에서 도덕과 교육 과정의 학생활동 중심의 근거를 획득했다고 본다면, 활동과 중심의 의미를 구성주의적 관점에서는 어떻게 논의될 수 있는지를 살펴보아야 한다. 왜 활동이라는 단어가 강조되는가? 실천이라는 의미와 불가분의 관계에 있는 활동이라는 말은 지금까지의 교육이 지적인 측면에 강조를 두고 있다는 점과 그 맥을 같이하고 있다는 의미로 받아들여야 할 것이다. 전통적 교육관, 즉 객관주의적 인식론에 따른다면 교육은 삶과 앎, 정신과 몸, 영혼과 육체, 주체와 객관 등으로 구분하는 이원론적 관점에 근거하여 중심과 그 주변을 철저히 분리 혹은 차별하는 태도에서 벗어나지 못했다.

이런 이원론적 관점에서는 중심부의 앎, 정신 그리고 영혼, 주체 등이 주변부의 삶과 몸, 그리고 육체, 대상을 마음대로 주무르고 지배하여서 결국은 후자들을 차별시키는 소외현상이 일어나기 마련이다. 앎과 삶의 관계 예를 들어 살펴보자. 전통 철학과 교육학의 관점에서는, 그들의 작업이 현실로서의 구체적 삶을 관념적인 이성과 추상적인 의식으로 환원시키는 과정으로 일관되었다. 앎과 삶의 문제를 인간과의 관련해서 살펴본다면, 그 소외현상은 더 심각하게 드러난다. 구성주의에서 말하는 인간 주체란 지 · 정 · 의를 두루 갖추고 있는 인간 존재로서 역사와 사회 안에서 살아가고 있는 삶의 주체로서의 존재를 말한다. 이러한 인간 주체는 역사와 사회 안에서 문화를 창조하며, 다시 문화에 의해 창조되는 문화의 창조자이면서 문화의 피조물이다. 이와 관련해서 문화의 한 측면이라 할 수 있는 교육 역시 인간 주체의 한 구성물이고, 학교 현장에서 일어나는 학습 과정 역시 학습자들의 창조적 구성의 과정이라 할 수 있다. 이런 과정을 통해서 학습자들은 어떤 대상적인 객관적 지식의 획득에만 그치는 것이 아니라 자기 자신을 이해하는 단계에까지 이른다는 것이다. 객관적 지식을 획득하고 자기 자신에 대한 이해까지의 과정을 통해서 학습자는 자신에 대한 의미를 발견하게 될 것이다. 이런 과정에서 인간 주체의 활동이 중요한 관건이 될 수밖에 없으며 활동 과정이 배제된 대상적 지식의 획득이라는 것은 의미가 없다. 이러한 의미발견은 또 다른 의미 연관 속에서 새로운 의미를 창출할 것이며, 의미 연관 속에서 우리의 삶을 살아가기 때문이다. 이것이 객관적 지식만을 주장하는 전통적 객관주의적 인식론과는 차별화된 모습이고 우리가 지향해야 할 활동 중심의 교육이라 할 수 있다.

이상의 관점을 바탕으로 우리 교육 현장에 관련된 구성주의적 관점에서 살펴본다면, 다음과 같이 정리할 수 있다. 첫째, 실증주의적 합리주의 개념에 길든 전통적 교육관에서의 인식은 가치나 의미의 영역을 인간의 오성이나 합리주의의 개념으로는 도저히 파악할 수 없다는 입장에서 출발하고 그 한계를 인정하고 있다. 따라서 합리주의적 인식론의 그릇에는, 우리 인간의 생생한 삶의 모습을 다 담을 수 없다. 따라서 인간의 정의적 측면과 실천적 측면은 자연히 소외될 수밖에 없으며 인식의 대상 자체도 인간의 지적인 측면에 머물 수밖에 없었다.

이상의 관점으로부터, 인간 주체의 참된 모습을 회복시키기 위해서는 지금까지 소외된 채로 주변부에 머물러 있었던 인간 주체의 정의적 측면과 실천적 측면의 새로운 의미 부여 작업이 수반되어야 할 필요성이 요구될 수밖에 없다. 따라서 도덕교육 현장에서 활동의 중요성은 더 강조될 수밖에 없다.

둘째, 전통적 합리주의적 관점에서의 인간 주체와 대상은 철두철미하게 분리되었다. 따라서 양자를 연결해 줄 수단이 필요하게 되었으며 그 필요에 따라 수단, 즉 방법이 마련되었다. 그리고 이 방법을 확보하면 모든 다른 사람도 진리로 인도할 수 있다고 주장하기 때문에, 이 방법은 다양할 수 없고 유일한 길일 수밖에 없다. 따라서 주체는 주어진 그 유일한 방법만을 따라가기만 하면 진리를 획득할 수 있게 되었다. 방법이 인간 삶의 방향을 이미 결정지어버린 이런 상황에서 인간 주체의 자발적인 활동을 기대하기는 어렵다. 인간 주체로서의 활동이 아닌 주어진 진리에 의해 요구에 따라 움직이는 것은 진정한 의미에서의 활동이라 할 수 없다.

그렇다면 구성주의에서 말하는 활동이란 어떤 것인가? 인간 주체는 다른 타자와의 경험을 통해서 자신의 유한성을 깨닫게 된다. 이러한 독특한 경험을 해석학자인 가다머는 해석학적 경험[19]이라고 표현한다. 해석학적 경험의 특징은 모든 경험은 자기 유한성에 대한 경험이며 동시에 자기의 세계관에 대한 경험이라 할 수 있다.[20] 다시 말하면, 전통적 합리주의적 인식론에서의 주 · 객 분리와는 달리 대상과의 경험을 통해서 주체가 변화하고 자신의 유한성을 깨닫게 되는 중요한 계기를 마련하게 된다. 물론 가다머는 이러한 해석학적 경험이 일어나는 장을 대화에서 찾는다. 이런 상호 간의 대화를 통해서 주체와 객체 간의 소통이 일어나고 특히 주체는 객체와의 관계를 통해서 자신을 이해하게 되며 나아가서 자신의 유한성을 깨닫게 되고 자신을 변화시키는 데까지 나아갈 수 있다.

이상의 해석학적 경험을 구성주의적 입장과 연결한다면, 다음과 같이 정리할 수 있다. 객관주의 인식론의 입장에서는 인간 주체는 주체로서의 특별한 활동이 필요 하지 않는 존재이다. 단지 수동적인 입장에서 주어진 진리를 향해 놓여 진 바로 그 방법을 따라가기만 하면 된다. 물론 여기에는 대화도 필요 없다. 그렇기에 대화를 통해서 얻게 되는 해석학적 경험을 할 수 없으며 나아가 자신의 유한성에 대한 자각, 자기 이해의 과정 역시 필요 없다. 인간 주체 즉 학습자가 자신의 지식을 구성해야 할 어떠한 필요성도 느끼지 못하기 때문에 타인을 만나야 할 필요도 없으며 타인과의 만남을 통한 의미 부여 활동에 참여

19) 해석학적 경험에서의 '경험'이란 근대적 과학적 합리주의에서 말하는 경험과는 다르다. 근대적 의미의 경험과 해석학적 경험에 대해서는 가다머의 다음 저서를 참고 할 것(H.G. Gadamer(1972), *Wahrheit und Methode*, (Tuebingen: J.C.B.Mohr) 324-360 쪽을 참고 바람.

20) 이규호(2000), 『대화의 철학』, 시공사, 172쪽

할 필요성도 느끼지 못한다.

이상의 논의를 바탕으로 할 때, 인간이라는 주체, 즉 학습자는 자기 혼자의 힘으로는 지식을 구성하기가 힘들고 타인들과의 대화와 상호 작용 활동[21] 가운데서 지식을 구성해 갈 수 있고, 이 과정에서 활동은 필수적이라 할 수 있다. 대화와 상호활동 과정을 통해서 도덕과의 목표와 성격이라 할 수 있는 도덕공동체를 만들어 갈 수 있을 것이다.

3. 중심이라는 의미가 가지는 오해

학생활동 '중심'이라고 할 때 우리가 빠지기 쉬운 오해를 살펴보고자 한다. 먼저, 학생이라는 의미에 초점을 맞춘다면 학생이 교수-학습에 있어 주인이 되고 중심이 되어버린다는 오해를 받기 쉽다. 지금까지 교사나 교과서가 교수-학습의 중심 위치를 차지했기 때문에 그 주변부에는 학습자가 자리 잡을 수밖에 없다는 이원론적 생각이 교실을 주도했다는 생각에 대한 비판에만 초점을 맞춘다면 당연히 이런 입장이 설득력을 얻게 되겠지만 구성주의의 입장에서 살펴본다면, 교사와 학생은 각자의 의미 지평 위에서 각자 하나의 주체로서 만나게 되는 것이다. 이 말은 교사 중심에서 학습자 중심으로 그 무게 중심이 이동했다는 것을 의미하는 것이 아니라 지금까지 한쪽, 즉 교사에 무게 중심을 두었던 것을 양자 모두에게 균형을 이루어야 한다는 의미로 받아들여야 할 것이다.

다음으로, 인간의 지적인 측면을 강조했던 것이 근대적 패러다임의 입장에서

21) Steffe, L.P. "Alternative Epistemologies: An Educator's Perspective"(L.P.Steffe & J. Gale, eds., *Constructivism in Education*: Hillsdale, NJ, Lawrence Erlbaum Associates, Publishers,) p. 518

는, 당연히 인간의 정의적 측면과 실천적 측면을 등한시한 것은 자연스러운 현상이다. 학생활동 중심이라는 의미가 학생이 중심이 되어 활동의 측면만을 강조하는 도덕교육의 목표를 달성한 것이라 한다면, 이것 역시 섣부른 일반화의 오류를 범한 것이 될 것이다. 인격교육의 측면이든지 통합교육의 입장이든지 간에 인간의 통합적 측면을 강조한 입장은 단순히 활동의 측면만 강조한다면 기형적인 인간의 측면만을 강조하게 될 것이며 이런 상황에서는 진정한 전인격적인 도덕교육의 모습을 살펴보기가 힘들다.

V. 학생활동 중심의 도덕 교육적 시사점

구성주의의 관점에서 제시된 학생활동의 의미와 중심의 의미를 파악하고, 사회적 구성주의자인 스테페의 입장에서 구성주의자들이 강조하는 기본 가정과 교수-학습에의 시사점[22] 을 종합해 본다면, 다음과 같은 도덕 교육적 측면에서의 시사점을 얻을 수 있다.

첫째, 앎은 사람들의 마음속에 존재한다. 교실 수업의 경우, 지식은 칠판이나 교과서에 있는 것이 아니라 교사와 학생들의 마음속에서만 존재한다. 즉, 진정한 도덕교육을 형성시키는 것은 단순히 물리적 환경을 갖춘다고 해결될 수 있는 것이 아니라, 교사와 학생 간의 마음이 오가는 상호 소통적 관계 속에서 일어난다. 교사와 학생 간의 소통, 학생과 학생 간의 대화로 이루어진 대화공동체가 곧 도덕공동체의 근간이 되기 때문이다.

22) 조영남(1998), "구성주의 교수-학습" ,『구성주의 교육학』, (서울: 교육과학사) 158-159쪽 참조.

둘째, 사람들이 사물에 부여하는 의미나 해석은 자신의 지식에 근거한다. 다양한 세계관이 다양한 관점을 구성할 수 있듯이, 동일한 자료에 대해서도 서로 다른 의미를 부여할 수 있다. 도덕교육은 하나의 정답으로 이루어지는 수업이 아니라 다양한 관점을 합의해 가는 과정을 통해서 새롭고 다양한 진리를 구성해 가는 수업이다.

셋째, 지식은 환경과의 상호 작용을 통해 구성된다. 모든 지식은 구성되며 학습은 구성의 과정이다. 교실 안팎을 막론하고 학습은 의미를 구성한다. 따라서 자신의 학습에 대한 궁극적인 책임은 바로 학생 자신에게 달려 있다. 도덕교육은 물리적인 환경에 의해 좌우되지 않고 그 물리적인 환경을 자신 삶의 맥락과 연결하는 의미 있는 작업이 되어야 한다.

넷째, 지식은 결코 완벽할 수 없으며, 이해의 적합성과 사회적 협상을 통해 진전된다. 교사와 학생의 지식을 포함하여 모든 지식은 결코 완벽할 수 없다. 단지 다소간 더 또는 덜 유용하거나 적합할 따름이다. 도덕교육에서 지식은 완벽한 진리를 구축하고 그 진리에 맹목적으로 추종하는 것이 아니라 자신 지식의 유한성을 확인하는 자리이며 거기서 출발하여 자신의 진리를 타인과의 지평 융합을 통해 보다 보편적 진리로 합의해 가는 것이다.

다섯째, 일상적인 지식은 일상적인 두뇌와 신체로부터 도출된다. 교사와 학생들은 나름대로 특정한 지식을 공유하고 있다. 학생들이 지니는 개념도 자신의 일상적인 경험에 비추어 구성된 것이다. 따라서 자신의 관점에서는 합리적이거나 유용할 수 있으므로 이를 긍정적으로 수용해 주어야 한다. 도덕교육에 있어서는 학습자 각자가 가지고 있는 전통 혹은 역사에 근거하고 있는 선입견을 무시할 수 없다. 학습자 자신의 선 지식을 가지고 대화에 참여하며 대화를 통해서 자신의 지평을 넓혀 갈 수 있다.

여섯째, 지식은 지각과 행위를 통해 구성된다. 학생들은 교실에서 교사나 동료 학생들과의 상호 작용에 의한 지각과 행위를 통해 새로운 지식을 구성한다.

따라서, 교실 환경을 풍요롭게 하고 학생들이 아이디어를 자유롭게 표현할 수 있도록 해야 한다. 도덕교육은 생생하고 구체적인 학습자들의 활동을 중요시한다. 그런 체험을 바탕으로 학생은 자신의 행위를 결의하고 습관화할 수 있다.

일곱째, 지식의 구성은 시간과 정열을 요구한다. 지식을 구성하는 데는 다양한 노력과 그에 따른 즐거움과 만족감이 수반되어야 한다. 학생들의 구성적 노력을 촉진하기 위해 교사는 학생들을 존중하고 따뜻하게 잘 보살펴 주어야 할 뿐 아니라, 비위협적이고 우호적인 학습환경을 만들어 주어야 한다. 도덕교육에 있어 교사의 역할은 권위적인 입장에서 벗어나야 할 것이다. 교사는 단지 학생들이 지식을 구성할 수 있도록 자극을 주는 조언자의 역할로서 충분하다.

마지막으로, 지식은 맥락 지향적이다. 학습이 진정한 의미를 지니기 위해서는 비활성 지식(inert knowledge)의 기계적인 암기가 아니라, 이해와 문제 해결 그리고 개념적 변화에 초점을 두고 관련된 맥락 속에서 이루어져야 한다. 도덕교육은 단순히 추상적 지식의 논의에서 벗어나 학습자들의 삶의 맥락 속에서 실천할 수 있는 가능한 지식을 구성하는데 주안점을 두고 있다.

참고문헌

강인애(1998) 중심학습(Problem-Based Learning): 또 하나의 구성주의적 교수-학습모형", 『구성주의 교육학』, 교육과학사.

강인애(1997)『 왜 구성주의인가?, -정보화시대와 학습자 중심의 교육환경-』, 문음사.

김종문 외(1998), 『구성주의 교육학』, 교육출판사.

김종문(1998), "도덕과의 구성주의적 대화 학습 이론과 실제" 『구성주의 교육학』, 교육과학사.

이명숙(1998), "구성주의의 심리학적 근저", 『구성주의 교육학』, 교육과학사.

문장수(1998), "쟝 삐아제의 발생학적 인식론의 관점에서 해명된 인식 의미와 철학 이념", 『대동철학』 창간호, 대동철학회.

이규호(2000), 『대화의 철학, 시공사.

이종일(1999), "사회적 구성주의", 『초등교육연구논총』제13집, 대구교육대학교 초등교육연구소.

조영남(1998), "구성주의 교수-학습" , 『구성주의 교육학』, 교육과학사.

조용기(1998), "구성주의 교육의 조절", 『구성주의 교육학』, 교육과학사.

조용기(1998), "구성주의 교육의 구성", 『구성주의 교육학』, 교육과학사.

최신일(1998), " 해석학과 구성주의", 『구성주의 교육학』, 교육과학사.

최신일(1999) "새로운 학교와 교실문화 개혁을 위한 해석학적, 구성주의적 접근", 『철학연구』제70집, 대한철학회.

Bauersfeld, H(1995) "The Structuring of the Structures: Development and Function of Mathematizing as a Social Practice", (L.P. Steffe & J. Gale, eds., *Construcivism in Education*, Hillsdale, NJ: Lawrence Erlbaum Associates, Publishers),

Ernest, P(1995), "The One and the Many", (Steffe. L. P, Gale. J eds, *Constructivism in Education* :,New Jersey. Lawrence Erlbaum Associates, Publisher.)

Gadamer, H.G(1972), *Wahrheit und Methode,* (Tuebingen: J.C.B Mohr.)

Larochelle. M, Bednarz. N & Garrison. J, eds(1998), *Constructivism and education,*

(Cambridge: Cambridge University Press.)

Kneller. G. F, *Movements of Thought in Modern Education*(안인희 옮김(1987), 『현대 교육사상』, 서광사.)

Steffe, L.P.(1995), "Alternative Epistemologies: An Educator's Perspective", (L.P. Steffe & J. Gale, eds., *Construcivism in Education,*: Hillsdale, NJ, Lawrence Erlbaum Associates, Publishers.)

Steffe L. P. & Gale J., eds.,(1995), *Construcivism in Education,*(Hillsdale, NJ: Lawrence Erlbaum Associates, Publishers.)

von Glasersfeld(1998), "Why constructivism must be radical"(M.Larochelle, N.Bednarz, & J.Garrison Eds, *Constructivism and education*, Cambridge: Cambridge University Press.)

von Glasersfeld(1995), A Constructivist approach to Teaching, (Steffe. L. P, Gale. J eds, *Constructivism in Education,* New Jersey: Lawrence Erlbaum Associates, Publisher.)

von Glasersfeld, *Radical Constructivism, A Way of Knowing and Learning*(London: The Palmer Press, 1995)

Vygotsky, *L. S(1978), Mind in Society -The Development of Higher Psychological Processes-*(Cambridge: Havard University Press.)

저 / 자 / 소 / 개

■ **최신일**

부산에서 태어나 부산대학교 철학과에서 『이해의 학으로서의 해석학』으로 철학박사 학위를 받았다. 1996년부터 현재까지 대구교육대학교 윤리교육과에 재직 중이며, 철학과 도덕교육을 가르치고 있다. 해석학과 도덕교육, 구성주의와 도덕교육, 다문화교육과 도덕교육 등 인문학을 바탕으로 도덕교육을 연구하고 있다. 『도덕교육의 이론과 실제』(단독), 『구성주의 교육학』(공저), 『교육 연구의 질적 접근』(공저), 『협동 학습과 탐구』(공저) 등의 저서가 있으며, 해석학, 도덕교육, 인문학, 다문화 교육, 구성주의 교육, 질적 연구와 관련된 다수의 논문이 있다.

인문학으로 도덕교육하기

1판 1쇄 인쇄 ― 2024년 12월 24일
1판 1쇄 발행 ― 2024년 12월 31일

저　　자 - 최신일
발 행 인 - 강철원
발 행 처 - 양성원
주　　소 - 경기도 파주시 검산로 173번길 29-12
전　　화 - 031-946-3861(代)
팩　　스 - 031-946-3864
이 메 일 - tnwpub@naver.com
홈페이지 - tnwpub.co.kr
출판등록 - 2015년 8월 31일 제 2015-000211 호

ISBN 979-11-6126-606-0

정가 22,000원